휴머니즘 공동체와 스마트정보기술의 융합

스마트사회와 공동체

김 구

도서출판 대영문화사

머리말

우리사회는 정보통신기술과 인터넷의 발전으로 사회 모든 영역에서 각종 정보화 요소들로 흡착되어 있다. 생활에서 각종 정보화기기의 이용과 패턴은 선택이 아닌 생활 본연의 모습처럼 되어 버렸다. 정보화가 생산과 소득 등의 유형적 자본에 긍정적 영향을 미치기도 하지만 정보화로 인해 인간의 소외현상과 공동체 등의 무형적 자본에도 많은 영향을 미치고 있다. 오늘날 현대사회에는 정보화 이전의 농업사회와 산업사회에서 고민하지 않았던 많은 사회문제들이 발생되고 있는 데 그 중에서 가장 큰 고민은 휴머니즘 공동체 요소가 점차 쇠퇴하고 있고, 자극적이고 유형적 요소들이 세상의 중심 가치로 여겨지고 있다는 점이다. 물론 무엇이 옳고 그른가는 시대, 장소, 사람에 따라서 다르지만 틀린 것은 아니다. 하지만 도구가 발전하여 시대가 바뀌고, 삶의 방식에 대한 가치가 변하더라도 바뀌지 않는 것은 사람답게 사는 것이 무엇인가에 대한 질문이다. 이에 대한 정답은 없다. 정답 대신에 사람은 공동체를 형성하고 타인과의 관계에서 자신의 모습을 찾고 존재의 의미를 되새긴다는 점에 동의할 것으로 본다. 그렇다면 사람답게 사는 공동체는 어떤 모습이고, 그런 공동체를 어떻게 형성할 것이며, 사회 구성원들의 역할 방향은 무엇이어야 하는가? 이를 위해서는 사회 모든 영역의 주체들이 거버넌스 구조를 통해 자기 영역의 상황에 대하여 진솔한 이야기들을 쏟아낼 수 있는 분위기가 조성되어야 하고, 그런 분위기에서 종합적인 담론이 이루어짐으로써 방향의 실마리를 찾고 실천행동이 이어져야 한다.

이 책은 정보화의 발전으로 변화되고 있는 새로운 사회의 모습과 생활을 스마트사회로 규정하고, 스마트사회에서 공동체의 모습을 되새기면서 우리 모두가 휴머니즘을 바탕으로 하는 삶의 방식을 찾아보자는 의미에서 출발하게 되었다. 다르게 표현하면, 이 책은 생활에서 각종 정보화의 요소가 마치 우리 몸의 일부분으로 접착되어 있듯이, 우리가 살고 있는 모습도 과거의 지리적 경계와 현실공간을 중심으로 하는 공동체도 있지만, 온라인 공간에서 이루어지는 공동체 활동도 병행하고 있다는 점을 감안하여 상호 병립적 관계를 어떻게 설정할 것이며, 공동체의 발전을 위한 긍정적 요소와 역할은 무엇인지를 생각할 수 있는 토대적 내용으로 구성하였다.

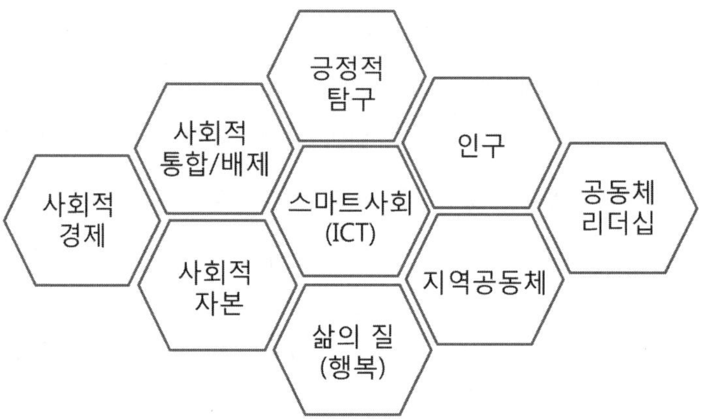

이 책은 그동안 저자가 정보화와 지역공동체에 관한 연구 및 강의경험, 그리고 현장의 지역공동체 강의와 컨설팅 경험을 바탕으로 현재 우리 시대

가 안고 있는 거시적 현상과 문제를 바라볼 수 있는 틀을 제시한 것이다. 이 책의 작성을 위해 정보화와 공동체에 관한 전문서, 교양서, 정책자료, 각종 통계자료 등을 참고하였다. 이 책은 창조적 내용이라기보다는 기존의 연구결과와 문헌들을 재정리하면서 저자가 그동안 강의와 연구결과에서 체득한 경험적 지식과 생각들을 정리한 것이다. 따라서 학술서의 성격을 기본으로 하여 지역공동체의 로드맵을 구상하는 데 이용될 수 있을 것으로 생각한다. 따라서 이 책은 정보화와 지역공동체에 관한 연구자, 공무원, 공동체 실천가 및 리더, 대학생과 대학원생을 포함한 일반인 모두에게 유용하게 읽힐 수 있으나 어떤 목적을 가지고 접근하고 이해하느냐에 따라 그 활용성은 다를 수 있을 것이다.

이 책은 학술서의 기본 틀에 따르고 있지만 가능한 모두에게 쉽게 읽혔으면 좋겠다. 이런 기대는 글을 쓰는 사람이라면 보편적으로 고민하는 생각일 것이다. 저자는 사회과학에서 행정학을 전공한 사람으로서 자신의 경험과 생각들을 글로 표현하는 데는 언어수사적 관점에서 많은 한계를 가지고 있다고 인정하며, 글의 표현이 전공영역의 큰 틀을 크게 벗어나지 않기 때문에 일반인에게는 편안하게 읽히지 않을 수도 있다고 생각한다. 이것은 저자 본인의 한계와 책임으로 돌리며, 읽는 과정에서 부족하고 실제와 거리가 있는 내용들에 대해서는 모두 저자 본인의 책임이다. 아무튼 우리가 안고 있는 문제를 짚어보고 미래를 어떻게 설계할 것인지를 고민하는 단초가 되기를 기대한다.

2016년 2월

저자 씀

차 례

제 3 장 지역공동체

제 4 장 ICT와 공동체

제 5 장 인구와 공동체

제 6 장 삶의 질과 행복

제 7 장 사회적 자본

제 8 장 사회적 통합과 배제

제 1 장

스마트사회

제 1 절 스마트사회의 개념과 등장

1 스마트사회의 개념

스마트사회라는 개념은 '스마트(smart)'와 '사회(society, 社會)' 용어의 합성어이다. '스마트' 용어에 대한 사전적 의미를 『옥스퍼드사전』에서 보면 형용사로서 사용 목적과 지향성에 따라 다양한 의미를 내포하고 있다. 사람 외모에 대해서는 말쑥한, 깔끔한, 매력적인 의미를 담고 있으며, 사람의 행동과 지능에 대해서는 똑똑한, 영리한, 민첩한 의미를 담고 있고, 물체에 대해서는 움직임이 빠른, 신속한 등의 의미를 가지며, 기술적 요소를 가진 장치(device)에 대해서는 독자적으로 움직일 수 있도록 설계된 프로그램으로서 하이테크(hi-tech), 즉 높은 기술형태와 같은 의미를 내포하고 있다. 이와 같이 스마트의 사전적 의미에는 사람과 물체 및 장치 등에서 다양한 의미를 담고 있으나 주로 IT(information technology), 또는 정보통신기술(ICT, information communication technology) 분야에서 사용되는 개념이며, 사전적 의미에 가치를 두기보다는 어떤 기술적 특성과 융합하여 실제에 활용되고, 그 효과에 가치를 두는 것이 일반적이다.

실용적이고 기술적 국면에서 스마트의 속성은 실시간(real-time), 터치(touch), 센서(sensor), 인공지능(AI, artificial intelligence), 네트워킹(networking), 컨버전스(convergence) 등을 구성요소로 하고, 이들 요소들이 전체적, 또는 부분적으로 결합되어 일상생활에서 신속성, 정확성, 편리성을 제공해 주게 된다. 예를 들어, 스마트의 적용의 실체로는 스마트폰과 테블릿PC를 위시로 하여 스마트TV, 스마트냉장고, 스마트세탁기, 스마트청소기, 스마트자전거, 스마트자동차, 스마트공장, 스마트홈, 스마트생산, 스마트워크, 스마트정부, 스마트서비스, 스마트양식장, 스마트캠퍼스, 스마트도시, 스마트도로/교통,

스마트빌딩, 스마트워치, 스마트헬스케어, 원격검침 등과 같이 기존의 기술이나 일터와 사물에 스마트 요소를 심어 시간과 비용을 절감하고 편리성을 도모하게 된다. 이렇게 사물과 사물, 사물과 사람 간을 네트워크화하고 지능형 기술을 입혀 서비스를 제공하는 사물인터넷(IoT)은 미래사회의 획기적이고 다양한 수요와 새로운 가치를 창출할 것으로 기대하고 있다.

다음은 '사회'란 사전적 의미를 국립국어원의 『표준국어대사전』에서 보면, "공동생활을 영위하는 모든 형태의 인간 집단"으로 정의하고 있다. 다시 말하면, 사회란 가정, 집단, 조직, 지역, 국가, 글로벌 등 어느 공동체 수준이든 인간이 존재하고 삶을 영위하는 모습과 생태계로 설명할 수 있다. 이상의 '스마트'와 '사회'의 사전적 의미를 조합해보면, 스마트사회란 "인간이 활동하는 공간과 삶의 양식 및 생태계가 스마트기술적 요소를 기반으로 작동되는 체계"로 정리할 수 있다. 스마트사회에 대한 혹자들의 개념을 보면, 명승환(2015: 4)은 "지능형 사회로 인간과 사물 간의 의사소통에서 사물과 사물 간의 의사소통까지 확장되고, ICT 간 융합에서 타산업과의 융합까지 이루어지며, 지능형 기기를 활용하는 사회"로 정의하였으며, 김성태(2013: 21)는 "세상에 존재하는 모든 것에 스마트(smart)라는 단어를 접목해 더욱 똑똑해진 사물, 시스템 등으로 이루어진 사회"로 정의하고 있다. 이처럼 스마트사회는 스마트 기술의 발전이 공동체의 사물과 공간에서 심어져 생활의 편리성을 비롯하여 모든 영역에서 새로운 창조와 진화가 지속적으로 이루어지는 체계이다.

2 스마트사회의 등장

스마트사회의 등장은 크게 IT를 포함한 기술발전과 사회수요의 변화를 들 수 있으며, 이 두 가지 요인들이 상호 작용과 공진화(co-evolution)로 나타나게 된 것이다. 인간의 삶의 질 변화에 대한 니즈는 새로운 기술발전을 가져오게 되고, 새로운 기술발전은 사회변화를 동인하기 때문에 기술발전과 사회변화는 순환적 관계를 가지며, 그 과정에서 기존 사회의 모습과 다른 양상의 결과가 스마트사회로 등장하게 된 것이다.

그림 1-1 스마트사회 변인의 두 축

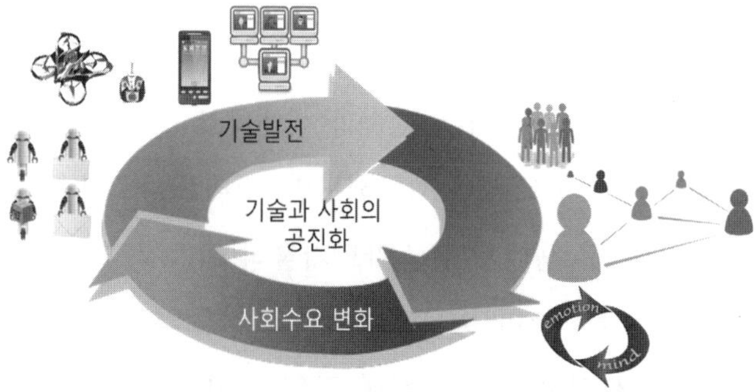

스마트사회의 등장 배경은 기존 사회 패러다임의 변화와 그 특징에서도 찾을 수 있다. [그림 1-2]에서 보여주듯이 사회 패러다임은 농업사회, 산업사회, 정보 및 지식사회, 그리고 스마트사회로 변화되고 있으며 이런 변화의 중심축은 사회 패러다임마다 핵심요소, 일하는 방식, 경영전략, 인재상, 핵심가치, 핵심기술 등에서 차이를 보이고 있다. 이들 요소 중에서도 스마트사회를 가져오게 된 핵심은 스마트기술을 들 수 있다. 스마트기술이 사물과 공간에 심어지고 인간의 수동적 활동을 대신하는 인공적 요소가 접목됨으로써 사회 변화를 가져온 것이다.

그림 1-2 사회 패러다임의 변화

	농업사회	산업사회	정보/지식사회	스마트사회
	농업혁명	산업혁명	정보/지식혁명	스마트혁명
핵심요소	체력, 근면/토지	자원/자본	정보, 지식	유비쿼터스/컨버전스/AI
일하는 방식	자급자족	대량생산/노동집약	다품종 소량생산/지식집약	스마트워크
경영전략	자연재해 극복	HW중심	SW중심	모바일, 혁신벤처, 1인기업
인재상	근면성	근면한 공장근로자	지식보유 근로자(지식근로자)	창의적/개방적/적응적 인재
핵심가치	전통/공동체의 규범과 문화	단순작업/관료적/기계적	지식활동	감성, 유연성, 창의성/혁신
핵심기술	농업기술	산업기술	정보기술	스마트기술

자료: 명승환(2015: 2)을 토대로 재구성

제 2 절 스마트사회의 특징

스마트사회는 스마트기술을 토대로 정치, 경제, 사회, 문화, 교육 등 모든 분야의 변화를 가져왔다. 스마트사회에서는 사회가 도구화 및 기능화되고, 상호 연결되어 가며, 사회의 구성요소들이 지능화되어 간다는 점이다(명승환, 2015: 6-7). 기존 사회 패러다임에서는 사회 각 요소들이 목적에 따라 개별적으로 작동되고 인간의 수동적 활동이 개입된 데 반해, 스마트사회에서는 사회 각 요소의 구분이 불명확해지고, 어떤 요소와 다른 요소가 완전한 융합과 부분적으로 결합 상태로 이루어지고 작동된다.

스마트사회의 주요 변화모습으로는 개인화된 소셜 네트워크가 출현되고, 윤리와 신뢰가 사회를 지배하는 최고의 가치로 부상하고 있으며, 일정한 공간과 정해진 근무시간이 없이 탄력적인 스마트워크 시대가 온 것이다(명승환, 2015: 8-9). 스마트사회의 이전 사회는 지식정보사회로 지식정보화사회가 고도화됨으로써 미래모습으로서 스마트사회로 변모하게 된다. 지식정보사회의 고도화는 시간·공간·지식·관계의 확장을 의미하며, 이들 요소들이 스마트기술의 등장과 확산으로 가상현실, 인공지능, 프로슈머, 바이오경제, 드림소사이어티, 하이컨셉, 하이터치 등의 요소들과 융합하여 더욱 진화된 모습을 가지게 된다.

그림 1-3 미래사회의 특징

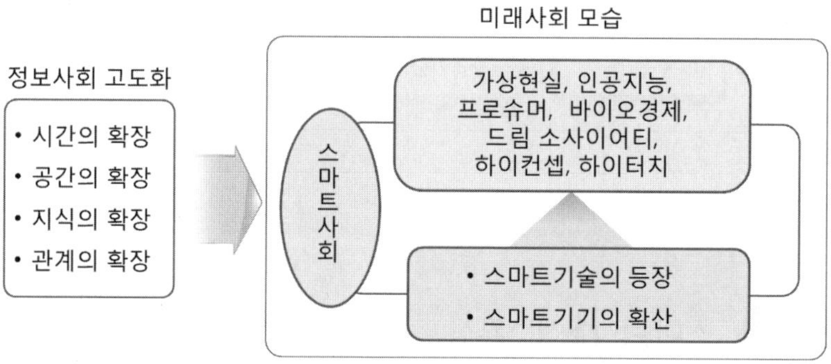

자료: 김성태(2013: 24)의 내용을 재구성

또한 스마트사회는 사람, 사물, 공간, 데이터 등 모든 것이 연결되는 초연결사회로 온라인(가상공간)과 오프라인(물리적 공간)이 융합되고 자동 및 인공적으로 정보의 생산·수집·조직화·공유가 이루어지는 미래의 패러다임이다(미래창조과학부, 2015). 스마트사회라고 하여 스마트기술만을 우위로 여겨서는 안된다. 스마트사회에서도 사회의 중심은 사람이기 때문에 스마트기술도 사람을 위한 감성과 휴머니즘에 귀착되어야 하고, 기술적 요소의 개입으로 소통과 협력을 어떻게 이끌어 낼 것인가에 대한 관심이 매우 중요하다.

그림 1-4 초연결사회 패러다임의 변화

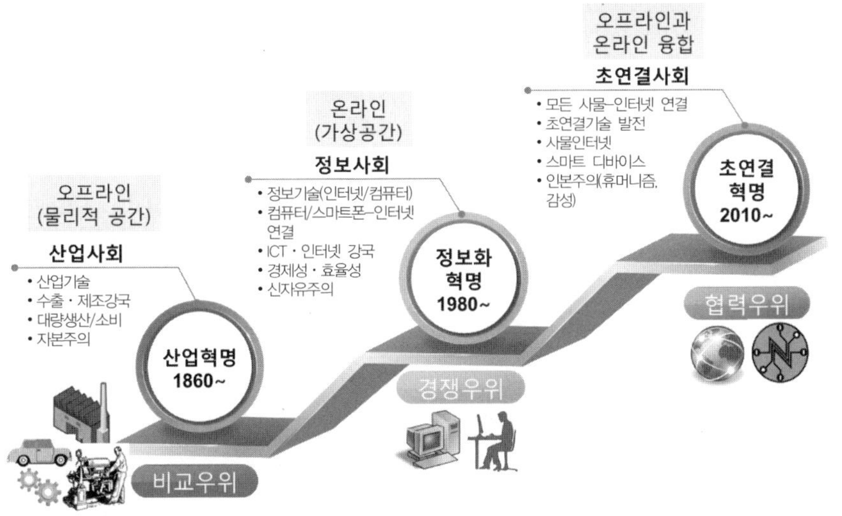

자료: 미래창조과학부(2015)의 내용을 재구성

스마트사회를 동인하는 새로운 스마트기술은 사물인터넷이다. 사물인터넷(IoT, internet of things)은 그동안 활용했던 컴퓨터를 사물들까지 확대하여 사용하면서, 상호 연결을 통해 자동 제어하는 기술이다. 이런 특징을 가진 사물인터넷이 확산될 경우 본격적인 스마트사회가 도래할 것으로 보인다. 현재의 사회 구성원들의 운영체제와 논리가 새로운 패러다임으로 변하여, 인간의 노력과 자원투자가 이전과는 비교할 수 없는 효과로 나타날 것이다. 즉, 인간의 노력과 자원투자는 절반으로 줄고, 반면 사회적 효용은 투입 대비 배 이상으로 증가할 것이다. 사물인터넷의 발전으로 그 파급효과가 인간을 비롯하여 사회의 다양한 분야에서 나타날 것이다(주정민 외, 2015: 13). 하지만 인간의 고유 활동 영역에서 사물인터넷을 접목하기 위해서는 그것을 통해 어떤 효과를 가져 올 것이며, 그 대상은 누구이고, 어떻게 활용할 것인지에 대한 깊이 있는 고민이 있어야 할 것이다.

제 3 절 스마트워크

1 스마트워크의 의의

스마트사회의 일하는 방식의 모습은 스마트워크로 나타난다. 스마트워크는 정보통신기술을 이용하여 시간과 장소의 제약 없이 동료 직원들과 원활하게 협업하고 끊김 없이 업무를 수행하는 근로 형태 혹은 이를 가능케 하는 환경을 의미한다(김정언, 2010: 4). 스마트워크는 IT기술을 기반으로 근로장소와 근무시간이 유연한 근무환경을 가지고 있다. 스마트워크는 시간과 장소에 얽매이지 않고 언제, 어디서나 일할 수 있는 체제로 근무형태로는 재택근무, 모바일근무, 스마트워크센터, 원격근무 등을 포괄하게 된다.[1]

스마트워크가 구현된 사회는 지식정보사회로서 사람이 일을 하는 것이 아니라, 사람과 일이 같이 움직이는 시대로 직장이 아닌 직업을 선택하고, 취업이 아닌 창업을 하는 문화를 갖게 된다. 스마트워크 업무유형 중 스마트워크센터는 이용자(공무원 또는 공공기관)가 자신의 원래 근무지가 아닌 주거지와 가까운 지역에서 근무할 수 있도록 환경을 제공하는 원격근무용 업무공간으로서, 업무에 필요한 IT인프라(업무용 S/W가 설치된 공용 컴퓨터, 보안성을 갖춘 전산망 등) 및 업무환경(독립된 사무용 책상, 회의실)은 물론, 원 근무지와의 원활한 커뮤니케이션을 위한 영상회의시스템이 마련된 곳이다.[2]

---

1) http://www.smartwork.go.kr. (검색일: 2015. 11. 29).
2) http://www.smartwork.go.kr. (검색일: 2015. 11. 29).

그림 1-5 행정자치부 스마트워크센터

자료: https://www.smartwork.go.kr. (검색일: 2015. 11. 29)

2 스마트워크 기대 효과

스마트워크 기대 효과는 사회, 기업, 근로자 측면에서 긍정적인 효과를 기대할 수 있다(김정언, 2010: 4-5). 먼저, 사회적 측면에서 보면 경제활동에 참여하지 않는 여성, 고령자, 장애인 등의 경제활동 참가를 유도함으로써 경제활동인구를 증가시키는 효과를 가져온다. 또한 출퇴근·출장 시 교통수단 이용 감소, 교통혼잡도 개선 등에 따른 사회적 비용의 절감과 이산화탄소 배출 감소 효과를 가져온다. 이와 함께 원격근무의 중개, 컨설팅, 장비 대여 및 설치, 원격근무센터 운영 등 스마트워크와 관련된 신규 일자리 창출 효과를 기대할 수 있다. 둘째, 기업 측면에서 보면 사무공간 축소에 따른 임대료와 전기·가스 등 설비비용 절감 효과를 가져온다. 또한 우수인력 확보와 우수인력의 이직방지의 효과뿐만 아니라, 이를 통한 생산성 개선 및 시간의 효율적 활용과 IT기술 활용 증가에 따른 생산성 개선 효과를 기대할 수 있다. 마지막으로, 근로자 측면에서 보면 출퇴근 비용 및 시간 감소를 가져오며, 원격근무에 따라 발생하는 출퇴근 절감 시간을 업무 및 개인의 역량개발에 투자함으로서 근무만족도를 높일 수 있다.

표 1-1 스마트워크 기대 효과

구 분	기대 효과
사회적 측면	－비경제활동인구의 경제활동의 참여 －사회적 비용 절감 －탄소배출 감소 －신규 일자리 창출
기업적 측면	－공간 및 시설 비용 절감 －우수인력 확보 및 이직 방지 －업무효율성 확보 및 생산성 개선
근로자 측면	－출퇴근 비용 및 시간 감소 －업무 및 역량개발 투자로 근무만족도 제고 －가족친화와 개인 삶의 질 향상 －육아문제 해소

자료: 김정언(2010: 4-5); 행정자치부 스마트워크센터 (검색일: 2015. 11. 29)

3 스마트워크센터 현황

우리나라 공공부문 스마트워크센터는 2015년 9월 현재 서울권 7곳, 경기권 5곳, 충청권 3곳 등 총 15곳의 센터를 두고 있다. 미래 인간생활은 일과 가정, 가정과 직장의 경계가 불분명한 시스템으로 나타날 것이다. 또한 개인의 특성 및 필요에 부응한 맞춤식 근무환경을 지원하기 위해서는 집과 가까운 스마트워크센터 설립이 요구된다.

표 1-2 국내 공공부문 스마트워크센터 현황

구 분	센터명	위 치	좌석규모	
			공무원	민 간
서울권	구로센터	서울시 구로구	11	6
	국 회	여의도 국회본관	63	-
	도봉센터	서울시 도봉구	20	4
	서울청사	정부서울청사	85	6
	서울역	서울역 철도공사	12	4

	서초센터	서울시 서초구	25	5
	잠실센터	서울시 송파구	20	5
경기권	고양센터	고양시 덕양구	10	4
	과천청사	정부과천청사	23	–
	부천센터	부천시 원미구	13	6
	분당센터	성남시 분당구	20	5
	수원센터	수원시 팔달구	15	5
충청권	세종1청사	정부세종청사(기재부)	47	8
	세종2청사	정부세종청사(고용부)	10	4
	대전청사	정부대전청사	8	4

자료: 행정자치부(2015)

제 4 절 스마트사회와 공동체

1 스마트사회에서 공동체 모색

우리사회는 농업사회, 산업사회, 지식정보사회를 지나 스마트사회, 또는 초연결사회로 진입하고 있다. 혁신적으로 진화·발전하는 기술과 사회, 전 인류·사물이 연결되는 제2의 정보화 혁명으로 인해 우리가 맞이하고 있는 스마트사회에서는 무엇보다도 휴머니즘이 녹아들고 확산되는 인간중심의 공동체에 기여하는 방안을 찾아야 한다. 스마트사회를 맞이하여 기술적 특성만을 추구하는 것이 아니라 사회적 배제와 소외계층을 배려하고 사회통합을 도모할 수 있는 방향과 실행방안이 수립될 필요가 있다.

근래 스마트와 사회의 관계에 대한 연구를 보면, 김예란(2012)은 스마트가 어느 순간 등장해서 사회적 세계를 포화시키고, 하나의 장치로서 구축되고 주체에 의해 자기형성의 기술로 실행되는 스마트 체제가 구축되는 원리를 조명하였다. 그는 스마트 체제(smart regime)는 스마트라는 이름으로 형성된 정책, 제도, 산업, 기술, 문화적 요소 및 그들의 관계, 그리고 이들이 실행되는 작동 방식 및 그 효과를 아우르는 전체를 의미한다고 하였다(김예란, 2012: 181). 하성보 외(2011)는 스마트폰의 애플리케이션이 집단지성을 구축하고 제3의 틈새공간을 통해 새로운 공론장으로서의 역할 가능성을 제시하였고(하성보 외, 2011: 89), 한상연 외(2011)는 스마트폰 사용과 삶의 질에 관한 연구에서 스마트폰 사용량과 활용 능력이 삶의 질에 유의적인 영향을 미치는 것으로 보고하였다. 그리고 이혜인 외(2011)는 스마트폰 이용과 사회자본의 관계에 대한 연구에서 사회자본 증진을 위해서는 '소통'과 같이 스마트폰을 어떤 용도로 활용하는지가 매우 중요하다고 강조하였으며, 이복자 외(2012)는 미래사회 및 정보가 성숙한 스마트사회에 대하여 긍정적인 정보인식을 갖는 경우 사회적 네트워크 구축에 긍정적 영향을 미친다는 연구결과를 제시하였다. 이승민(2013)도 스마트기기는 다양한 커뮤니케이션 방식을 제공함으로써 교량적 사회자본을 확장할 수 있는 기반을 마련해 주고 있으며, 특히 SNS는 오프라인에서 형성된 사회적 관계를 온라인으로 확장시킴으로써 결속적 사회자본을 강화하고 있고, 온라인 공동체 구축을 통한 사회적 관계의 확장을 이끌어 내어 교량적 사회자본을 증대하는 데 기여한 것으로 보고하였다. 이처럼 스마트기기 및 온라인 공간의 활용은 새로운 공동체의 외연은 물론 기존 공동체 구성원의 결속을 강화시키는 유용한 도구가 될 수 있다.

이와 같이 스마트사회를 단순히 기술과 공간 활용의 고도화로 그치지 않고, 공동체를 형성하고 활성화할 수 있는 새로운 기반으로서의 인식의 전환이 필요하다. 스마트사회는 공동체를 재구축하고 활성화하는 기반이 되어야 하고, 공동체는 스마트사회의 기술적 특성과 인문사회적 특성을 아우르는 구상에서 출발해야 할 것이다.

그림 1-6 스마트사회와 공동체의 관계

2 미래사회를 준비하는 정부

우리나라 정부는 지식정보사회와 초연결사회로 대표되는 스마트사회를 선도하기 위한 인간중심의 미래사회를 창조하기 위한 비전을 제시하고 있다. 우리나라는 "다 함께, 더 행복한 세상"을 만들기 위하여 정보화의 비전으로 "인간중심의 초연결 창조사회"를 제시하였다(미래창조과학부, 2014). 이는 따뜻한 정보기술이 널리 인간을 행복하고 이롭게 하는 '인간중심사회', 나이 · 소득 · 계층 · 국경 등의 장벽이 극복되고 온 · 오프라인의 경계가 없는 '초연결사회', 무한한 상상력과 창의력이 발휘되는 '창조사회'를 실현한다는 의미를 담고 있다(미래창조과학부, 2014).

그림 1-7 미래 대한민국의 비전

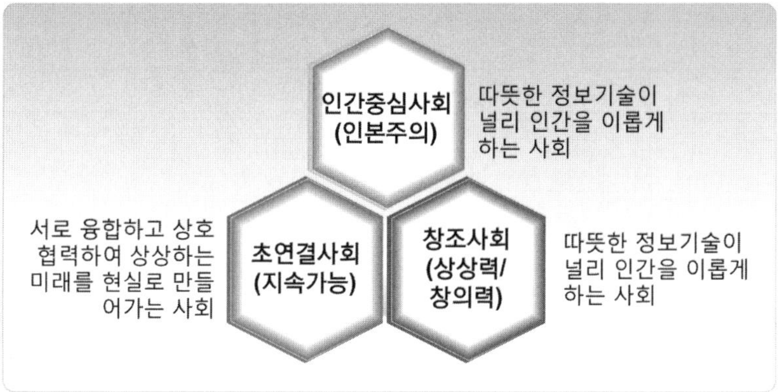

자료: 미래창조과학부(2015)의 내용을 재구성

이와 같은 비전을 설정하게 된 배경으로는 ICT기술과 사회변화를 읽을 수 있다. 산업사회 이후 PC · 인터넷 · 모바일 기반의 정보사회를 거쳐 세상의 모든 것이 연결되어 사회의 변화를 가져오는 '초연결사회(hyper-connectivity society)'로 진전되고 있는 흐름에서 국가적 차원에서 미래를 준비하기 위한 것이다. 즉, 디지털 기술에 의해 사람과 사람, 사람과 사물, 사물과 사물, 온라인과 오프라인이 1 : 1, 1 : 多, 多 : 多로 긴밀하게 연결되는 사회로 변화되고 있는 상황에서 범국가적 노력을 위한 방향을 제시한 것이다. 비전에는 무엇보다 ICT 인프라 구축과 신기술 확산을 앞세웠던 정보화시대의 '기술중심'에서 벗어나, 모든 것에서 인간의 존엄을 우선하여 무한한 상상력과 창의력을 핵심으로 하는 '인간중심(HUMAN)'에 초점을 두고 있다. 또한 정부가 정보화를 주도하였던 과거 방식과 달리 초연결사회에서는 민간이 중심이 되며, 정부는 데이터 개방, 법 · 제도 개선, 신뢰 메커니즘과 같은 사회적 자본 확충 등을 통해 디지털 토양을 마련하는 데 역점을 두고 있다(미래창조과학부, 2014).

그림 1-8 새로운 미래의 모습

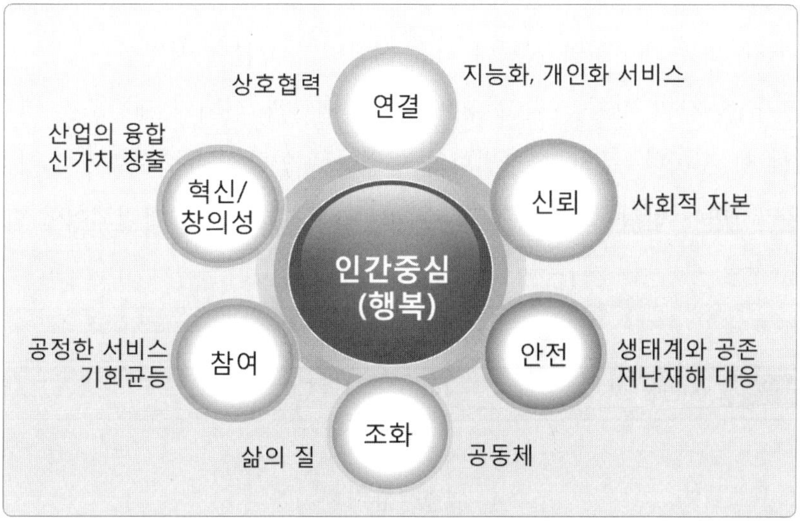

자료: 미래창조과학부(2015)의 내용을 토대로 재구성

3 공동체의 방향 모색의 토대: 미래사회의 전망

공동체는 시민성 지향적인 활동이 이루어질 때 활성화를 도모할 수 있다. 시민성은 시민의식, 즉 공동체 의식을 뜻하며 개인의 이익만을 추구하는 것이 아니라 공동체 구성원들에게 관심을 가지고 그들에게 도움이 될 수 있도록 생각하고 행동하는 것을 의미한다. 박기범(2012)은 시민을 찾기 위한 출발선으로서 미래사회의 특징을 제시하였다. 그는 스마트사회를 포함한 미래사회를 정보사회, 다원화사회, 글로벌사회 등으로 규정하면서, 이러한 미래사회의 성격은 상반된 속성을 내포하고 있다고 하였다. 그것은 보편성과 특수성, 개방성과 폐쇄성, 자유주의와 공동체주의의 성격을 함의한다는 것이다. 이는 시간과 공간에 따른 다른 양상으로 전개되고 있다. 이와 같은 미래사회는 경쟁의 심화, 개인화와 다원화 확산, 가상공간의 가치 증대, 디지털과

휴머니즘의 결합, 사회자본의로서의 신뢰의 강화를 특징으로 한다(박기범, 2012: 248).

미래사회는 개인화와 경쟁이 더욱 심화되기 때문에 시민성을 찾는 방향성은 가상공간의 가치를 찾고 휴머니즘의 회복과 신뢰의 재창조에 역점을 두어야 할 것이다. 특히, 글로벌화와 다원화로 인한 다문화사회에서 이주민을 우리사회에 안착시키고 통합할 수 있는 다양한 방안이 마련되어야 할 것이다.

그림 1-9 시민성 찾기에 토대를 둔 미래사회의 특징

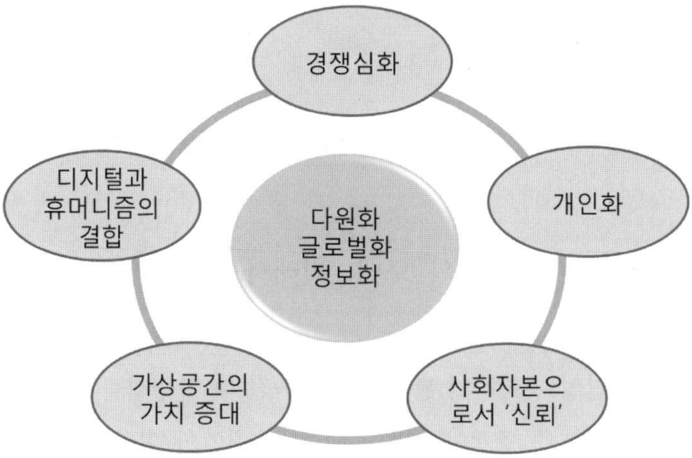

자료: 박기범(2012: 249)

국가에서도 미래사회의 변화를 메가트랜드와 마이크로트랜드로 구분하여 전망하면서, 변화가 예상되는 미래사회에 대응하기 위한 우리나라의 미래가치는 자유, 창조, 정의, 신뢰와 통합, 개방과 협력 등을 강조하였다(국가정보화전략위원회 외, 2011).

표 1-3 미래사회의 전망: 메가트랜드

주요 쟁점	변화 내용
인구구조	– 전 세계적으로는 인구의 증가를 겪고 있으나 국가별로 차이를 보임 – 고령사회로의 급속한 진입과 저출산으로 인한 생산노동인구가 감소하고 이주여성 및 근로자로 인한 다문화사회 촉진
기술발전 가속화	– IT와 비IT의 융복합이 특히 활발히 진행 – 우리나라는 전통산업 경쟁력 강화를 위해 IT를 중심으로 한 신(新)기술의 융복합화 진행
네트워크사회	– 인간–기기–네트워크의 연결성이 폭발적으로 증가하는 초연결(Hyper–connection)시대 도래
지식기반 경제로의 전환	– 지식기반 산업의 확장과 웰빙 · 복지 · 감성을 중시하는 소비확산 등 무형자산의 가치 확대
기후변화와 자원부족	– 환경오염과 기상이변에 따른 환경안보의 중요성 부각 및 대체 에너지 개발 요구 증대
글로벌화	– 초국가적 조직의 증대로 국가 간 경계가 허물어지고, 인력과 자본의 이동 증대, 국제공조 확산, 글로벌 경쟁 심화
남북통일	– 한반도의 지정학적 리스크 증대 및 북한문제의 불확실성의 증대하여 남북통일이 글로벌사회에 큰 영향을 미칠 것으로 전망

자료: 국가정보화전략위원회 외(2011)

표 1-4 미래사회의 전망: 마이크로트랜드

주요 쟁점	변화 내용
뉴미디어의 진화	– 온라인 저널리즘과 전자책(e–book) 확산
전자민주주의 실현	– IT의 발달로 전자 민주주의 실현이 용이해짐 – 정부와 국민 간에 정보를 직접 공유 · 교환하고, 전자투표가 보편화되어 국민들이 국가의 정책결정과 조정 및 평가 과정에 참여
개인으로 권력이동	– 전통적 권위와 권력에서 똑똑한 개인과 온라인 집단지성의 영향력 증대
공짜경제의 부각	– 기술발전의 가속화와 글로벌화에 따라 공짜경제 도래 – 서비스를 무료로 또는 저렴하게 제공하는 대신, 시장의 관심과 명성을 확보해 새로운 수익을 창출하는 공짜경제 도래 – 디지털화할 수 있는 제품의 한계생산비용이 0에 가까워져 GPS칩을 내장한 휴대전화, 웹 콘텐츠는 무료, 인쇄 콘텐츠는 유료 등 사업모델 가능

가족형태의 다양화	- 전통적인 가족의 정의에서 벗어나는 사례 증가 - 가족의 형태와 결혼 방식이 바뀌어 혈연 중심에서 관계 중심으로, 혈연 공동체에서 정서 공동체로 변화 - 동거, 독신, 만혼, 비혼, 무자녀 가족이 증가하고, 부모의 성 역할 구분이 모호해지면서 신(新)모계사회 등장
오감 커뮤니케이션 확대	- 이미지를 통한 커뮤니케이션 문화 확대 - 디지털 미디어를 이용해 소리와 동작의 조작이 가능해짐에 따라 이미지를 통한 커뮤니케이션인, 일명 '아이코닉(Iconic) 문화' 확대
감성소비 증가	- 감성과 꿈을 기반으로 한 드림 소사이어티 시대 도래 - 인간의 감성을 움직이는 것과 평화로운 것에 대한 욕구 증가

자료: 국가정보화전략위원회 외(2011)

참고문헌

국가정보화전략위원회 · 행정안전부 · 한국정보화진흥원(2011). 『스마트시대 국가발전전략(초안)』, 2011. 7.

국립국어원 『표준국어대사전』, http://stdweb2.korean.go.kr/main.jsp. (검색일: 2015. 11. 26).

김성태(2013). 『스마트사회의 정보정책과 전자정부: 이론과 전략』. 경기: 법문사.

김예란(2012). '스마트' 체제에 대한 이론적 고찰: '장치'와 '주체의 윤리학'의 관점에서. 『언론과 사회』, 20(1): 178 - 226.

김정언(2010). 스마트워크 추진 현황과 활성화 방안. 『Premium Report』, 10 - 08: 1 - 15. 정보통신정책연구원. 2010. 11. 8.

명승환(2015). 『스마트 전자정부론』. 서울: 율곡출판사.

미래창조과학부(2014). 『보도자료』. 2014. 12. 5.

———(2015). 초연결 창조사회 비전. 『2016년도 국가정보화 시행계획 작성지침 설명회 발표자료집』. 미래창조과학부.

박기범(2012). 스마트 시대의 시민성과 지식의 융합. 『사회과교육』, 51(4): 247 - 257.

『옥스퍼드사전』, http://www.oxforddictionaries.com. (검색일: 2015. 11. 26).

이복자 · 명승환 · 김상흠(2012). 스마트사회의 인재적 특성, 정보화 역량, 사회적 네트워크의 관계성에 관한 탐색적 연구. 『한국지역정보화학회지』, 15(1): 121 - 146.

이승민(2013). 스마트기기와 SNS 활용이 사회자본 형성에 미치는 영향 연구. 『한국문헌정보학회지』, 47(2): 161 - 180.

이혜인 · 배영(2011). 스마트폰 이용과 사회자본: 스마트폰 이용동기와 이용정도가 사회자본 구성요소에 미치는 영향을 중심으로. 『정보사회와 미디어』, 21: 35 - 71.

주정민 · 나형진(2015). 사물인터넷(IoT)에 관한 국내 연구 동향 분석. 『정보화정책』, 22(3): 3 - 15.

한국정보화진흥원(2015a). 『NEAR & Future』, vol. 8, 2015. 18.

———(2015b). 『NEAR & Future』, vol. 9, 2015. 11.

한상연 · 마은정 · 최수건 · 홍대순(2011). 스마트폰 사용이 삶의 질에 미치는 영향 분석연구. 『정보사회와 미디어』, 20: 49 - 84.

행정자치부(2015). 『스마트워크센터 이용절차 및 위치안내』, 2015. 9.

행정자치부 스마트워크센터, http://www.smartwork.go.kr. (검색일: 2015. 11. 29).
황용석 · 이현주 · 박남수(2014). 디지털 시민성의 위계적 조건이 온 · 오프라인 시민참여에 미치는 영향에 관한 연구. 『사회과학연구』, 25(2): 493-520.

제 2 장

긍정적 탐구와 공동체

제 1 절 긍정적 탐구의 개념

긍정적 탐구(AI, Appreciative Inquiry)는 사람, 조직, 그리고 사람과 조직을 둘러싸고 있는 세계에서 가장 좋은 점(best), 즉 긍정성을 추구하기 위하여 구성원들이 협력적인 관계를 공동으로 발전할 수 있는 요소를 찾는 탐색 활동이다. Cooperrider et al.(2003: 3)에 의하면 긍정적 탐구는 "사람, 조직, 그리고 사람과 조직의 상황에서 베스트를 찾으려는 협력적 노력, 즉 사람이나 조직의 생애(life)에 가장 효과적이고 활력적인 것을 발견하는 것을 포함하는 것"으로 정의하였다(Calabrese, 2006: 176). 긍정적 탐구는 구성원들 사이에, 조직 안에서, 그리고 그들을 둘러싸고 있는 세계 안에 존재하는 최고와 최선의 것을 찾기 위한 상호 협력적이고 상호 발전적인 탐구로서, 조직이나 공동체가 가장 효과적으로 역량을 잘 발휘했던 때를 회상하며, 그 조직 및 공동체에 어떤 생명력을 불어넣을 것인가를 체계적으로 탐색하고 발견해 가는 것이다(박상곤 외, 2011: 43).

긍정적 탐구는 개인이나 조직에 있어서 가장 효과적이고, 활기차며, 건설적으로 발현할 수 있는 역량을 발견하기 위하여, 긍정적 잠재력을 예상하고 강화할 수 있는 역량을 높일 수 있는 질문을 포함하게 된다. 탐구는 '무조건적인 긍정적 질문'의 기술이 동원된다. 긍정적 탐구의 개입은 부정적이고 비판적인 것을 대신하여 상상력(imagination)과 혁신(innovation)의 내재성을 끌어내는 데 초점을 맞추며, 공통적으로 발견(discovery), 꿈(dream), 설계(design), 실행(destiny) 등의 순서로 나선형 모델을 적용하여 변화를 위한 긍정적 핵심의 에너지와 연결시키는 접근방법이다(Cooperrider et al., 2008: 3). 긍정적 탐구는 삶의 중심적인 것을 탐색(life-centric search)하는 것에 주안점을 둔다. 긍정 또는 진가(appreciation)는 집단이나 조직에 활력을 주는 요인들을 발견하고 가치를 찾는 것을 의미한다(Cooperrider et al., 2008: 3). 긍정의 요인들을 발견하고 찾는 과정에서는 과거의 베스트를 이끌어 내고, 미래에 하기를 원하는 것을 이해하며, 미래의 효과적인 가시적인 모습을 설계하기 위하여 인터뷰와 스토리텔링의 방식이 포함된다(Cooperrider et al., 2008: 4).

긍정적 탐구는 사람들의 공유된 경험에서 강점 및 최고를 발견함으로써 가장 긍정적인 잠재력에 기반하여 공유된 이미지를 구상하고 실행함으로써 조직의 역량을 구축하려는 강점 기반 접근법이다(Barrett & Fry, 2008: 25). 긍정적 탐구는 조직에 내재된 여러 특성 속에서 혁신을 발견하고 이해하며 조장하는 데 관심을 둔다. 이런 맥락에서 긍정적 탐구는 지식을 위한 탐색 활동이자 집단, 조직, 또는 사회 전체의 비전과 의지를 발전시키기 위한 집합적 행동이론으로 설계된 것이다(Cooperrider et al., 2008: 3).

긍정적 탐구 접근법의 프로그램을 통해 무엇이 변화되었는지를 성찰해 보고, 의미 있는 부분을 공유하도록 한다. 이러한 변화는 참여한 사람들을 인정하고 존중하는 과정을 통해 성취감을 느끼고 지속적인 변화를 도모해 나가야 한다. 설계된 꿈을 이루기 위해 실행하고, 실행한 것을 바탕으로 현장학습을 하면서 개선과 혁신을 하고, 성취한 것을 축하하고 나누며 지속적인 변화와 발전을 가능하게 한다(박상곤 외, 2011: 85).

긍정적 탐구는 집단, 조직, 공동체 등이 가진 강점, 우수성, 긍정적 특성 등을 기반으로 미래의 희망과 비전을 바라본다. 어느 집단, 조직, 공동체든 부정적인 측면과 긍정적인 측면이 있는데, 이중 긍정적인 측면에 초점을 맞추어 그 긍정성의 확산 및 시너지 효과를 가져오는 역량강화 모델이다. 즉, 긍정적 탐구는 조직 구성원들이 과거의 성공 경험들을 떠올리게 하고 이를 공유함으로써 조직 전반에 긍정적인 분위기가 조성되게끔 유도한다. 조직 구성원들 개개인의 역량을 최대한으로 끌어올려 조직의 역량을 한 단계 더 발전하게 해준다. 조직의 성공에 있어 가장 중요한 요소인 업무 몰입을 이끌어내는 데에도 효과적이다(매일경제, 2012. 10. 20). 이와 같은 긍정적 탐구는 집단, 지역사회, 기업조직, 공공조직 등 모든 공동체의 역량을 발전시키는 데 적용할 수 있는 모델이자 접근방법으로 활용할 수 있을 것으로 보인다.

어느 집단, 조직, 공동체가 안고 있는 문제를 해결하거나 발전을 위한 요소를 찾기 위한 전통적 접근방법과 긍정적 탐구 접근방법 비교를 통해 긍정적 탐구의 핵심 내용을 파악할 수 있다. <표 2-1>에서 제시한 바와 같이 기존의 문제해결 중심의 패러다임은 해결해야 할 문제를 확인하고 그것만을 해결하는 데 역점을 두는 데 반해, 긍정적 탐구의 패러다임은 조직 구성원들이 품고 있는 무한한 역량을 조직화하는 데 초점을 맞춘다. 전통적 접근방법은 문제의 범위와 문제유발의 요인을 찾는 데 주력하고 그 요인을 처치하고 보완 및 대체함으로써 어떤 기능이 원래대로 무한히 작동되도록 하는 것에 관심을 가진 반면, 긍정적 탐구는 그 조직 및 공동체가 내재하고 있는 최고의 가치 및 긍정적 요소를 찾고 이를 기반으로 조직의 비전과 목표를 설정하고 실행계획을 세워나가기 위한 접근방법이다. 다시 말하면, 전통적 접근방법은 부분적이고 드러난 부분만을 보는 접근방법이라면 긍정적 탐구는 전체

표 2-1 조직변화를 위한 패러다임

패러다임 1 (문제해결)	패러다임 2 (긍정적 탐구)
"필요로 하는 것을 느끼는 것" 문제의 확인	긍정/진가 찾기 "최고의 가치가 있는 것이 무엇인가"
⇩	⇩
원인 분석	미래 일 구상하기 "무엇이 일어날 것인가"
⇩	⇩
대안 분석	의견교환하기 "무엇이 되어야 하는가"
⇩	⇩
행동 계획(처치)	새로운 것 받아들이기 "무엇이 될 것이다"

자료: Cooperrider et al.(2008: 7)

적이고 보이지 않는 부분까지도 보려는 접근방법이다.

제 2 절 긍정적 탐구의 원리

긍정적 탐구는 조직의 문제를 해결하기 위해 조직이 안고 있는 결함 및 문제에 집중하기보다는 조직 구성원들이 최고의 상태일 때 어떠한 일이 일어났는지, 그때의 경험은 무엇이었는지를 회고하고 이로부터 학습하고 공유함으로써 조직의 발전적 미래를 설계하는 것이다(박상곤 외, 2011: 42). 긍정적 탐구의 토대는 구성주의, 동시성, 시(詩), 예상, 긍정성, 이야기 등의 원리로 출발한다(Cooperrider et al., 2008: 8-10).

1 구성주의 원리

구성주의 원리(constructionist principle)는 사회적 지식의 생성과 조직 활동의 실행은 배타적이고 독립적이 아닌 상호 교호적으로 이루어지게 된다고 본다. 구성주의(constructionist)는 인간이 자신의 경험으로부터 지식과 의미를 구성해 낸다는 이론으로서, 인간이 경험하는 세계는 독립된 것이 아니라 개개인이 부여한 의미에 의해서 성립되기 때문에 어떤 사물을 보는 입장도 여러 가지가 있을 수 있으며, 어떤 사건이나 개념에 대해서도 서로 다른 의미와 견해가 있을 수 있다는 것이다(박상곤 외, 2011: 48-49). 구성주의 원리는 조직 구성원들이 현상에 대해 인식하고 경험하는 개별적 의미의 최고의 것에 대한 상대적인 조합을 통해 미래의 발전적 모습을 구상하는 데 관심을 두고 있다. 구성주의 원리는 한 사람의 경험과 아이디어가 다른 사람들의 경험과 아이디어가 통합되고 새롭게 재조직화되고 공유된다면 조직의 변화를 가져올 수 있다고 보는 것이다. 구성주의는 경험과 아이디어가 재구성되어 새로운 지식이 생성되며 이 지식을 공유함으로써 조직의 변화를 가져올 수 있다고 본다.

구성주의 출발은 경험 자체가 절대적이고 완전한 지식으로 간주하지는 않는다. 현상에 대한 인간의 인식과 지각은 사람마다 다르기 때문에 어떤 사람의 인식과 지각은 주관적이고 부분적인 것이다. 구성주의는 이 부분적인 경험의 결과들을 집합한다면 최선의 미래 상태를 구성할 수 있다고 본다. 그러나 한편으로는 그런 개별적이고 부분적 경험과 아이디어를 조합하여 발전적 미래를 모색하는 것이기 때문에 안정성과 예측가능성의 주장과 배치될 수 있다. 이런 경우 과거를 바탕으로 반복적이고 객관적이며 확실한 요인과 조합하는 것도 고려해야 하며, 이 조합과정에서도 최고의 상태를 찾아야 한다. 미래의 발전적 상태를 모색하는 데 있어 이성적 논리에 바탕을 둔 합리적 상태와 통찰력과 투시의 감각을 가진 주관적 판단이 조합된 최고의 상태를 찾아야 한다.

2 동시성의 원리

동시성의 원리(principle of simultaneity)는 질문(inquiry)과 변화(change)는 분리될 수 있는 것이 아니라 동시적으로 일어나야 한다는 것으로(Cooperrider et al., 2008: 9). 올바른 질문은 즉시 변화를 촉발하는 중요한 도구가 될 수 있다는 것으로 질문의 중요성을 강조하고 있다. 동시성의 원리란 조직이나 공동체가 긍정적인 가능성을 이끌어 내는 질문을 만들고, 이를 조직 구성원에게 묻는 방향으로 움직이게 되고 에너지의 집중이 일어난다는 것이다(박상곤 외, 2011: 49–50). 개인이나 조직에 있어서 질문은 학습 및 발전의 실마리를 찾을 수 있도록 자극을 주게 된다. 변화의 뿌리는 사람들이 생각하고 말하는 것, 발견하고 학습하는 것, 의견을 교환하는 것, 그리고 미래의 이미지를 마음속에 불어넣는 것에서부터 비롯된다(Cooperrider et al., 2008: 9). 동시성의 원리는 질문을 하는 과정에서 변화의 실마리를 찾을 수 있다고 보기 때문에 질문의 구성, 질문의 형태, 질문방법 등이 매우 중요하다.

질문의 중요성에 대해 경영 컨설턴트인 도로시 리즈(Dorothy Leeds)는 일상이나 일터에서 성공적인 소통을 위한 7가지 질문을 소개하였다(Leeds, 2000).

1. 질문을 하면 답이 나온다(Questions Demand Answers).

- 질문을 하면 맞든 틀리든 답이 나온다. 질문을 계속하면 점점 바른 답에 도달할 확률이 높아진다. 물론 정확한 답을 얻으려면 질문을 제대로 해야 한다.

2. 질문은 생각을 자극한다(Questions Stimulate Thinking).

- 질문을 받으면 답을 하기 위해 생각을 할 수밖에 없다. 계속 질문을 받게 되면 생각이 점점 깊어진다. 이처럼 질문은 끊임없이 생각을 자극하는 역할을 한다.

3. 질문을 하면 정보를 얻는다(Questions Give Us Valuable Information).

- 내가 모르는 정보를 얻으려면 자기 자신한테든 남에게든 질문을 해야 한다. 질문은 자신이 원하는 정보를 가장 빨리 얻는 방법이다.

4. 질문을 하면 통제가 된다(Questions Put You In Control).

- 격한 감정에 사로잡혔을 때 질문을 하면 감정이 통제된다. 질문은 기본적으로 사고를 불러일으키기 때문에 사람을 논리적으로 만들기 때문이다.

5. 질문은 마음을 연다(Questions Get People To Open Up).

- 사람들은 자신의 이야기, 관점에 대한 질문을 받으면 우쭐해진다. 관심을 받고 있다는 생각에 아무리 과묵한 사람이라도 자기 생각과 감정을 드러낸다.

6. 질문은 귀를 기울이게 한다(Questions Lead To Quality Listening).

- 질문을 받으면 그 질문이 정확한 답을 원하는 것인지 그냥 의견을 묻는 것인지, 긍정적인 답을 원하는 것인지 부정적인 답을 원하는 것인지 구별해야 한다. 그러니 질문자를 주목할 수밖에 없다.

7. 질문에 답하면 스스로 설득이 된다(Questions Get People To Persuade Themselves).

- 사람들은 다른 사람이 하는 말보다 자신이 하는 말을 더 믿는다. 사람들은 자기가 생각해 낸 것을 더 믿기에 질문을 요령 있게 하면 사람의 마음을 특정한 방향으로 움직일 수 있다.

자료: 곽숙철의 혁신이야기[1)]

1) http://ksc12545.blog.me/220333934397 (검색일: 2015. 12. 4).

동시성의 원리에 따르면 부적절하거나 잘못된 질문은 변화를 위한 자극을 주지 못할 뿐만 아니라 변화 방향과 거리가 먼 이미지나 구상을 말하게 될 것이다. 아래 예시를 통해 각 질문이 의도하고 찾고자 하는 것은 무엇인지, 그리고 어떤 의미에서 차이가 있는지를 생각해보자.

1. 우리 동네(학교, 회사, 지역)의 발전을 저해하는 요인은 무엇입니까?
2. 우리 동네(학교, 회사, 지역)의 발전요인은 어디/누구에게 있습니까?
3. 우리 동네(학교, 회사, 지역)의 성공요인은 무엇입니까?
4. 우리 동네(학교, 회사, 지역)의 성공요인은 어디/누구에게 있습니까?
5. 우리 동네(학교, 회사, 지역)의 경쟁력을 위한 취약요인은 무엇입니까?
6. 우리 동네(학교, 회사, 지역)가 가진 경쟁력의 가치는 무엇입니까?
7. 우리 동네(학교, 회사, 지역)에 대해 어떤 느낌을 가지고 있습니끼?
8. 우리 동네(학교, 회사, 지역)의 발전을 위해 어떻게 해야 할까요?

1. 우리 공동체에서 활동(거주)하는 동안 가장 좋았던 것은 무엇입니까?
2. 학교생활에서 가장 인상 깊었던 경험은 무엇인가?
3. 시청 공무원으로서 가장 뿌듯했었던 경험은 무엇인가?
4. 지금까지 시공무원으로서 생활하면서 가장 중요하게 고려했던 가치는 무엇인가?
5. ○○시에 가장 중요한 가치는 무엇이라고 생각하는가?
6. 우리 지역에 헬리콥터를 타고 상공을 날고 있다고 가정할 때, 무엇이 우리 지역에 생명을 불어넣고, 활기차게 하고 있다고 생각하는가?
7. 당신에게 3가지 소원을 들어주는 마법의 지팡이가 있다면, 시정부의 변화를 위하여 어떤 소원을 빌겠는가?

자료: 김종원 외(2010: 312)의 내용을 재구성

3 시의 원리

시(詩)의 원리(poetic principle)는 조직이나 공동체의 과거, 현재, 미래의 학습, 영감, 해석을 위한 끊임없는 원천이다(Cooperrider et al., 2008: 9). 시인이 그의 심상을 다양한 의미의 시어를 통해 반영하듯이 조직이나 공동체에서도 다양한 사건과 현상에 대한 경험과 스토리에 의미를 부여하고 재해석함으로써 새로운 의미를 만들어 내거나 더욱더 가치 있는 것을 얻을 수 있도록 해야 한다(박상곤 외, 2011: 50).

시의 원리에 대한 근본을 보면, 시는 존재론, 인식론, 가치론으로 해석할 수 있다. 이를 다시 시의 세계, 즉 작품 자체의 관점만을 의미하지 않고, 시의 본질과 진실로서의 '생명', 시의 원천은 독자성과 사명으로서의 '감성', 시의 질료(質料)와 형식으로서의 '언어'를 포함한다. 시의 인식(시 창작방법론), 시의 가치(존재론과 효용론의 포함)로 해석한다. 즉, 시의 우주론은 생명, 감성, 언어 등을, 시의 창작방법론은 착상, 구상, 현상 등을, 시의 가치론은 위치, 윤리, 감상 등에 초점을 두게 된다(오형엽, 2010). 이와 같이 한 편의 시가 다양한 초점과 렌즈를 통해 해석하고 다양한 의미가 부여될 수 있듯이, 조직 및 공동체 활동 경험과 문제에 대해서도 여러 가지 인식의 틀로 접근할 수 있고, 그로 인해 다양한 해석과 표현이 가능하기 때문에 이를 인정하고 수용하며 조합함으로써 새로운 가치를 생성해야 한다.

4 예상성의 원리

예상성의 원리(anticipatory principle)는 조직의 변화와 혁신을 위한 비전은 조직의 가장 중요한 자원과 가치는 무엇이고, 그런 자원 및 가치를 통해 조직 구성원들이 공동으로 예상하는 미래에 대한 이미지이다(Cooperrider et al., 2008: 9). 조직 및 공동체의 비전은 미래에 이루고자 하는 소망을 담고 있으며, 이를 토대로 달성 가능한 목표치를 예상하고 구체적인 실행계획을 수립하게 된다. 조직 및 공동체의 목표상태는 구성원의 실행가능성을 예상하는 것이다.

5 긍정성의 원리

조직의 변화와 혁신을 위해서는 조직 전체에 위기의식을 전파하여 혁신안을 수용할 수밖에 없을 것으로 분위기를 조성하기도 한다. 하지만 지나친 위기조장은 구성원들에게 에너지를 소진시키게 되고, 도전을 해보지도 않고 미리 포기하거나 '우리는 역시 안돼!'라는 절망을 안겨줄 수도 있다. 또한 혁신안이 절대적인 대안도 아닐 뿐더러 조직 및 공동체가 안고 있는 모든 문제를 해결하고 미래 상황변화에 따른 조직의 적응성을 담보한다는 확신을 가지기도 어렵다. 조직 및 공동체 구성원들이 혁신과정에의 자발적이고 적극적인 참여 없이 수동적인 형식을 동원한다면 그 혁신안은 예상하는 목표상태를 기대하기 곤란하다. 대부분 조직 및 공동체는 발전하고 혁신하기 위한 방안들을 마련하고 있지만, 그 혁신안이 구성원들의 역량과 가치가 반영되지 않고 최고의사결정 라인의 의도만을 반영한 것이라면, 이때의 위기의식 조장은 더더욱 최고의사결정 라인이나 특수 이익을 옹호 및 확립하기 위한 정당성의 논리로 변질될 가능성을 배제하기 어렵다는 것이다. 조직 및 공동체 구성원들에게 절박한 심정을 갖게 한다거나 위기의식을 확산시키고 내재화하는 것은 눈에 보이는 문제만을 해결하는 데 그칠 뿐 장기적이고 미래지향적인 발전을 기대하기 어렵다는 것이다. 구성원들의 강점이 무엇인지를 발견하고, 그 강점을 조직 및 공동체 발전으로 연결시키는 전략이 필요하다.

조직 및 공동체 발전을 위한 긍정성의 원리(positive principle)는 위기의식을 조성하는 것이 아니라 꿈, 희망, 에너지, 목적의식, 자발적 참여 등과 같은 긍정성을 기반으로 기대감을 가지고 적극적인 참여를 유도하는 것이다(박상곤 외, 2011: 52). 긍정성의 원리는 변화를 위한 추진력으로서 꿈, 희망, 영감, 다른 사람들과 함께 즐거움을 갖는 것 등과 같은 긍정적 태도와 사회적 유대감을 갖는 것이 중요하다는 것이다(Cooperrider et al., 2008: 10). 구성원들에게 '할 수 있다'라는 긍정성의 요소는 보이지 않는 에너지와 힘을 쏟게 만드는 중요한 자원이다.

6 이야기의 원리

긍정적 탐구의 접근방법은 구성원들 간 상호 작용과 관계성의 토대에서 과거 최고 상태의 경험에 대한 스토리를 공유하는 행동을 수행함으로써 분명해진다. 이야기의 원리(narrative principle)는 변화를 위한 촉매제로써 스토리의 힘을 적극 활용하는 것이다. 조직 구성원들은 그들이 경험했던 의미를 이야기를 통해 공유한다(Barrett & Fry, 2008: 49). 스토리를 통한 의미의 공유는 조직 구성원들 간의 유대를 구축해주고(Barrett & Fry, 2008: 50), 상호 관계성을 높이며 미래의 일에 대한 공감대를 형성하는 데 기여한다. 긍정적 탐구는 조직 구성원들의 참여와 대화를 통해 강점 및 긍정적 요소를 찾고 상호 간 의미를 공유하는 방식이기 때문에 이야기의 형식이 필수적이다. 물론 공식적인 형태의 보고서나 매뉴얼도 강점을 발견하고 의미를 공유하는 데 이용될 수 있지만, 형식적이고 공식적 언어가 갖는 의미 전달의 불완전성 때문에 자유로운 비공식적인 이야기 형식이 적합하다.

표 2-2 긍정적 탐구의 원리 정리

구성주의 원리	미래의 발전적 구상은 조직 구성원들이 현상에 대해 인식하고 경험하는 개별적 의미가 최고의 것에 대한 조합을 통해 이루어진다.
동시성의 원리	질문은 곧 변화의 실마리를 자극한다. 질문과 가치 있는 방안은 분리되는 것이 아니라 동시적으로 이루어진다.
시의 원리	시에 대한 다양한 의미가 부여하고 해석하듯이 과거 경험과 스토리에 다양한 의미를 부여하고 재해석함으로써 새로운 가치를 생성해낸다.
예상성의 원리	미래에 대한 이미지는 조직의 경쟁력 있는 자원 및 가치를 통해 예상한 결과이다.

긍정성의 원리	부정적 감정이나 태도를 지양하고 긍정적 요소를 발굴하고 그 요소에 에너지를 불어넣어야 한다.
이야기의 원리	최고 상태의 경험에 대한 의미를 이야기로 공유하고 전파해야 한다.

제 3 절 긍정적 탐구의 이점

긍정적 탐구는 불확실한 환경변화에 적용하기 위한 조직의 역량을 강화할 수 있는 조직발전 철학이자 방법론이다. 긍정적 탐구는 조직역량 강화에 초점을 두고 조직의 생애 및 조직의 경험적 활동에서 비롯된 최고의 상태에 대한 경험을 통한 의미, 스토리, 지식, 지혜 등의 긍정적 변화의 요인을 질문을 통해 이끌어 내어 긍정적 변화를 가져오기 위한 것이다. 긍정적 탐구는 조직 구성원과 이해관계자 사이의 높은 관여와 협력을 촉진하기 위한 것이다. 그동안 조직이나 공동체가 문제지향적(problem-oriented)이고 부족하거나 미흡한 것에 대한 담론을 이끌어 내는 데 주력해왔다면, 긍정적 탐구는 가능성 지향적(possibility-oriented) 및 긍정적 담론에 집중하는 것으로 전환하는 것이다(Cooperrider & Whitney, 1998: 17).

조직 및 공동체 활동 경험에 대한 긍정성의 가치를 찾고자 하는 긍정적 탐구는 다음과 같은 이점을 가져오게 된다(Dunlap, 2008: 24-25).

① 조직의 과거 성과에 대한 자긍심을 통해 변화를 이끌어 낸다.

② 변화를 위해 새로운 경로를 모색한다.

③ 미래에 가져올 산출결과(outcomes)에 대해 확신을 갖는다.

④ 조직 전체에 긍정적인 감성을 확산한다.

긍정적 탐구는 이와 같은 이점을 실현하기 위하여 다음과 같은 조건을 갖추고 원칙을 준수해야 한다(박상곤 외, 2011: 89; Cooperrider & Whitney,

1998: 20-27).

① 분명하고 중심과업에 초점을 맞추어야 한다.

② 연속성의 관점에서 검토해야 한다.

③ 확실한 것에 대한 긍정적 움직임에 집중해야 한다.

④ 조율하고 협상하는 과정에서 이야기 형식으로 소통해야 한다.

⑤ 영감을 받은 행동에 집중해야 한다.

⑥ 참여적인 통로가 마련되고 모두에게 참여 기회를 부여해야 한다.

⑦ 조직이나 공동체의 모든 수준에 있어서 광범위한 참여가 이루어져야 한다.

⑧ 데이터와 사실을 다양하게 해석할 수 있고 인정하는 개방적 풍토가 마련되어야 한다.

⑨ 탐색에 필요한 충분한 시간을 투입하려는 의지와 환경이 조성되어야 한다.

⑩ 프로세스와 산출물을 신뢰하는 의지와 풍토가 조성되어야 한다.

⑪ 강점 및 가치를 지지하는 언어를 사용해야 한다.

⑫ 강점 및 가치를 탐색하는 과정에서 친절, 사랑, 용기, 감정, 관대함을 고려해야 한다.

⑬ 과거의 조직 및 공동체 활동은 사람의 경험과 지식이고 지혜의 원천이다.

제 4 절 긍정적 탐구의 접근방법

조직 및 공동체의 발전과 혁신을 위한 접근방법으로서 기존 접근방법과 긍정적 탐구의 접근방법과 다음과 같은 점에서 차이가 있다. 먼저, 초점과 관심 사항이 다르다. 전통적인 문제해결 방법은 집단, 조직, 공동체가 '무엇이 잘못되어 가고 있는가? 무엇이 부족한가? 원인은 무엇인가? 등과 같이 결함이나 약점에 초점을 맞춘다. 잘하고 있는 것보다는 문제가 있는 원인을 찾는 것에 초점을 맞추도록 한다. 그리고 문제가 있다면 그것만을 해결하는 데 에너지나 자원을 집중함으로써 집단, 조직, 공동체가 가진 강점이나 가치 등 긍정적 요소를 발견할 기회를 원천적으로 갖지 않는다. 그러나 긍정적 탐구는 상황을 긍정적 관점에서 접근한다. 새로운 가능성과 긍정적 요소들, 즉 꿈, 비전, 좋은 경험 등의 강점에 초점을 두고 그 가치를 발견하는 데 관심을 둔다(박상곤 외, 2011: 54).

둘째, 집단, 조직, 공동체가 직면한 상황의 처리과정이 다르다. 전통적인 문제해결 방법은 문제를 인식하고 도출하여 이에 대한 원인을 분석한 후 해결 대안을 탐색하고 최적 대안을 선택한 다음 이에 대한 행동계획을 수립하는 과정을 거친다. 긍정적 탐구는 주제를 도출하고 최고의 강점 및 가치를 발견하고 이를 기반으로 미래의 모습을 그리며 이를 달성하기 위하여 설계를 하고 실행을 한다. 특히, 긍정적 탐구는 초기단계의 인터뷰를 매우 중요하게 생각한다(박상곤 외, 2011: 54-55). 동시성의 원리에 의하여 질문 그 자체로도 가치 있는 실마리를 자극하게 되기 때문이다. 전통적인 질문방식이 문제점을 찾기 위한 질문을 던지기 때문에 부정적인 요소만을 생각할 수 있는 데(예 우리 조직의 성과가 줄어드는 것은 무엇이 문제라고 생각하십니까?) 반해, 긍정적 탐구의 긍정적인 질문(예 귀하는 우리 조직에서 가장 기뻤던 경험은 무엇이며, 우리 조직에서 희망을 가질 수 있는 요소는 무엇이라고 생각하십니까?)을 하게 되면 경험을 토대로 긍정적 요소를 기반으로 발전적 미래 모습을 그리게 된다.

표 2-3 문제해결 중심과 긍정적 탐구의 비교

구 분	전통적 문제해결식 접근	강점과 긍정기반 접근
초 점	문제점, 결함, 약점	비전, 꿈, 희망, 강점, 가치
관심사항	- 문제, 결함, 약점은 무엇인가? - 문제의 원인은 무엇인가? - 무엇이 우리의 목표달성에 장애가 되는가?	- 구성원들이 경험한 성공, 가치, 강점은 무엇인가? - 그러한 성공과 강점은 무엇에서 비롯되었는가? - 무엇이 우리가 진정으로 원하는 것인가?
프로세스	문제인식 → 문제도출 → 원인분석 → 대안탐색→ 최적안 선택 → 실행계획 도출	논의의 중심 과제나 주된 내용(테마도출) → 강점의 발견과 가치부여(발견하기) → 새로운 가능성에 대한 상상(꿈꾸기) → 대화와 합의를 통한 미래 디자인(설계하기) → 실천행동에 대한 결의와 실행(행동하기)
전달방식	의사결정자에게 피드백	전체적 공유
공통된 특징	- 이슈의 분할화, 세분화 - 실행가능성 중심 - 소수의 전문가 그룹 중심 - 지속적인 문제 발굴	- 미래의 새로운 가능성 추구 - 질문, 가능성 중심 - 긍정적이고 도전적인 분위기 조성, 참여촉진 - 해결방안 개발과정 자체가 변화임
결 과	문제해결을 위한 최적의 해결방안	꿈을 실현하기 위한 설계

자료: 박상곤 외(2011: 54-56)

제 5 절 긍정적 탐구의 과정

긍정적 탐구의 기본적 가정은 조직이 '해결해야 할 문제에 대한 접근'보다는 '조직 구성원들이 수용 가능하고 실현 가능한 해결책'에 관심을 두는데, 이 과정은 [그림 2-1]의 긍정적 탐구 모델로 제시된다.

먼저, 긍정적 주제를 선택한 다음 긍정 및 진가와 가치를 찾고(발견), 앞으로 바라는 일을 마음속에 그리며(꿈), 미래에 대하여 공동으로 구성하고(설계), 학습, 권한부여, 미래 생존에 필요로 하는 것을 처리하는 과정(실행)

그림 2-1 긍정적 탐구의 모델

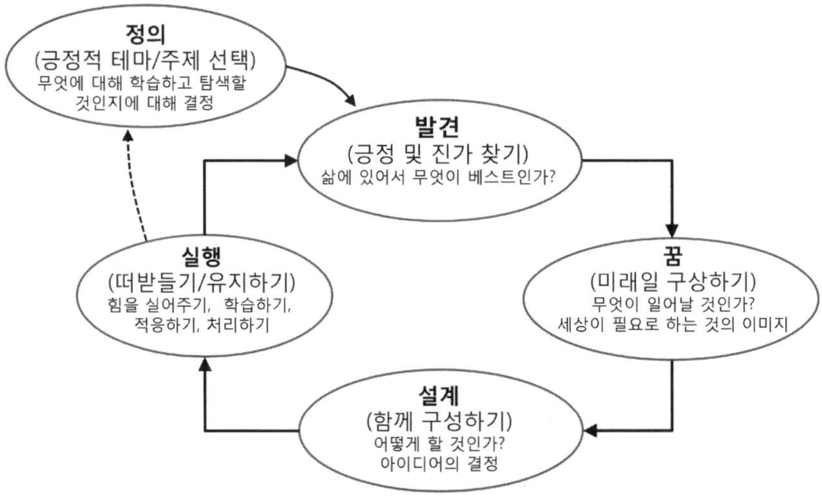

자료: Cooperrider et al.(2008: 5); Acosta & Douthwaite(2005)에서 재인용

으로 이루어진다. 이들 각 단계의 과정은 대화가 필수적이다(Cooperrider et al., 2008: 5-6; 박상곤 외, 2011: 7-85).

첫째, 정의단계에서는 조직 및 공동체 발전을 위한 긍정적 주제를 선택하는 활동으로서 앞으로 무엇을 학습하고 탐색할 대상이나 내용을 결정하며, 일련의 과정에 참여할 사람과 진행과정을 결정하는 단계이다. 주제를 정하는 정의단계에서 주제의 원천은 다양한 관심사를 포함해야 하며, 공동체 활동 방향이나 추구하고 하는 변화의 내용이면 좋다. 또한 주제는 구성원들이 공동체의 발전과 더불어 성장하고 발전하며 자신들의 니즈에 부합될 수 있는 내용이면 더욱 좋을 것이다. 주제는 긍정적인 요소를 포함하고 성장과 학습을 촉진할 수 있어야 하며, 가능한 범위가 한정적이고 구체적인 내용이어야 한다.

둘째, 발견단계에서는 공동체 구성원들의 경험을 중심으로 공동체의 현재 성공을 가능하게 한 핵심 긍정적 요소를 발굴하는 것이다. 발견단계에서 공동체의 구성원은 물론 이해관계자들이 주제와 관련하여 자신이 그 공동체에서 경험한 최고의 스토리를 공유하고, 그 과정에서 공동체의 과거와 현재에 존재하는 최고의 것들을 찾아내는 것이다.

셋째, 꿈꾸기단계에서는 참여자 모두가 진심으로 미래에 이루어지기를 바라는 공동체의 꿈을 생각하고, 그 생각들을 글, 그림, 기호 등으로 표현하는 것이다. 이 꿈은 공동체의 새로운 비전이자 구성원들의 공동의 소망성을 담은 것이다. 꿈을 갖게 되는 것은 과거 경험적 일을 토대로 미래 최고의 목표 상태를 그리는 것이다. 미래의 상황을 마음속에서 그리는 일은 정열적 생각, 기대하거나 선호하는 미래의 긍정적 상태를 이미지로 만들어가는 것이다.

넷째, 꿈을 설계하는 단계에서는 꿈꾸기단계에서 상상한 공동체를 미래 이미지와 모습을 보다 구체화하는 단계이다. 이 단계에서는 미래에 도달하고자 하는 변화의 목표 상태를 보다 구체적인 목표로 전환하는 과정이다. 이 단계에서는 공동체의 미래 모습을 실현하기 위하여 구체적인 구성원들의 행동계획을 수립하는 활동이기 때문에 구성원 각자에게 분명한 역할이 부여되어야 하고, 역할의 분담도 가능한 개인의 역량수준에 맞는 '맞춤식 역할'이 이루어져야 한다.

다섯째, 실행단계에서는 공동체의 구체화된 모습을 실현하기 위해 현재 우리가 무엇을 해야 하는지를 찾아서 실행하는 과정이다. 실행단계에서는 앞선 단계에서 제시한 내용들에 대한 피드백 과정을 포함해야 하며, 이들 각 단계의 내용과 실행과정이 공동체의 현실에 잘 부합되는지, 또는 실행과정에서 장애요인은 없는지, 필요로 하는 물적·조직적 자원은 무엇인지를 점검하고 확인해야 한다.

제 6 절 긍정적 탐구의 실행과정

긍정적 탐구를 실행하기 위한 준비사항은 무엇인가? 보편적으로 다음과 같은 준비사항을 확인해야 한다(Cooperrider et al., 2008: 55-59).

1 준비단계

1) 상황 파악

① 조직/공동체의 미션(목적)은 무엇인가?

② 조직/공동체의 사람 규모는? 조직/사람이 어디에 위치하는가?

③ 조직/공동체에 가장 중심인물과 관심인물은? 영향을 받는 대내외적인 이해관계 집단은?

④ 긍정적 탐구에 관심 있는 사람은 누구인가? 그들이 긍정적 탐구에 대해 얼마나 알고 있는가?

⑤ 긍정적 탐구에 관심갖기를 희망하는 사람은 누구인가?

⑥ 변화의 챔피언과 스폰서는 누구이고, 직접적으로 영향을 줄 수 있는 집단은? 당신이 기대하고 믿는 것은 무엇인가?

2) 변화 아젠다(agenda)

① 귀하가 참조할 만한 조직과 사람은 누구인가?

② 개인/조직이 희망하는 변화는 무엇인가?

③ 이상적인 미래에 대한 개인/조직의 이미지는 무엇인가?

④ 개인/조직이 달성하고자 하는 결과는 무엇인가?

⑤ 개인/조직이 왜 긍정적 탐구에 관심을 갖는가?

⑥ 감격시키는 언어로 개인/조직의 변화 아젠다(또는 의도된 목적)를 어떻게 말할 수 있는가?

⑦ 귀하는 긍정적 탐구가 이 목적을 달성하는 데 좋은 접근방법이라고 왜 믿고 있는가?

3) 리더십

① 이 프로세스에 포함되어야 하는 사람들은 누구인가? 이 프로세스에 그들은 무슨 역할을 해야 하는가?

② 프로젝트가 성공적으로 되기 위하여 포함되어야 할 사람은 누구인가? 왜 그들이 중요하고, 그들이 무슨 역할을 해야 하는가?

③ 귀하는 그들을 어떻게 포함시킬 것인가?

4) 핵심 팀

① 전체 조직/공동체가 가지는 의견(생각)을 확실히 보장하기 위한 핵심 팀에 필요로 하는 사람의 수는?

② 프로세스의 성공을 가져오기 위하여 필요로 하는 기능(인적자원, 판매, 마케팅, 엔지니어링, 재정, 제조, 기타 등등)은 무엇인가?

③ 프로세스의 창의성과 효과성을 위해 보강되어야 할 사람은 누구인가?

④ 핵심 팀을 어떻게 선발할 것인가?

⑤ 핵심 팀의 책무는 무엇인가?

⑥ 핵심 팀은 미팅에서 어떻게 커뮤니케이션할 것인가?

2 공동체에 긍정적 탐구의 도입

1) 필요로 하는 리더십

① 포함되어야 하는 사람은 누구인가?

② 귀하는 긍정적 탐구에 대해 무엇을 가르칠 것인가?

③ 긍정적 탐구를 어떻게 경험하게 할 것인가?

④ 귀하는 긍정적 탐구를 언제 도입할 것인가?

2) 핵심 팀에 도입 방법

① 귀하는 긍정적 탐구에 대해 무엇을 가르칠 것인가?

② 긍정적 탐구를 어떻게 경험하게 할 것인가?

③ 귀하는 언제 핵심 팀과 모임을 가질 것인가?

3) 변화 프로세스에서 전반적 고려사항

① 사람들을 어떻게 초대할 것인가?

② 변화 노력의 목적과 과정을 누가 설명할 것인가?

③ 귀하는 긍정적 탐구에 대해 무엇을 가르칠 것인가?

④ 긍정적 탐구의 경험은 무엇으로 할 것인가?

⑤ 긍정적 탐구의 시작에서 리더의 역할은 무엇인가?

⑥ 긍정적 탐구의 시작에서 핵심 팀의 역할은 무엇인가?

⑦ 창의적이고 재미있는 이벤트를 어떻게 시작할 것인가?

⑧ 언제 시작할 것인가?

⑨ 시작 다음에 추진력을 어떻게 유지할 것인가?

3 추진형태의 형태 : 긍정적 탐구의 프로세스의 설계

① 변화 아젠다를 달성하기 위하여 조직/공동체가 준비해야 되는 베스트 형태는 무엇이라고 생각하는가? 왜 그렇다고 생각하는가?

② 추진형태를 결정하는 누구를 포함시킬 것인가?

③ 추진형태와 프로세스 설계는 언제 결정할 것인가?

4 임시적 긍정적 주제

① 주제는 미리 정해진 것인가?

② 미리 정해진 것이라면, 누가 귀하의 주제를 선택할 것인가?

③ 미리 정해진 것이라면, 변화 아젠다가 주어졌을 때 탐구를 위한 의미있는 주제일 것이라고 생각하는 주제는 무엇인가?

④ 귀하와 핵심 팀은 긍정적 주제를 어떻게 결정하고 결말을 지을 것인가?

5 인터뷰 가이드

① 인터뷰 원고를 누가, 언제 작성할 것인가?

② 인터뷰 가이드를 누가, 언제 결정지을 것인가?

③ 귀하는 인터뷰 가이드를 시험할 것인가? 하지 않는다면 누가, 언제 시험할 것인가?

④ 어떻게, 언제 수정이나 검토를 할 것인가?

표 2-4 긍정적 탐구의 프로세스별 준비사항

단 계	의 미	프로세스	질 문
발 견	과거에서 현재까지의 일 중에서 최상의 것(베스트)을 학습하기	면접 전략	– 면접 대상은? 면접 대상이 되는 이해관계자 집단은? 각 집단은 왜 중요한가? – 누구를 면접자로 선정할 것인가? – 어떻게 면접을 실행할 것인가? – 면접 시기 및 시간은?
		면접자 교육	– 면접자 교육을 실시할 것인가? – 누가, 언제 면접을 이끌 것인가? – 교육에 무엇을 포함시킬 것인가?
		스토리 수집, 공유, 의미 만들기	– 어떻게 우수사례, 조직의 우수성, 성공, 혁신 등을 수집하고 공유할 것인가? (예 보고서, 신문, 비디오, 스토리보드, 책, AI룸) – 스토리를 수집하고 공유하기 위해 누가 적임자인가?
		긍정적 핵심의 지도 그리기	– 조직/공동체의 강점, 자원, 능력 등의 모든 것을 어떻게 수집하고 설명할 것인가? – 긍정적 핵심의 지도를 그리는 데 누가 포함될 것인가? – 조직/공동체 전체에 걸쳐 긍정적 핵심을 어떻게 커뮤니케이션할 것인가?
꿈	좋은 세상/조직/공동체를 위한 미래 일을 구상하는 것	미래 구상하기	– 미래를 구상하는 데 사람들을 어떻게 관여하게 할 것인가? 미래 일이 언제 일어날 것인가? – 대담한 꿈을 자극할 수 있는 질문은 무엇인가? – 대담하고 쾌활한 꿈의 영감을 어떻게 줄 것인가? – 미래 구상에 있어서 누구를 포함시킬 것인가?
		기회 지도 그리기	– 꿈 안에 있는 기회를 어떻게 수집하고 기록할 것인가? – 누가 기회를 결정할 것인가?
설 계	이상적인 조직/공동체를 결정하는 것	도발적인 제안하기	– 귀하 소속의 이상적인 조직/공동체라고 기술된 진술문 작성에 포함되어야 할 사람은 누구인가? – 조직/공동체 전체에 걸쳐 진술문은 어떻게 공유할 것인가?

실 행	긍정적 변화를 재인식하고 지탱하는 것	혁신 팀	- 귀하를 지지해줄 수 있는 혁신 팀은 얼마나 있는가? - 혁신 팀의 프로젝트와 멤버십은 어떻게 결정될 것인가? - 혁신 팀을 위한 리더십의 챔피언은 누구일까? - 귀하는 혁신 팀의 성공을 어떻게 보장할 것입니까? - 혁신 프레임워크를 위한 연대표는 무엇인가?
		혁신의 재인식	- 귀하는 긍정적 변화의 창조적 표현을 어떻게 확인하고 재인식할 것인가? - 귀하는 긍정적 리더십의 좋은 사례를 어떻게 확인하고 재인식할 것인가? - 귀하는 변화 속에서 살고 있는 사람들을 어떻게 확인하고 재인식할 것인가?
		긍정적 조직의 창조	- 긍정적 탐구의 훈련을 통해 이익을 볼 수 있는 사람이 있습니까?(그들은 누구인가?, 그들은 훈련을 어떻게 받을 것인가?: 내부 워크숍 또는 공개적 워크숍) - 귀하는 긍정적 리더십 개발 프로그램을 수행할 것입니까?(그렇다면 누가 관심을 가질 것인가?, 언제 그것을 시행할 것인가?) - 귀하는 긍정적 관리 개발 프로그램을 수행할 것입니까?(그렇다면 누가 관심을 가질 것인가?, 주제는 무엇을 할 것인가?, 언제 시행할 것인가?) - 귀하는 긍정적 인적자원 프로세스를 만들 것인가? - 귀하는 고객관계에 대한 긍정적 접근방법을 개발하기 위하여 어떻게 할 것인가? - 귀하는 긍정적 팀 발전을 위하여 기회를 어떻게 만들 것인가? - 귀하는 조직/공동체 전체에 영향을 미치는 긍정적 커뮤니케이션을 지속시키기 위하여 어떻게 보장할 것인가?

자료: Cooperrider et al.(2008: 57–59)을 정리함

제 7 절 긍정적 탐구와 공동체

긍정적 탐구는 조직발전을 위한 비전과 전략을 수립하기 위한 접근방법이자 방법론이다. 긍정적 탐구의 이용가치는 다양한 목적으로 적용할 수 있다.[2)]

① 공동체 개발

② 파트너와 이해관계자들과 함께 대외적인 전략 및 프로젝트 기획

③ 자산 지도그리기(asset mapping)

④ 프로그램 사정, 모니터링, 평가

⑤ 팀 구축(team-building): 함께 일하는 새로운 방식을 찾는 데 도움

⑥ 혁신 조장

⑦ 갈등 해결

⑧ 네트워크 구축

이상의 여러 목적들은 집단, 조직(회사, 학교, 공공기관), 동네(마을), 지역사회 등 공동체가 안고 있는 문제이거나 과제이기 때문에 긍정적 탐구의 그 이용가치는 매우 높다. 근래 국내에서 긍정적 탐구에 대한 연구 경향을 보이고 있는 것도 긍정적 탐구의 이용가치에 동의하는 연구자들이 있고 관심을 받고 있다는 것이다. 김종원 외(2010)는 공공부문을 대상으로 조직성과와 변화를 위한 조직의 가치를 학습하기 위한 방법으로서 적용가능성을 제시하였고, 장영철 외(2013)는 민간부문의 조직혁신 방법으로 정착시키기 위한 과제 및 도전을 검토하는 차원에서 긍정적 탐구가 정당한지, 그리고 하나의 유행으로 나타난 것인지에 대한 이론적, 실증적 평가를 통해 정교화해 볼 필요성을 제안하였다.

2) http://www.kstoolkit.org/Appreciative+Inquiry (검색일: 2015. 12. 7).

지금까지 설명한 긍정적 탐구의 개념적 내용과 지향점이 이용가치가 높다고 하더라도 공동체의 특성에 적합한 구조와 내용으로 조직화하여 적용하는 것이 중요한 과제이다. 공동체가 궁극적으로 무엇을 기대하고 있으며, 목표상태는 어떤 것이며, 기대와 목표상태의 구상은 구성원들의 참여와 막힘없는 소통으로 합의에 바탕을 두고 있는지가 중요하다. 또한 소통 및 커뮤니케이션의 도구에 있어서도 구성원들의 수준에 적합한 방식을 찾아야 한다. 문서와 인터넷 등의 명시적 방법으로 할 것인지, 상호 학습하고 토론하는 스토리텔링 등의 암묵적 방법으로 할 것인지, 아니면 이 두 방법을 어떻게 조합할 것인지에 대한 방안도 고려해야 한다.

○ 긍정적 요소 확인

관계를 맺고 있는 사람(부모 등 가족, 친구, 선배, 동료, 스승 등 어떤 사람이라도 상관없음)에 대한 긍정적 요소 및 칭찬할 수 있는 요소를 찾고, 자신이 어떤 내용을 모방하고 싶은지를 아래에 기술해 보세요.

○ 긍정적 탐구 Worksheet

자신이 소속된 집단, 조직(회사, 공공기관), 학교, 동네(마을), 지역사회 등 공동체의 발전계획을 긍정적 탐구 과정을 통해 작성한다.

단 계		내 용
1단계	주제선택	• • • • •
2단계	최고의 긍정적 가치 발견하기	• • • • •
3단계	미래 일 구상하기	• • • • •
4단계	꿈의 실행계획 수립	• • • • •
5단계	실행하기	• • • • •

참고문헌

김종원 · 이종원(2010). 조직성과와 변화관리를 위한 새로운 가치학습관리로서의 긍정적 탐구(Appreciative Inquiry) 방법의 함의. 『한국사회와 행정연구』, 21(2): 297−319.

박상곤 · 이태복(2011). 『긍정조직혁명』. 경기: 도서출판 물푸레.

오형엽(2010). 조지훈 시론의 보편성 연구: <시의 원리>를 중심으로. 『한국언어문화』, 42: 267−295.

장영철 · 남궁은정(2013). 긍정 탐구(Appreciative Inquiry)를 통한 조직변화. 『대한경영학회지』, 26(10): 2627−2649.

Acosta, A. & Douthwaite, B.(2005). Appreciative inquiry: An Approach for Learning and Change Based on Our Own Best Practices. *ILAC(The Institutional Learning and Change) Brief* 6, July, pp. 1−4.

Barrett, F. J. & Fry, R. E.(2008). *Appreciative Inquiry: A Positive Appreciative to Building Cooperative Capacity*. Chagrin Falls, Ohio: Taos Institute Publications.

Cooperrider, D. L. & Whitney, D.(1998). The Appreciative Inquiry Summit: Overview and Applications. *Employment Relations Today*, Summer, 17−28.

———(2003). "A Positive Revolution in Change: Appreciative Inquiry." *Appreciative Inquiry: Rethinking Human Organization Toward a Positive Theory of Change*. Lake Shore Communications, Euclid, OH, pp. 3−27.

Cooperrider, D. L., Whitney, D., & Stavros, J. M.(2008). *Appreciative Inquiry Handbook: for Leaders of Change(2nd ed.)*. Brunswick, OHSan Francisco, CA: Crown Custom Publishing, Inc.

Dunlap, C. A.(2008). Effective Evaluation through Appreciative Inquiry. *Performance Improvement*, 47(2): 23−29.

Leeds, D.(2000). *The 7 Powers of Questions: Secrets to Successful Communication in Life and at Work*. New York: The Berkley Publishing Group.

http://ksc12545.blog.me/220333934397

http://www.kstoolkit.org/Appreciative+Inquiry

제 3 장

지역공동체

제 1 절 지역공동체의 의의

1 지역공동체의 개념

현대사회에서 공동체(community)라는 용어는 여러 영역에서 그 목적에 따라 다양한 개념으로 사용되고 있으며, 사회(society), 집단(group), 사회체제(social system), 사회조직(social organization)이라는 의미로 해석되기도 한다(박병춘, 2012: 14). 공동체는 사람, 장소 및 공간, 목적 등의 요소를 중심으로 결합된 집단이나 조직이다.

지역공동체란 '지역'과 '공동체'의 합성어로 '일정한 공간'과 '사람들'로 이루어진 집단이다. 지역공동체에 대한 사전적 의미를 인터넷 '위키피디아'에서 보면 "같은 환경을 공유하는 사람들이 상호 작용하는 집단"을 비롯하여, 국립국어원의 『표준국어대사전』에서는 "한 지역의 일정한 범위 안에서 지연(地緣)에 따라 자연스럽게 이루어진 생활공동체"로서 지역공동체를 지역사회(地域社會)와 같은 개념으로 제시하였으며, 또한 지역공동체의 주체를 기준으로 "밀접한 환경 안에서 민간사업자, 공무원, 주민 등이 상호 작용하면서 자원과 정보를 공유하고 서로 도움을 주는 공동체"로[1] 정의하기도 한다.

연구자의 개념적 정의에 의하면, 공동체는 지역적 인구집단이 집합적 생활을 위해 만든 일종의 사회조직으로서(한원택, 1995), 서로의 개성을 존중하고, 자주성과 책임을 자각한 주민이 함께 공동목표를 가지고 행동하는 자율적이고, 개방적인 연대감이 있는 집단이다(김일태: 1999: 71). 지역공동체란 정주 단위를 기초로 소속감과 유대감을 공유하는 집단으로 정의되기도 하고(이재열, 2006), 일정한 지리적 영역 내에서 사회, 경제, 문화적 상호 작용을 하며, 공동체 의식을 가진 사람들로 구성되어 있어 인간의 기본적인 욕

1) http://www.businessdictionary.com. (검색일: 2015. 12. 13).

구를 대부분 충족시켜주는 사회적, 지리적 조직단위를 의미하기도 한다. 이러한 지역공동체에서 사람들은 가정을 꾸미고 생계를 유지하며 자녀들을 양육하고 일상생활을 영위하게 된다. 지역공동체는 마을, 촌락, 동네, 읍, 시, 대도시 등의 다양한 공간단위로 분류할 수 있는데, 주민들의 일상생활을 위한 공동체로서 커뮤니티나 근린(neighborhood) 단위의 공간적 범위와 영역을 의미한다(이왕건, 2005: 20). 따라서 개념이 내포하고 있는 지역공동체는 지역성(territory), 사회적 상호 작용(social interactions), 공동의 연대 및 결속(common ties) 등을 기본요소로 이루어진다(신명호 외, 2000: 52; 강대기, 2001: 24; 김 구, 2015에서 재인용).

또한 한국지방행정연구원(2014: 8)은 지역공동체를 지리적 근접성을 갖는 한정된 지역에서 구성원 간 긴밀한 사회적 상호 작용이 이루어지며 공동의 유대 및 목표를 갖는 집단으로서 정의하였으며, 박병춘(2012: 14)은 지역공동체 활성화 정책의 개발이라는 관점에서 지역공동체를 협의로 보고, "물리적 공간으로서의 일정한 지역을 주요 기반으로 하며, 지역주민과 생활 전반에 걸쳐 서로 긴밀하게 사회적으로 상호 작용하고, 공동의 목표와 가치라는 정서적 유대감을 공유하는 사회적 조직 단위체"라 정의하기도 하면서, 지역공동체는 공동체의 특성인 지리적 근접성, 인간들의 사회적 관계, 정서적인 동류의식(소속감) 중에서 지리적 근접성이 강조되는 공동체로 규정하였다(박병춘, 2012: 14).

이와 관련하여「지역공동체활성화지원법안」[2]에 의하면 지역공동체의 개념을 더욱 구체적으로 제시하였는데, 지역공동체를 "통 · 리, 또는 읍 · 면 · 동 단위의 일정한 지역을 기반으로 활동을 하는 단체로서,「지방분권 및 지방행정체제개편에 관한 특별법」제7조에 따른 주민자치회,「비영리민간단체지원법」제2조에 따른 비영리민간단체와 그 밖에 안전 · 교육 · 문화 · 복지 ·

2) 윤재옥 의원 외 10인이 2013년 11월 28일 발의하였다(의안번호: 8166).

환경·소득향상 등 지역사회 공동의 문제해결을 위하여 자발적으로 구성한 주민조직"으로 정의하였다.

이상과 같이 지역공동체는 공동체의 개념 중 지리적 범위가 강조되는 집단으로서 학술적 접근에서 출발하였으나, 오늘날은 국가의 정책적 차원에서 지역발전 및 지방자치와 함께 대두되고 있는 중요한 개념으로 접근되고 있다. 또한 ICT 및 인터넷의 발전으로 인해 공동체 구성원 간 상호 작용의 공간이 전통적인 물리적 공간(지역) 개념에서 가상공간으로 넓혀지고 있다는 점이 특색이다.

그림 3-1 전통적 지역공동체와 새로운 공동체

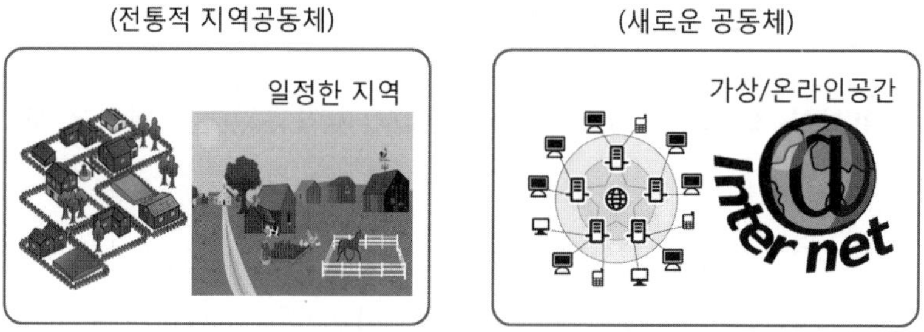

2 지역공동체 구성요소

앞에서 지역공동체의 개념적 내용을 다양한 정의로 살펴보았지만 명확하게 한정짓기가 곤란하다는 평가를 할 수 있다. 지역공동체의 개념을 보다 구체적이고 명백히 하기 위하여 개념이 가진 구성요소들은 어떤 것들이 있는지 살펴본다.

지역공동체의 구성요소로 Hillery(1955)는 물리적 조건인 지리적 영역(공간), 공동체를 출현시키는 과정인 사회적 상호 작용, 그 결과인 공동의 유대

(공동체성) 등을 제안하였으며(전대욱 외, 2012: 9; 한국지방행정연구원, 2014: 7). 전대욱 외(2012)는 자기와 집단을 동일시하는 소속감과 공동 목적을 추구하는 일체감, 그리고 자발적 참여의식과 전인격적 인간관계 등을 제시하였다(전대욱 외, 2012: 9). 또한 Wilkinson(1991)도 주민들이 함께 거주하며 일상적인 필요를 채우는 지리적 영역인 지역성(locality), 공동 관심사를 표출하고 공동 요구사항을 충족시키기 위한 관계들의 종합적인 연결망인 지역단위에 기초한 사회(local society), 주민들이 그들이 속한 지역단위의 사회 내에서 공동의 관심사를 표출함으로써 이루어지는 상호 관련된 실천의 과정으로 지역 중심의 집합적 실천과정(process of locality-oriented collective actions) 등을 제시하였다(한국지방행정연구원, 2014: 7-8). McMillan & Chavis (1986)는 공동체 의식의 구성요소로 구성원 자격, 상호 영향, 욕구의 조화와 충족, 공동의 정서적 유대 등을 제시하였다(전대욱 외, 2012: 10).

이와 같은 개념과 구성요소는 전통적 지역공동체를 전제로 제시된 것이나 현대사회의 공동체는 전통적인 공동체보다 물리적인 경계가 명확하지 않다는 특징을 지닌다. 또한 교통·통신의 발전으로 인해 사람들의 경제활동이 주거지역에 국한되지 않고, 원거리에 거주하고 있어도 교제할 수 있게 되면서 공동체의 지리적 근접성에 대한 중요성은 약화되고 있다. 따라서 현대

표 3-1 지역공동체 구성요소

전통적 지역공동체	공통적 요소	현대적 공동체
- 일정한 지역, 경계, 공간(지역성, 지리적 영역) - 자발성/자연적 - 실명 - 근접성 - 높은 유대감/결속력 - 지속성	- 공동의 목표와 관심 - 일정한 사람(구성원) - 개인적 친밀감 - 사회적 응집력 - 정신적 관여 - 감정적 깊이 - 사회적 상호 작용 - 공동의식 - 소속감 - 욕구와 조화 및 충족	- 지리적 경계 불분명/없음 - 의도성 - 익명성 - 온라인/오프라인 활동 병행 - 교류자본 - 특정 목적달성 후 해체 가능성

사회에서 공동체의 구성요소는 지역적 특성보다는 개인적 친밀감·사회적 응집력·정신적 관여·감정적 깊이 등이 공동체 구성요소 중에서 중요한 요소로 대두하게 되었다(정남수 외, 2010: 3). 따라서 현대사회에서 지역공동체에 대한 이해는 물리적 공간뿐만 아니라 가상공간을 확장하는 개념으로도 접근할 필요가 있다.

제 2 절 지역공동체의 유형

지역공동체에서는 물질적 이익의 경제적 자본과 심리 및 정신적인 사회적 자본을 축적함으로써 가치를 찾을 수 있다. 즉, 지역공동체는 경제적 가치와 사회적 가치를 동시에 추구해야 하는 데, 공동체를 구분하는 것도 공동체가 무엇(목적)을 추구하느냐에 따라 달라진다. 공동체의 유형도 그 접근 시각에 따라 여러 유형이 제시되고 있다. 먼저, 박병춘(2012)은 경제적·사회적 활동 기반과 추구하는 주요 목적을 중심으로 지역공동체를 크게 <표 3-2>와 같이 3가지 유형으로 분류하였다.

각 유형별로 해당하는 지역공동체의 종류를 보여주게 되는데 먼저, 기업형 지역공동체는 영리를 추구하는 기업 활동에 기반하여 공생이라는 사회적 가치 추구를 주요 목적으로 하는 지역공동체이다. 둘째, 협업형 지역공동체는 상부상조의 전통적 공동체 가치에 기반하여 협업 혹은 협동 활동을 통해 공동의 경제적·사회적·문화적 필요와 욕구를 충족하는 것을 주요 목적으로 하는 지역공동체이다. 셋째, 풀뿌리운동형 지역공동체는 지역사회에서 주민들과 함께 시민운동의 영역에서 지역사회의 문제를 해결하고 이를 기반으로 전체사회의 공동체적 변화를 추구하는 것을 주요 목적으로 하는 지역공동체이다(박병춘, 2012: 14).

표 3-2 지역공동체 유형

지역공동체 유형	종 류
기업형	– 사회적기업, 예비사회적기업 – 마을기업 – 농어촌 공동체회사 – 자활공동체 – 주거복지사업단 및 주거복지공동체
협업형	– 협동조합기본법에 의한 협동조합 및 사회적협동조합 – 생산자 조합 ☞ 1차 산업: 농협·수협, 엽연초조합, 산림조합 ☞ 2차 산업: 중소기업협동조합 ☞ 3차 산업: 신용협동조합, 새마을금고 – 소비자 조합: 소비자생활협동조합 – 영농조합법인, 영어조합법인 – 작목반 – 들녘별 공동체(경영체) – 자율관리어업공동체 – 주민자치회(부녀회, 청년회 등)
풀뿌리운동형	– 생활문화공동체 – 각종 귀농·귀촌인 단체 – 교육공동체, 마을공동체, 문화공동체, 생태공동체 등 – 로컬푸드, 도시농업, 도농교류 관련 단체 – 기타 각종 공익형 풀뿌리공동체 운동 단체

자료: 박병춘(2012: 15)

정남수 외(2010)는 동일지역에 거주하는 사람들로 구성된 집단으로서 혈연관계나 공동의 이념, 목적 등에 의해서라기보다는 같은 지역에 살고 있다는 연대감에 의해 형성된 정주공동체, 지역의 공유에 의한 연대감과 공동의 목표, 가치의 공유를 통해 연대감을 가지고 있는 지역공동체, 특정한 지역을 기반으로 하지 않고 공동의 유대감, 공동의 목적의식을 기본으로 하는 관심공동체 등 3가지 유형으로 구분하였다. 정주공동체는 전통적 마을 형태를 중심으로 농촌마을이 그 예가 되고, 지역공동체는 주거·환경·경제·문화·자치공동체 등이 해당되며, 관심공동체는 현실적 관심사항을 토대로 모인 집단이나 온라인상에서 같은 관심을 가진 사람들이 활동하는 사이버공동체

표 3-3 공동체의 목적별 유형

유 형	내 용	구 분
정주공동체	동일지역에 거주하는 사람들로 구성된 집단으로서 혈연관계나 공동의 이념, 목적 등에 의해서라기보다는 같은 지역에 살고 있다는 연대감에 의해 형성된 공동체	전통적 마을, 농촌마을
지역공동체	지역의 공유에 의한 연대감과 공동의 목표, 가치의 공유를 통해 연대감을 가지고 있는 공동체	주거・환경・경제・문화・자치공동체
관심공동체	특정한 지역을 기반으로 하지 않고 공동의 유대감, 공동의 목적의식을 기본으로 하는 공동체	현실기반 공동체, 사이버공동체

자료: 정남수 외(2010: 10)에서 재인용

를 그 예로 들었다.

이 밖에 지역발전 및 지역공동체 활성화를 위한 다양한 정책사업의 관점에서 경제공동체, 생활공동체, 사회공동체 등으로 구분하기도 한다.

표 3-4 지역공동체 활성화 관련 정책사업에 따른 분류

구 분	사업 및 내용
경제공동체	마을기업, 지역공동체 일자리, 정보화마을 등
생활공동체	희망마을, 주민자치회, 안심마을 등
사회공동체	새마을운동 지역공동체사업, 새마을금고 지역공헌사업 등

자료: 한국지방행정연구원(2014: 3)

제 3 절 지역공동체의 이점

기술적, 정치적, 경제적으로 사회가 발전되는 모습을 보이고 있는 현대사회에서 지역공동체는 지역적으로 같은 공간에서 거주하고 공동의 신념과 일상의 경험을 공유한다는 본질을 갖고 있지만 현대인들에게 있어서 지역공동체가 갖는 가치는 여러 가지이다.[3]

첫째, 도덕적 규범을 재확립한다. 현대사회에서 모든 사람은 법률을 위반하면 명문화된 법규에 의한 사법부의 판단에 따라 처벌 수위가 정해지고 그에 따르게 된다. 경제적 자본과 유형적 재화의 양이 곧 성공의 기준으로 재단하는 물질지향적인 현대사회에서는 개인주의와 이기주의의 팽배로 기계적이고 형식적이며 타산적인 이해관계로 행동하고, 공동체 규범을 자율적으로 이행하기보다는 형식적으로 법률을 이행하는 양상을 볼 수 있다. 이로 인해, 보이지 않고 측정하기 곤란한 공동체의 기본적 규범이 무시되거나 가볍게 여기는 경향으로 인해 법률을 형식적으로 지키는 데 그치거나, 규범에서 벗어나는 행동을 무의식적이고 반복적으로 실행함으로써 법률이 지향하는 궁극적 목적을 실현하지 못하고 공동체의 질서가 바로 서지 못하는 결과를 초래하게 된다. 공동체의 규범은 구성원들이 건전한 사회인으로서 사회시스템의 요소로 행동하기 위한 규준이 되어야 하는데, 형식적으로 "법률만 지키면 된다"는 식의 의식은 공동체의 지속가능성은 물론 건강한 공동체를 확립에는 곤란하다. 현대사회에서 지역공동체의 공동의 규범을 재확립하는 일은 바람직한 인간의 모습을 정립하는 것이며, 이로 인해 정치, 경제, 사회의 모든 국면에서 일어나는 활동들이 모든 사람에게 이로운 방향으로 가는 길을 안내하는 일이다. 지역공동체 활성화를 통해 이기적이고 타산적이며 행동으로 매몰되어 가는 의식과 행동을 타인을 배려하고 공공성을 지향하는 의식과 행동으로 전환하는 구심점이 될 수 있다.

둘째, 지속적인 케어를 받을 수 있다. 사람은 공동체에서 주변 사람과 이야기를 하고, 서로 돕고 살아가게 된다. 공동체에는 혼자 사는 사람, 나이 많은 사람, 병든 사람, 소득이 없는 사람이 있다. 이들 취약계층의 사람은 다른 사람의 도움이 필요하거나 공공기관의 지원을 받아야 한다. 국가나 지방정부, 또는 사회복지단체에서 이들을 제도적으로 지원하는 경우가 있지만 매

3) http://www.community.org.uk. (검색일: 2015. 12. 13).

일 일상적인 상태에서 지속적인 관심과 배려를 해주는 사람은 가까이에 거주하는 지역공동체 주민이다. 과거에 친밀한 관계였고, 관심을 보였던 친구나 친인척이라고 하더라도 지금 현재는 자신과 면대면 대화를 해줄 수 없고, 손을 내밀어 줄 수 없다. 같은 지역에 거주하는 사람이 때론 긴급한 소방수 역할을 해줄 수 있다.

셋째, 소속감을 갖게 한다. 매슬로우(A. Maslow)는 인간의 욕구단계를 생리적 욕구(physiological needs), 안전욕구(safety needs), 사회적 욕구(social needs), 존경의 욕구(esteem needs), 자아실현의 욕구(self-actualization needs) 등 5단계로 규정하였다. 여기에서 사회적 욕구는 "내가 왜 살고, 존재하는지"를 느끼고 싶어 하는 것으로 사람은 사회적 소속감을 갖고 싶고, 누군가로부터 사랑받고 싶은 욕구를 가진다는 것이다. 지역공동체에서 소속감을 갖는다는 의미는 공동체의 규범과 정신이 사람들에게 소속감을 갖게 하고, 혼자가 아니라 공동체의 누군가와 함께 살고 있다고 느끼게 하며, 다른 사람들과 생활하는 과정에서 자신의 존재감을 찾으며 행복의 의미를 찾을 수 있기 때문이다. 소속감은 지역정체성을 확립하는 데 기여하고, 정체성은 지역을 중심으로 유대감과 결속력을 강화하는 뿌리이다.

넷째, 경제적 이익을 얻을 수 있다. 지역공동체에서 가장 중요한 자원은 사람이다. 사람을 중심으로 공동체를 이야기하는 것이며, 공동체를 형성하고 건강하게 유지하려는 것도 사람들에게 어떤 긍정적 효과가 있기 때문이다. 인간이 누릴 수 있는 이익을 크게 정신적 가치와 물질적 가치로 구분할 수 있다면, 전자에서는 지역공동체를 형성하고 그곳에서 존재의 의미와 삶의 행복을 찾는 심리적 가치를 얻을 수 있다고 본다면, 후자에서는 공동체 구성원들과 함께 경제적 활동을 수행하고 한 사람이 수행할 때보다 더 많은 생산과 수익을 얻을 수 있다는 것이다. 공동체에서 사람은 단순히 공동체 구성원의 의미를 떠나 인적자본에 해당되며, 그들이 가진 역량을 생산활동에 투입하면 생산요소로 전환하게 된다. 또한 대량생산에 있어서 구성원들이 분업과 협업의 상호 작용 메커니즘을 구축할 때는 더 큰 효과를 기대할 수 있다.

제 4 절 지역공동체의 주요 이슈

지역공동체 문제에 대하여 지역사회와 국가가 관심을 가지고 있는 것은 지역공동체가 점차 쇠퇴할 경우 다음과 같은 이슈 부상이 예상되기 때문이다.

① 인구 감소(저출산과 고령화): 지역생산력 저하, 초·중·고 통합과 폐교, 지역대학 위기, 사회복지비 증가, 지방정부 경쟁력 저하, 빈집증가로 지역공동화 현상 등 악순환 현상

② 공동체 의식 감소로 지역갈등 심화

③ 다문화사회 재편으로 인한 사회적 배제와 통합의 문제

④ 지역공동체 규범 파괴와 신뢰 저하로 사회적 자본 취약

⑤ 지역경제 쇠퇴로 지역인구 역외 이탈현상 증가

⑥ 공유경제 및 사회적 경제의 부상과 새로운 접근성 필요

⑦ 마을만들기, 사회적 기업, 협동조합 등을 통한 자립 및 소득자원 창출 필요

⑧ 지역정보화를 통한 농·산·어촌의 소득증대와 삶의 질 향상

위와 같이 정부는 제시된 이슈들을 반영하고 지역공동체 활성화 방안을 모색하는 국가차원의 정책적 노력을 기울이고 있다. 정부는 지역공동체에 대하여 과거와 비교하여 현대적 의미와 접근을 <표 3-5>와 같이 제시하였다. 과거 지역공동체는 경제개발에 따른 도시와 농촌의 격차를 해소하는 차원에서 이루어졌다면 현대적 지역공동체는 국민의 행복과 국가의 발전동력을 창출하는 차원에서 접근해야 한다는 것이다. 따라서 과거에는 하드웨어 중심의 지역사회 개발에 치중했다면, 현대에는 지역의 문제를 해결하는

표 3-5 과거의 지역공동체(새마을운동)와 현대적 지역공동체 개념 비교

정책 내용	과거 지역공동체	현대적 지역공동체
필요성	경제개발에 따른 도농 간 격차해소 • 한해대책(농촌자조노력 진작방안)	국민행복 · 신(新)국가발전동력 창출 • 지역사회 가치 향상(국정과제 · 공약)
성 격	지역사회 개발운동(HW중심)	지역문제해결 생활운동(SW + HW)
가 치	근면(勤勉) · 자조(自助) · 협동(協同)	나눔, 봉사, 창조
목 표	빈곤으로부터의 탈피 • (개인) 소득증대("잘살아보세") • (국가) 한국형 국가발전모델 → 산업인프라 구축 및 의식개혁 등	질적으로 한 단계 높은 대한민국 창조 • (개인) 주민행복("삶의 질 향상") • (국가) 신(新)국가발전동력 창출 → 생활자치 실현 및 사회적 자본 확충
추진방식	관(官) 주도의 민 · 관 협력 • 마을주민(사업결정) • 지도자(주민직접선출, 남녀 각 1인) • 중앙부처(자율부여, 성과관리)	민(民) 주도의 민 · 관 협력 모델 • 주민(지역문제 자기의사결정) • 공동체 간 네트워크(협력 · 연계) • 중앙부처(행정지원, 규제개선)
활성화 모델	획일적 모델–중앙정부 제공 • 생활환경 개선	다양한 모델–지자체 선택 • 산업, 문화, 환경, 안전, 보육, 생활여건 등 지역공동체 특성과 여건에 적합하게 선정

자료: 행정자치부(2014)

생활운동 중심에 집중되어야 한다는 것이다.

과거에 지역공동체는 자연적이고 태생적으로 이루어졌다면, 현재와 미래에 있어서 지역공동체를 복원하고 활성화하는 일은 자연적으로 이루어지기보다는 의도적이고 정책적인 접근이 필요하다. 일정한 지리적 영역 안에 거주하는 지역의 구성원들로 하여금 목적과 가치를 공유할 수 있는 여건을 만들고 그러한 목적을 달성할 수 있는 사회적 역량을 구축해 나가는 일련의 조직화된 활동을 전제로 한다. 지역공동체의 목적과 가치는 주어진 지역공간 속에서의 물리적 · 사회적 환경개선, 생태보존, 교육, 복지, 보건, 치안 및 기타 공공재를 생산하는 문제 등과 관련이 있고, 문제해결을 위한 지역의 사회적 역량은 주민의 자발적인 조직화와 참여, 이웃과의 유대형성 및 집합적 역량강화 등을 위한 의식적인 노력을 통해서만 축적이 가능한 것이다(전대욱

외, 2012). 이제는 지역공동체가 단순히 의식주를 해결하는 공간으로 접근하기보다는 새로운 눈높이의 욕구에 부응하고 그들의 삶의 질을 향상시킬 수 있는 토양과 실체를 마련하는 데 역점을 두어야 할 것이다.

제 5 절 지역공동체 활성화의 필요성

우리나라의 지난 개발 위주의 압축성장의 시기는 지역공동체를 파괴시켜오는 과정이기도 했다. 급격한 근대화 및 도시화 과정에서 도시는 주거환경 개선이라는 이름으로 지역공동체를 해체하는 물리적 개발로 인해 공동체성이 감소하는 '익명의 공간'으로 변화되었고, 농촌지역은 이촌향도(離村向都)로 대변되는 인구의 급격한 이탈과 고령화로 인한 활력 저하로 공동체 존립 자체가 어려운 형편이 되고 있다. 더구나 도시지역 등은 공동체 소멸 및 약화에 따라 사회적인 소외, 청소년 범죄, 층간 소음으로 인한 살인 등 갖가지 사회적인 병리현상까지 발생하고 있는 형편이다. 이는 공동체를 통해 흡수 가능한 사회적 건강성과 '지역필터'가 사라짐에 따라 살맛나는 지역이 되지 못하며, 익명성에 의한 상호 불신, 무관심 등으로 인해 관심과 배려, 협조가 있는 '따뜻한 지역'이 되지 못하고 있기 때문이다. 이제 그동안의 양적인 발전이 가져 온 소외를 뛰어 넘어, 이웃에 대한 관심과 배려가 있는 질적으로 발전된 대한민국을 만들기 위한 '새로운 과제'가 요청되는 시점이다(행정자치부, 2014).

2015년 세계지식포럼에서 제시된 10대 메시지 가운데 '공동체 위기', '행복찾기 열풍', '공유・협업의 디지털 시대' 등이 제시된 바 있다. 이를 간략히 소개하면 다음과 같다(매일경제, 2015. 10. 23).

먼저, 공동체 위기의 문제에 대한 진단은 인구문제, 즉 인구절벽의 도래에 대한 위기에 대한 대응방안으로서 강력한 출산 장려 및 은퇴 연령 연장, 노인 근로 장려, 이민자 포용 정책 등이 제안되었고, 둘째, '행복찾기 열풍'에 대해서는 일생 동안 만나는 사람들 숫자가 방대해져 대인관계로 고민하는 사람들이 많아졌지만 행복을 느끼기 위해서는 사람과의 관계가 필요하고, "당연한 것처럼 보이던 사람과 주변 환경"에 대한 고마움과 감사함을 잊지 말아야 한다는 메시지를 던진 것이다. 셋째, 공유 · 협업의 디지털 시대가 강조된 것은 인류의 번영을 가져오는 건 기술이 아니라 사람으로 보고, 미래는 우리가 원하는 대로, 노력하는 대로 만들어지지만 디지털 시대 번영을 위해서 인류는 네트워크를 통해 단순히 정보를 주고받는 게 아니라 상호 간 가치를 주고받아야 하며 궁극적으로는 의식을 공유할 수 있어야 하며, "기술 진보로 우리가 해야 하는 일의 양이 줄어든다면 그 일은 골고루 공유해야지 독점돼선 안된다"는 메시지이다. 이와 같이 미래사회는 공동체 구성원들이 가치를 공유하고, 그런 과정에서 존재의 의미를 찾고 행복을 누려야 하는데, 당연하게 누렸던 존재의 조건과 의미의 관계가 점차 쇠퇴하거나 사라지고 있는 것에 대한 심각성을 환기시켜준 것이다.

현재 세계적으로 지역공동체에 대한 관심이 증가하고 있으며, 한국에서도 지역공동체의 복원과 재창조에 대한 관심이 고조되고 있다. 한국은 예로부터 두레, 계모임 등을 통해 공동체 규범이 활성화되어 있었다. 그러나 산업화 · 도시화에 따른 주거와 생활환경의 변화는 물론 경제 및 사회활동 영역의 확장으로 인해 전통적 지역공동체의 모습을 볼 수 없으며, 인터넷 및 IT기술의 발전으로 인한 가치관의 변화가 심각한 공동체 붕괴현상을 초래하였으며, 이에 따라 각종 사회문제가 발생되고 있다. 따라서 전통적인 주거공간을 중심으로 형성된 지역공동체와 공동체 의식이 변화되고 있는 사회현상을 접목한 새로운 접근 시각이 필요하며, 새로운 네트워크의 구축과 확장은 물론 구성원들 간 상호 호혜 규범을 재설정하고, 공동체 구성원들의 집합적 역량을 축적하고 발견함으로써 공동의 문제를 해결해 나가려는 지역공동체 활성화 운동이 국가적 관심 대상이 되고 있다. 다시 말하면, 지역공동체의 복원 및 활성화가 국가를 재창조할 수 있는 기틀이 된다는 인식이 확산되고 있다.

지역공동체를 복원 및 활성화해야 되는 과제는 '내가 살아가는 공간과 삶의 방식에 관한 문제'이기 때문에 우리 모두의 숙원인 것이다. 사회생활을 영위해가는 단위는 '나'를 중심으로 가정, 집단, 사회로 넓혀진다. 인간은 집단을 형성하여 소속감을 갖고 외부의 물리적 안전을 확보하게 된다. 그런 집단의 외연이 확장되고 동일한 의식주의 모습이 지속적이고 반복적으로 일어나는 일상의 공간을 지역공동체라고 한다. 지역공동체란 용어는 학술적인 의미를 짚어보는 것보다 현실적인 일상의 모습에서 자연스럽게 느껴지는 공간적 현상이 더욱 쉽게 와 닿는다. 지역공동체는 따분한 학술적 개념을 파헤치는 접근보다는 나와, 우리가 살고 있고 심리적 동질성을 가지며, 가까이에서 보이는 자연의 모습을 똑같은 시각으로 바라보고 느낄 수 있는 곳으로 받아들이는 것이 보다 현실적이다. 지역공동체는 딱딱하거나 미려한 문구로 대신할 수 있는 개념보다는 같이 살고 있는 사람들끼리 암묵적인 형태로 친근감을 쌓고 정을 느낄 수 있는 곳이 되어야 한다.

지역발전의 토대로서 지역공동체는 활성화되어야 한다. 지역발전이 이루어지기 위해서는 지역공동체의 활성화가 선행요건에 해당된다. 지역공동체는 일정한 지역 특색에 맞는 맞춤식 발전 전략이 구상되고 수립되어야 하는데, 이 과정에서는 주민의 자발적 참여와 개방적이고 원활한 소통으로 다양한 의견이 수렴될 수 있는 장치가 마련되어야 한다. 또한 지역주민들이 무엇에 관심을 가지고 있고, 지역만이 가지는 발전요소가 무엇인지를 파악하여야 하며 그들이 추구하는 행복의 요소와 수준도 파악되어야 한다.

그림 3-2 지역발전을 위한 역량요소

자료: 행정자치부(2015a)

제 6 절 지역공동체 활성화 방안

1 지역공동체 활성화의 큰 그림

지역공동체를 활성화하기 위한 큰 틀은 지역공동체의 차별적 특성과 자원을 중심으로 설계되어야 하지만, 모든 지역공동체에 적용되는 것은 지역공동체의 사회적 자본의 형성과 축적에서 출발해야 한다. 물론 사회적 자본의 형성과 축적은 다른 유형적이고 무형적인 자원들과 선순환적 영향관계를 가지면서 이루어지게 되는데, 그 자원들은 사회적 통합(다문화주의 및 다문화사회)과 사회적 경제 활성화(마을기업, 사회적 기업, 협동조합 등) 등의 영역에서 접근해야 한다는 것이다. 이런 영역들 역시 선순환적 영향관계를 가질 때 사회적 자본의 축적은 배가되고, 사회적 통합과 사회적 경제가 활성화되어 지역경제 활성화를 기대할 수 있게 된다.

그림 3-3 지역공동체 활성화를 위한 각 영역의 상호 관계

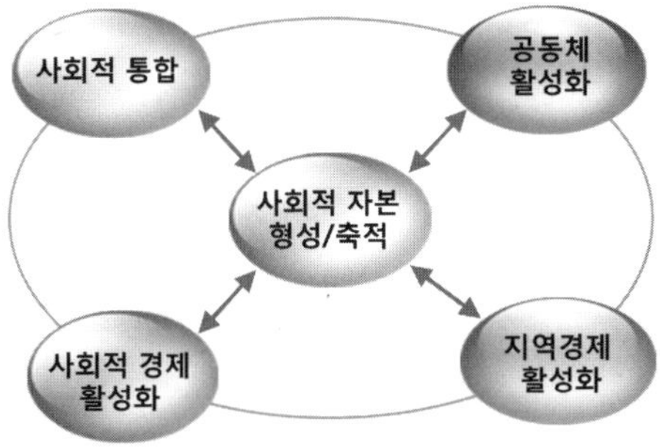

자료: 채종헌(2014)의 내용을 토대로 재구성

2 지역공동체 활성화 기본요건

지역공동체 활성화를 위한 기본요건으로는 다양한 지역공동체 유형 가능성을 전제로 하면서, 지역의 특성과 역량, 그리고 환경적 요소를 기반으로 어떤 유형이 지역의 현장에서 지역공동체 형성과 운영에 적합하고 지속 가능하며 발전성이 있는지를 검토해야 한다. 주민자치회, 마을만들기, 마을기업, 협동조합, 생활협동조합 등 어떤 형태 및 유형이든 지역공동체 활성화를 위해서는 다음과 같은 6가지의 기본요소가 고려되어야 한다.[4]

1) 지역리더의 열정

지역리더의 존재와 그의 헌신적인 노력이 중요하다. 지역리더는 지역발전의 핵심요인으로서 확고한 신념과 리더십으로 주민들을 설득하고 교육하며 규합하여 주민조직을 육성하였을 때 성공적인 지역공동체를 이룰 수 있었다. 지역리더는 지역공동체의 비전과 가치를 실현하는 추동자로서 공공성

4) 행정자치부(2014)가 제시한 내용을 정리하였다.

과 시민성을 바탕으로 지역주민을 섬기고 주민들의 다양한 의견을 정리하고 조정하는 역할이어야 한다.

2) 지역공동체 지도자의 양성

지역공동체 활성화를 위해서는 지역리더의 양성이 필요하다. 지역리더는 지역공동체에 대한 의식 및 정체성, 문화가 확립되고 이를 바탕으로 해당 공동체 발전에 핵심적인 역할을 수행한다. 지역리더의 교육을 통해 지역 리더들 사이에 공동체 소속감, 상호 간 일체감을 느낄 수 있도록 특별한 관계를 형성하도록 하는 정신교육과 지역에 대한 애향심을 고취하도록 하는 교육도 필요하다.

3) 자치단체장의 의지

자치단체장은 주민과의 소통을 통한 거버넌스 능력으로 적극적으로 주민의 참여를 유도하고, 지역공동체 사업에 대한 확고한 의지로 장기적인 안목으로 전담조직, 근거법령, 예산 등 조직 차원의 체계적이고 종합적 지원이 있을 때 해당 자치단체의 지역공동체 사업은 어느 정도 활성화될 수 있다.

4) 지역정체성의 확립

특정지역에 거주하는 개인은 지역사회에서 다양한 사회화과정을 통해 지역 고유의 정체성을 학습해 나가게 되며, 그러한 개인들의 집합단위가 지역공동체를 형성하게 되고, 결국 지역공동체의 정신적 틀이 되는 지역정체성이 마련되는 것이다. 결국 장소, 즉 지역에 대한 정체성은 '지역사회의 공통 의식'을 향상시킬 수 있는 것이다. 지역정체성(regional identity)은 지역주민과 외부인에 의해 느껴지거나 보여지는 이미지, 지각된 실재로서 지역공동체, 지역의 제도와 프로세스를 강화시켜주게 된다. 정체성은 사회적 규범과 신뢰, 하나로의 응집력 등이 항상성을 가진다는 점에서, 공동체 내부의 결속과 응집력에 대해 구성원들 자신이 느끼거나 외부 사람들이 특정 이미지로 바라보는 내면성을 의미한다. 지역공동체와 지역정체성은 어떤 관계인가? 지역정체성은 지역공동체의 선행변수이자 다른 변수와의 매개 및 조절 역할을 한다. 지역공동체의 역량을 내부로부터 모으고 밖으로 발산시키기 위해서는 지역정체성이 확립되어야 하고, 지역정체성이 확고하게 될 때 지역공동체가 지속적으로 유지될 수 있다(김 구, 2010).

5) 지역주민의 경제적 동기 부여

지역공동체의 지속가능성을 담보하기 위해서는 주민들에 대한 무형적 결속도 필요하지만, 지속적이고 적극적인 참여를 유인할 수 있는 경제적 동기(incentive)가 부여되어야 한다. 경제적 동기 부여에 있어서는 공정성과 투명성은 물론 비례적 형평성 등의 요소가 확보되어야 한다.

6) 전문가 그룹 구성 및 운영

정부가 주체적으로 전문가 그룹을 양성할 경우 '관주도의 제2 새마을운동'으로의 편향적인 시각을 가질 우려가 있다. 따라서 지방자치 관련 전문가, 지역공동체지원센터, 지방자치단체 공무원, 현장 리더 중심의 전문가 그룹을 형성하여 적극 활용하면서 외연을 확대할 필요가 있다.

제 7 절 지역공동체에서 소통하는 방법

지역공동체 구성원들이 일정한 지역, 또는 가상공간을 중심으로 소속감,

유대감, 안정감을 갖기 위해서, 그리고 공동체 활동을 하기 위해서는 공통의 언어와 표현을 통해 원활한 소통이 이루어져야 한다. 지역공동체에서 소통하기 위해서는 어떻게 해야 하는가? 소통은 형식적인 언어로써 커뮤니케이션을 이루는 것보다는 상호 간 당사자의 내면의 사상과 외면의 표현이 조화를 이루면서 감정과 스토리의 이해가 수반되어야 하는 것이다. 지역공동체에서 소통하는 방법에 대해 살펴본다.[5)]

① 큰 지도 접근법

큰 지도(big map) 접근법은 공동체 지역의 모습을 큰 지도를 통해 커뮤니케이션하는 방법으로, 지도는 자세하게 나타내고 구성원들이 그들의 관심사와 니즈(needs)를 표시하는 공간이다.

② 공동체 프로젝트 수립과정의 공개와 구성원들의 참여

공동체 발전을 위한 프로젝트의 구상 및 수립과정은 공개되어야 하고, 구성원들이 참여할 수 있도록 공평한 기회가 주어져야 한다. 공동체 구성원들에게 프로젝트를 설계하는 과정이 공개되고, 구성원들이 참여할 수 있는 기회가 부여된다면 프로젝트에 대한 이해가 촉진되고, 다양한 의견에 대한 합의를 쉽게 도출하게 된다.

---

5) http//knowhownonprofit.org. (검색일: 2015. 12. 13).

③ 상호 존중감 갖기

존중감은 상대방의 특성을 파악하고 긍정성 및 가치를 인정하는 것이다. 사람마다 특성, 능력, 생각 등이 자신과 다르다고 차별화하고 배제하는 것이 아니라, 그 자체를 인정하는 자세와 태도는 소통의 출발이다. 사람마다 각자의 능력이 다르고, 역할에 따라서 그 능력의 적합성이 다를 수 있기 때문에 상대방을 인정하고 그 능력을 발휘할 수 있는 기회를 부여하면, 자신의 능력으로 가질 수 없는 최대의 성과를 상대방을 통해 기대할 수 있다. 따라서 상대방에 대한 존중감은 소통의 출발이기도 하며 공동체의 이익이 되기도 한다.

④ ICT의 활용

정보통신기술(ICT)를 기반으로 일정한 지역의 공동체 구성원들 간 커뮤니케이션은 물론 다른 지역의 사람들과도 소통하는 채널이다. 물론 ICT 활용에는 소통을 하려는 사람들이 인터넷이나 모바일기기 등을 잘 사용할 수 있어야 된다는 전제조건이 달려 있다. 또한 정보접근성에 대한 차별과 배제가 없어야 하며, 공평한 기회가 주어져야 한다는 전제가 있다. 이와 같은 전제조건 외에 원활한 소통을 위해서는 ICT 인프라스트럭처(infrastructure)의 구축을 비롯하여 노령인구에 적합한 정보기기 작동의 단순화와 통신비용의 저렴화도 선제적으로 갖추어져야 할 것이다. 그리고 인터넷의 웹(Web)이나 앱(App)의 내용에는 공동체에서 일어나고 있는 현재의 일, 사건, 행사 등은 물론 구성원들의 다양한 의견이 개시되고 토론할 수 있는 공간이 마련되어야 한다.

5 소집단 및 소외계층의 배려

공동체의 소통의 정도는 대의제의 본질인 대표성을 확보하기 위한 것도 아니라 궁극적으로 모든 구성원들에 대한 포용과 통합을 가져오기 위함이다. 조직, 집단 등 공동체에서 의사결정을 위한 대표성은 조직화되지 못한 소지역이나 소외계층의 의견이 배제되거나 무시될 가능성이 있다. 소통은 의사결정의 전 단계로서 다양한 의견을 바탕으로 하여 종합화하고 합의에 이르게 하는 인간적·감성적 존중의 과정이다. 공동체 구성원의 분포에서는 조직화가 잘되어 있고, 교육 및 소득수준이 높은 그룹이 있는 반면, 상대적으로 그에 미치지 못하는 그룹이나 종교와 신념이 다른 소집단이 존재할 수 있다. 공동체가 지속 가능하고 발전하기 위해서는 종교, 신념, 교육수준, 소득, 직업 등의 요소들과 특징들은 모두 포용되어야 하고, 이런 특징과 요소로 인해 소외되고 그 소외를 당연시한다면 진정한 공동체의 소통과 발전은 기대하기 힘들다.

6 공동체 소통망(연결망)의 확장

공동체에서 소통의 외연을 확장하기 위해서는 소통망, 즉 연결망을 확장해야 한다. 소통망의 확장은 소통의 정도이기보다는 소통의 규모를 늘리고 쇠퇴해가는 공동체를 재창조하는 방법이기도 하다. 소통망의 확장은 사람 대 사람 간의 연결의 확장을 의미하기도 하지만, 경제적 공동체의 외연 확장을 통해 이익창출의 장(場)을 넓힌다는 것이다. 소통망의 확장은 외부의 인적·물적 자원을 끌어들이는 선행요인이자 공동체를 외부에 알리는 홍보수단이다. 그러면 공동체 소통망을 확장하는 역할은 누구, 또는 어떤 기관이 적합할까? 가장 이상적인 역할의 주체는 공동체 일원이 자율적으로 수행해 가는 것이 좋지만 그런 역량과 준비가 어려운 경우에는 관할 지방정부(지방자치단체)나 잘 조직화된 지역시민단체의 역할 개입이 필요하다.

7 소통 목적의 명확화

공동체에서 구성원 간 또는 리더(leader)와 팔로어(follower) 간 소통은 단순히 정보를 전달하는 수준을 넘어 이해와 설득을 목적으로 한 적극적 관여를 이끌어 내기 위한 것이다. 따라서 소통의 목적을 분명히 설정한 다음 그에 적합한 소통 채널 및 도구를 모색해야 할 것이다.

먼저, 소통의 기본이 되는 사실 중심의 정보를 제시하는 것이 중요하다. 사실 중심의 정보에는 공동체 사업(프로그램)의 목적, 목표를 분명히 제시하여야 하고, 이것을 통해 구성원들에게 어떤 이익이 돌아가는지도 설명해야 한다. 또한 소통하려는 목적이 무엇인지를 분명히 하고 접근해야 한다. 소통의 목적은 다음과 같다.6)

① 정보전달

② 설득

③ 인식 제고

④ 이해 강화

⑤ 관심 끌기

⑥ 소통을 이끄는 동기유발

이와 같은 소통의 목적이 정해지면 소통대상, 소통내용, 소통방법, 소통장소, 소통이유 등 "누가, 언제, 어디서, 무엇을, 어떻게, 왜" 등 육하원칙의

6) http://www.wkkf.org. (검색일: 2015. 12. 17).

표 3-6 공동체에서 의사소통을 잘하는 기술

공동체에서 의사소통은 말하는 것보다 듣는 기술이 더욱 중요하다. 듣기 능력이 뛰어난 사람은 상대방과 이야기를 주고받을 때 다음 6가지 활동에 치중한다.

① 말하는 사람이 이야기하는 것보다 먼저 앞으로 들을 말과 결론을 예측한다.

② 말하는 사람의 주장이 타당한지 이를 뒷받침하는 증거를 검토하면서 '이 증거가 맥락의 관점에서 유효한가? 완벽한 증거인가?'를 자문한다.

③ 상대방이 하는 말의 핵심을 주기적으로 점검하고 마음속으로 정리한다.

④ 상대방의 말에 숨어 있는 의미를 찾아낸다. 얼굴 표정, 몸짓, 음색 같은 비언어적 의사소통 도구를 주의 깊게 살펴 말의 의미를 명확하게 파악하려 한다. '말하는 사람이 일부 핵심을 고의적으로 피하고 있는 것은 아닌가? 그 이유가 무엇인가?'를 자문한다.

⑤ 상대방의 말을 끊지 말고 의미를 속단하지 말며, 상대방의 말을 다 들은 후 핵심을 다시 검토한 뒤 비로소 평가해야 한다.

⑥ 상대방의 주장이 틀렸다고 생각하는 경우 그것을 반박할 증거를 찾는다. 틀리거나 옳다는 증거를 찾으려고 노력한 사람은 상대방의 말을 대충 듣지 않는다.

자료: 심영우 역(2009: 26-30)

그림 3-4 공동체 관여를 위한 단계와 요소

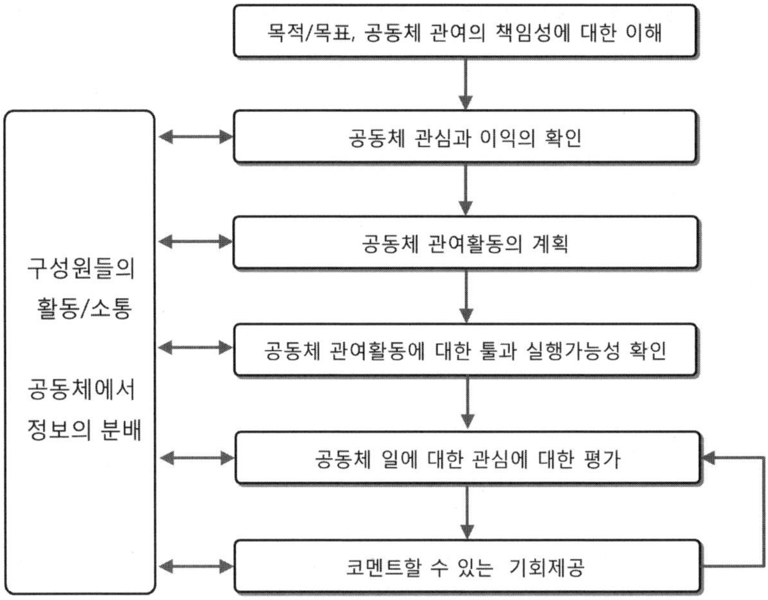

자료: http://www.atsdr.cdc.gov

적합성을 찾는다.

이 밖에 집단이나 조직에서 소통을 잘하기 위해서는 구성원들 간의 목표와 프로그램에 대한 정보공유가 기본적으로 잘 이루어져야 하고, 공동체 내부의 소통을 위해서는 리더와 구성원들 간의 관여와 피드백이 중요하며, 공동체 외부의 소통은 외부인의 지지와 그들이 편안한 느낌을 줄 수 있는 환경 조성이 중요하다.

제 8 절 공동체 리더십

1 리더십의 본질

리더십은 집단이나 공동체의 구성원들을 일정한 방향으로 이끄는 행동이나 능력이다. 공동체 리더십은 공동체의 목적을 달성하기 위하여 공동체 구성원들을 이끄는 리더의 행동특성과 능력을 의미한다. 리더십은 반드시 리더(leader), 팔로어(follower), 상황(situation)의 관계에서 비롯된다. 리더의 자질과 특성, 팔로어의 특성, 리더십이 발휘되는 상황에 따라서 리더십의 효과가 다르게 나타난다. 따라서 리더십에 대한 이해는 리더의 특성과 행동에 관한 것도 중요하지만 팔로어와 상황을 파악하고 이해하는 능력도 중요하다.

리더십에 관한 연구는 대부분 리더의 특성을 중심으로 리더십을 카리스마적, 권위적, 관료적, 민주적, 참여적, 자유방임적, 거래적, 변혁적, 서번트 리더십 등 학자 및 연구기관에 따라서 다양한 유형이 제시되고 있다. 이와 같이 다양한 유형의 특징은 ① 리더십이 발휘되는 정당성과 팔로어가 리더를 따르게 하는 원천이 무엇인가, ② 리더가 팔로어를 어떤 관점에서 의사결정의 참여수준을 설정하는가 등으로 구분할 수 있다.

2 공동체 리더의 특징

공동체 리더(community leader)는 기본적으로 정직하고 책임감이 있어야 한다. 공동체 리더가 갖추어야 할 대표적인 특성을 살펴보면 다음과 같다(Eaton, 2015).

1) 구성원 개인 강점의 극대화

공동체 리더가 자발적으로 되는 경우도 있지만 대부분은 공동체 구성원들로부터 선출된다. 공동체 리더가 어떤 방식으로 선발되더라도 공동체 구성원 각 개인의 관심과 강점을 확인하고, 그들의 능력과 스킬을 공동체 활동에서 극대화할 수 있도록 해야 한다. 공동체 구성원들은 공동체에서 자신의 능력과 스킬이 의미 있는 기여를 할 수 있다고 느낄 때 적극적으로 활동한다.

2) 주도 집단 요구의 균형 잡기

공동체의 어떤 개인들은 강한 통제가 필요하다고 말할 수 있다. 반면, 다른 사람들은 그들의 시간과 서비스의 편의를 위해 어떤 요구를 할 수도 있다. 공동체 리더는 모든 사람의 요구에 대하여 균형을 잡는 일이다.

3) 공동체 팀으로서 활동

공동체 일은 신속하고 정확하게 정해진 시간에 수행되어야 하는 것이 효율적이다. 하지만 공동체 일들은 상황에 따라서, 사람의 능력과 스킬에 따라서 느리게 처리될 수도 있다. 느리게 처리하는 일은 비효율적이지만 그 사람을 대신하여 유능한 사람이 모든 것을 수행할 수 없다는 것도 명심해야 한다. 공동체 활동은 구성원 모두의 참여에 의하여 각자 능력에 맞는 역할이 주어지고 그들의 역할을 하나로 모으는 것이 중요하다. 느리게 처리되더라도 공동체 전체를 위하여 기다리는 것도 리더십이다.

4) 다른 사람들의 동원력

리더 한 사람이 모든 것을 할 수 있는 것은 아니다. 공동체 사업추진에 있어서 자발적으로 참여하는 사람도 있을 것이고, 평소에 공동체 일을 함께 수행했던 동료들이 참여할 수도 있다. 리더는 공동체 사업추진에 있어서 가능한 모든 사람들이 참여할 수 있도록 그들을 동원하는 능력이 필요하다. 필요로 하는 사람이 있거나 자발적으로 참여하는 사람이 있을 경우 그들에게 사업목적과 내용, 그리고 사업추진에 있어서 어떤 자원과 능력이 필요한지도 설명해야 한다.

5) 지원과 협력

리더는 모든 일을 할 수 있는 사람이 아니다. 예를 들어, 공동체의 프로젝트를 기획하는 효과적인 방법은 알 수 있지만 공동쓰레기장을 깨끗이 청소하는 방법은 모를 수 있다. 공동체 구성원 각자의 능력과 스킬을 잘 활용할 수 있도록 지원하고 협력하는 사람이어야 한다.

6) 공동체 공간과 시설의 유지관리

리더는 공동체의 물리적 공간이나 주변 환경을 필요로 할 때에 사용하기 위하여 유지관리 책임을 맡은 사람이다. 자연적 장소, 구조, 공간 등은 공동체 활동에 반드시 필요한 물리적 시설이다. 이들 시설들의 대부분은 회의나 공동체의 집단적 활동, 또는 구성원들의 건강관리 및 편익시설로 이용할 수 있기 때문에 상시 유지보수관리에 만전을 기해야 한다.

7) 새로운 리더의 발굴과 멘토의 역할

공동체의 리더는 현재의 일과 모습을 유지하는 것도 중요하지만 미래를 생각하고 미래를 선도할 수 있는 새로운 리더를 발굴하는 역할도 필요하다. 또한 기존의 구성원이 새로이 리더의 역할을 맡을 경우 자신의 경험을 전수할 수 있어야 한다.

8) 개방적이고 진지한 경청

공동체 리더는 사람을 동원하고 자원을 지원하며 구성원들을 협력적 활동으로 이끄는 역할을 한다. 특히, 리더는 구성원들 간 의견이 다를 경우 이들의 의견을 조정하고 협의하는 과정에서 각자의 의견을 개방적이고 진지하게 듣는 자세와 행동이 필요하다. 리더가 일방의 의견만을 듣는 경우 왜곡된 정보가 전달되어 이성적인 판단을 어렵게 할 뿐만 아니라 다른 의견을 무시하게 되어, 결국은 무시당한 의견을 가진 사람이 공동체에서 배제되거나 그들의 적극적인 활동을 어렵게 할 수 있다.

9) 공동체 운영 정보에 대한 공개와 개방

공동체 운영은 리더 혼자만으로 이끌어갈 수 없고 구성원 모두의 능동적인 참여와 적극적인 노력의 총화로 이루어지는 것이다. 구성원들이 참여하기 위해서는 참여 동기, 즉 '내가 왜 참여를 해야 하고, 참여를 한다면 무엇을 어느 정도 얻을 수 있을지에 대한 기대'를 갖도록 하는 것이다. 참여의 동기와 노력의 결과로 얻을 수 있는 기대의 원천은 공동체 운영의 정보를 공개하고 의사결정과정을 개방하는 데서 비롯된다.

10) 공동체 운영의 공정성과 형평성

공동체가 지속 가능하기 위해서는 구성원들의 한 번의 참여와 노력보다는 공동체와 운명을 같이한다는 사명감과 책임감이 있어야 한다. 공동체 활동에 계속적으로 참여하기 위해서는 운영과정과 유형의 결과에 대한 공정성이 확보되어야 한다. 공동체 회의의 운영과 각 구성원들에 대한 역할 배정에 있어서는 공정한 기회가 주어져야 하고, 활동의 결과로 얻은 유형의 자본에 대해서는 공정한 분배가 이루어져야 한다. 일관적인 절차적 및 분배적 공정성은 리더가 신뢰를 확보할 수 있는 핵심요인이다.

공동체의 구성원들의 인적 역량은 개인의 특성에 따라 모두가 다를 수 있다. 어떤 영역에서 능력이 높은 사람은 다른 영역에서는 능력이 낮을 수도 있고, 또한 반대인 경우도 있을 수 있다. 공동체 리더는 구성원들 개인의 능력을 파악하고 그에 적합한 역할을 부여하는 것도 중요하지만 역할을 부여받지 못하는 사람도 없어야 한다. 공동체 리더는 능력에 부합되는 형평성의 역할부여가 적합하고 적절하게 이루어질 수 있도록 해야 한다. 또한 우리나라 지역공동체는 고령화 추세가 증가되기 때문에 절대적으로 역할을 수행하기 어려운 사람이 있을 수 있다. 공동체 리더는 공동체 활동을 전혀 할 수 없는 사람일지라도 이들에 대한 '서비스 사각시대'를 만들지 말아야 한다.

11) 직접 현장 확인하기

사람은 듣는 것보다 직접 보는 것이 객관적인 정보수용과 올바른 상황판단을 내릴 수도 있다. 리더는 주기적으로 공동체 공간과 시설을 살펴보고 점검해야 하며, 특히 독거노인이나 1인 가족의 가정 방문에도 관심을 가져야 한다.

제 9 절 지역공동체 활성화의 실제

1 사회적 경제

근래 공동체나 사회문제에 관심을 가지고 접근한 개념들 중에 사회혁신, 사회적 기업, 사회적 경제, 공동체 경제 등의 용어가 회자되고 있는데, 제2차 세계대전 이후 대량생산, 대량소비의 경제발전의 결과를 가져왔고, 복지국가의 체계를 구축해왔지만 노동력과 생산 능력이 부족하거나 경제적 여건 등으로 인해 구조적 실업과 사회적 배제, 환경문제 등 여러 파생적 문제에 봉착하게 되면서 대두되었다(강내영, 2012: 14). 사회적 경제(social economics)는 경제적 발전을 최대 가치로 여기고 물질적 부, 자유로운 시장, 개인주의적 경쟁에서 비롯된 빈곤과 사회적 배제를 극복하기 위하여 시장주의를 보완하는 관점에 사회기능을 재조정해야 되는 학문적 접근에서 태동하였으며(Lutz, 2002: 28), 19세기 프랑스에서 산업혁명을 시작으로 본격화된 자본주의의 모순에 대해 사회적 측면에서 학문적 체계로 등장하게 된 것이다(강내영, 2012: 14; 김 구, 2003에서 재인용).

사회적 경제는 지역주민을 비롯한 이해관계자들을 민주적 의사결정에 입각한 공익을 추구하면서 배분적 속성을 가진 경제행위자들로 간주하고 이들이 구성하는 경제체제이다(한상일, 2013: 316). 사회적 경제는 자본주의 시장경제의 본질적인 법칙에 대한 보조적인 역할로 제도화된 영역으로서 인간의 상호성에 기초해서 공동체 구성원의 연대라는 가치를 달성하려는 성격을 가진다(민현정, 2013b: 73). 지역에서 사회적 경제는 직접적으로 지역의 고용문제 해결과 지역중심의 내발적 및 자생적 발전의 방법과 실천에 있어서 기여하는 대안이다(최종헌, 2014). 일반적으로 사회적 경제사업체는 사회적 기업, 예비사회적 기업, 마을기업, 자활공동체, 협동조합이 주요 대상이며, 이들을 총칭하는 용어로 '사회적 경제사업체'라 칭한다(민현정, 2013b: 73).

표 3-7 마을기업과 협동조합 및 사회적 기업 비교

구 분	마을기업	사회적 기업	협동조합
사업주체	공동출자자(최소 5인 이상, 주민 70% 이상)	대부분 대표자 1인	공동출자자(최소 5인 이상)
사업대상	지역주민	취약계층	일반시민 및 이익집단
사업목적	지역문제해결, 지역사회공헌, 지역경제발전, 지역공동체 활성화	취약계층 고용창출(자활 및 고용중심), 사회복지 · 서비스 증진	조합원의 경제적 이익(공동수익 배분 중심)
주무관청	행정자치부 및 지자체	고용노동부	기획재정부

자료: 유정안(2013)에서 재인용

2 마을기업

1) 마을기업의 조성 배경

마을기업의 출발은 국가의 지역공동체에 대한 위기상황의 인식에서 비롯되었다. 우리나라 지역공동체에서 인구감소와 고령화는 고용악화 현상을 가져오며 실업과 빈곤의 만성화를 초래하여 사회적 비용이 발생하고 있으며, 지방정부 차원에서 재정자립도에 부정적 영향을 미치게 된다. 이와 같은 위기상황을 타개하고 극복하기 위한 제도적 방안의 하나로 출발하게 된 것이 마을기업이다. 마을기업은 노령층의 사회적 경험과 지식을 활용해 지역의 사회적 약자를 지원하며 창업지원 등 지역산업의 활성화를 통해 실업자와 조기퇴직자 등을 위한 일자리를 창출하고, 민관 파트너십 구축을 통해 지역의 다양한 가치관과 욕구에 적절히 대응하면서 공공 서비스의 효율성을 높일 수 있을 것이라는 기대에서 출발하게 된 것이다(한승욱, 2011: 3).

마을기업에 대한 논의는 2009년 12월 국가비상경제대책회의에서 희망근

로 프로젝트 이후의 안정적인 일자리 대책으로 '커뮤니티 비즈니스'의 추진이 보고되면서 시작되었다. 이후 행정안전부(현 행정자치부)를 중심으로 2010년 하반기부터 본격적인 'Post – 희망근로'로서 자립형 지역공동체사업이 추진되었고, 이것이 2011년 마을기업 육성사업으로 명칭이 변경되어 확대되었다(민현정, 2013a). 마을기업을 정책적으로 추진하게 된 배경은 지역사회, 지역경제, 지역환경이 전반적으로 위기에 봉착함에 따라 마을, 지역, 공동체의 가치를 새롭게 하자는 것이다(김학실, 2013: 46). 우리나라에서 마을기업 정책은 2009년도부터 시행된 희망근로사업이 지역 맞춤형 일자리 사업과 지역공동체 활성화를 위한 지역공동체 사업으로 발전되면서 지역의 자원을 활용하여 안정적인 일자리 및 소득을 창출할 수 있는 마을기업으로 발전하게 된 것이다(김학실, 2013: 44에서 재인용).

2) 마을기업의 의의

마을기업은 지역주민이 주도하여 지역공동체에 산재한 각종 지역자원(향토・문화・자연자원, 인적자원 등)을 활용하여 수익사업을 통해 지역공동체를 활성화하고 일자리와 소득을 창출하는 마을 단위의 기업을 의미한다(행정자치부, 2015b). 마을기업은 지역실정을 잘 아는 주민과 자치단체를 중심으로 거버넌스를 형성해 지역특성에 맞는 사업을 육성할 수 있도록 정부에서는 간접적으로만 지원하고 주민주도로 내실 있는 경영을 통해 지역문제 및 당면과제 해결을 유도하고자 하는 사업이다.

3) 마을기업의 운영성과

마을기업의 추진은 2010년 9월 '자립형 지역공동체사업' 명칭으로 시범추진(184개 단체)되었으며, 2011년 '마을기업'으로 사업명칭이 변경되어 본격 추진되었다. 마을기업의 지정은 시・군・구의 1차 심사와 시・도의 2차 심사를 거쳐 추천된 단체에 대해 행정자치부의 현장 실사 및 최종 결정으로 이루어지게 되는데, 심사요건은 ① 공동체성, ② 일자리 창출, ③ 사업의 지속적 수익창출 가능성 등의 지표로 구성되어 있다. 지정 현황을 보면 2011년은 550개, 2012년은 787개, 2013년은 1,119개, 2014년 11월 현재는 1,297개로 나타나 매년 그 수가 증가되고 있음을 알 수 있다. 마을기업은 지역주민을 위한 일자리 및 소득창출 기반이 되고 있는데, 마을기업의 매출액은 평균 65.8백만 원이며, 1억 원 이상 매출기업이 2012년에 120개에서 2013년에는 180개로 증가하였다(행정자치부, 2015b).

표 3-8 마을기업 설립 및 심사 절차

마을주민		교육 이수자		시 · 군 · 구		시 · 도		행정자치부
설립 전 교육 (24시간 이상)	➡ (이수)	사업계획 수립	➡ (신청)	1차 심사	➡ (추천)	2차 심사	➡ (보고)	현지 실사 및 3차 심사

자료: 행정자치부(2015b)

3 정보화마을

1) 정보화마을 사업의 출현

정보화마을은 2001년부터 정부가 추진하는 정책적 사업이다. 정보화마을은 도시와 농어촌을 포함한 정보소외지역에 인터넷 이용환경을 구축하여 정보접근 기회를 높이고, 주민의 실생활 및 경제활동과 밀접한 콘텐츠를 구축하여 다양한 정보를 제공함으로써, 지역주민의 정보생활화와 소득증대에 기여하고 지역공동체 형성을 촉진하는 마을을 구축하고자 하는 것이었다(서진완 · 임진혁, 2011: 95). 정보화마을은 농어촌 지역의 정보기기의 보급과 이용

활성화를 통해 정보격차를 완화하는 동시에 정보화가 일상생활에 흡착되어 생활의 편리성을 확보하고, 소득의 창출 및 증대를 통해 지역경제를 활성화하고 지역 간 균형발전을 도모함으로써, 지역주민의 삶의 질을 향상하는 데 목적을 두고 있다(김 구, 2013). 정보화마을은 국가의 지역정보화사업의 일환으로 추진되고 있고, 「전자정부법」 제65조에 근거를 두고 있으며, 정보화마을의 주요 사업내용으로는 크게 정보격차 해소와 지역경제 활성화로 구분된다.

그림 3-5 정보화마을의 추진 목적

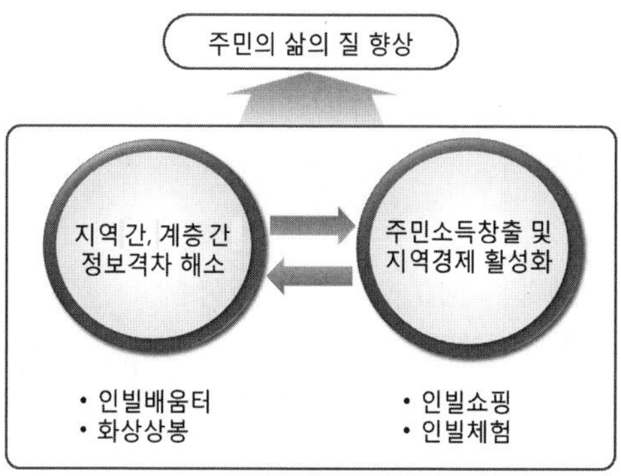

표 3-9 정보화마을의 주요사업

지역정보화 기반마련 및 정보격차 해소	– 마을정보센터, 마을홈페이지 등 정보기반을 구축하여 농산어촌 주민에 정보접근기회를 제공 – 마을주민에게 정보화 교육을 제공하고 마을의 정보화지도자 발굴 · 육성
정보 콘텐츠 개발 및 운영	– 정보화마을 홈페이지(www.invil.org)를 운영하여 마을주민 간, 마을주민–도시고객 간 정보소통 채널 제공 – 정보화마을의 특산품 등의 전자상거래를 지원하여 지역경제 활성화 및 마을 자립기반 마련
마을운영위원회 조직·운영	– 마을마다 자체적으로 15명 내외의 주민이 자발적으로 참여하는 '마을운영위원회'를 조직하여 주도적 마을 발전을 도모할 수 있도록 적극 지원
정보화마을 홍보 및 브랜드 구축	– 정보화마을의 브랜드 확립을 통한 사업의 실질적 성과창출을 위해 다양한 온/오프라인 홍보 및 행사를 추진

자료: 행정자치부 웹사이트(http://www.mogaha.go.kr)

2) 정보화마을 조성현황

2001년 21개 마을을 시작으로 조성된 정보화마을은 2007년부터 중앙정부 차원의 지원에 의한 신규 조성을 지양하고 지방자치단체 중심으로 조성이 추진되고 있다. 정보화마을이 조성된 지역 특성을 보면, 대도시를 제외한 도농형 지역에서 조성되고 있으며, 지역별 조성된 마을 수는 강원(60), 경기(51), 전남(49), 경북(44), 전북(39), 충남(35), 경남(29), 충북(21), 제주(17) 등 총 358개 마을이 조성되어 있다.

그림 3-6 정보화마을 조성현황

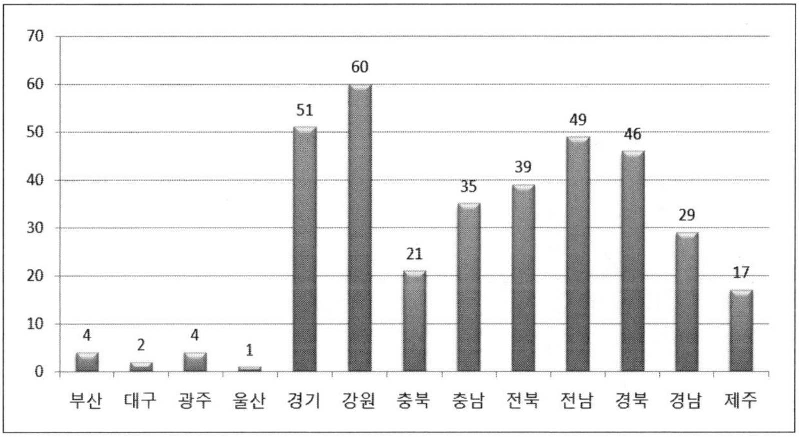

자료: 행정자치부 웹사이트, http://www.mogaha.go.kr. (검색일: 2016. 1. 10)

3) 정보화마을의 온라인 판매

정보화마을 사업의 중점 목표 중 하나는 주민의 소득창출 및 증대를 통한 지역경제 활성화 및 지역경쟁력 강화에 중점을 두고 있다. 정보화마을 사업의 유형적 성과로 볼 수 있는 소득창출 및 증대의 주요 지표는 특산물 및 체험상품 판매 실적이라 할 수 있다. 최근 3년 간 인빌쇼핑[7]과 인빌체험(관

○ 액션러닝 Worksheet

자신이 거주하고 있는 동네(마을), 지역사회 등에 관한 발전계획을 수립해보자.

단 계		내 용
주제		•
1단계	현재 상황	• •
2단계	미래상 및 정의	• •
3단계	우수/모범 사례 도출	• • •
4단계	핵심 성공요인	• • • •
5단계	실행계획 (How)	• • • •
6단계	예상 장애요인	• • • •
7단계	극복방안	• • • •

7) 인빌(invil)은 생산자와 소비자의 직거래가 이루어지는 전자상거래 쇼핑몰이다.

광)의 매출 실적을 보면, 매년 전체 조성마을의 96% 이상이 성과를 보이고 있으며, 매출액에 있어서도 매년 증가추세를 보이고 있다. 특히, 2012년 경우 대도시지역에서는 매출이 감소되었지만, 도농지역에서는 꾸준한 증가추세를 보이고 있어 정보화마을의 지역경쟁력 대상은 대도시보다는 도농지역에서 적합한 것으로 보인다.

참고문헌

강내영(2012). 사회혁신, 사회적 기업, 사회적 경제의 등장과 주요국의 개념 비교. 『도시문제』. 대한지방행정공제회, 47(527): 14－18.

강대기(2001). 『현대사회에서 공동체는 가능한가』. 서울: 아카넷.

국립국어원 『표준국어대사전』, http://stdweb2.korean.go.kr. (검색일: 2015. 12. 13).

김 구(2010). 지역공동체 재창조를 위한 지역정보화의 방향과 과제에 관한 탐색. 『한국지역정보화학회지』, 13(2): 1－21.

―――(2013). 마을에서 지역정보화의 역할 재조명: 정보화마을과 마을기업을 중심으로. 『한국지역정보화학회지』, 16(4): 1－25.

―――(2015). 『한국지방자치학회 2015년 동계학술대회 발표논문집』.

김일태(1999). 도시공동체운동이 필요하다. 『도시문제』, 34(364): 70－71.

김학실(2013). 도시재생과정에서 마을기업의 역할. 『한국정책연구』, 13(2): 41－60.

민현정(2013a). 지역공동체 활성화와 마을기업. 『2013년 하계학술대회 발표논문집』, 한국지방자치학회.

―――(2013b). 창조경제를 통한 연대와 상생의 사회적 경제 생태계 구축방안. 『광주연구』, 2호.

박병춘(2012). 지역공동체 활성화를 위한 모형 및 기본 정책 방향을 중심으로. 『지역사회연구』, 20(2): 1－26.

서진완 · 임진혁(2011). 정보화마을사업의 의미와 재평가: 지역정보네트워크사업과 비교적 관점에서. 『한국지역정보화학회』, 14(4): 91－110.

신명호 외(2000). 도시 공동체운동의 현황과 전망. 『도시연구』, 6: 51－81.

심영우(2009). 『효과적 커뮤니케이션』. 경기: 21세기북스.

위키피디아, http://en.wikipedia.org. (검색일: 2015. 12. 13).

유정안(2013). 『KB daily 지식 비타민: 마을기업에 대한 이해 및 현황』. 2013. 6. 12. KB금융지주경영연구소.

이왕건(2005). 지역공동체 조성과 민관협력. 『국토』, 통권 288호: 19－26.

이재열(2006). 도시와 농촌의 지역공동체 복원: 이론과 현실. 국가균형발전위원회(편). 『살기좋은 지역만들기』. 서울: 제이 플러스 애드. pp. 74－94.

전대욱 · 박승규 · 최인수(2012). 『지역공동체 주도의 발전전략 연구』. 한국지방행정연구원.

정남수 · 조영재 · 장우석 · 정호현 · 김홍연(2010). 『충청남도 농어촌 마을 공동체 회복을 위한 한마음만들기 프로그램 운영방안』. 충남발전연구원.
채종헌(2014). 지역공동체 활성화를 위한 사회통합 증진방안에 관한 연구. 한국행정연구원.
한국지방행정연구원(2014). 『선진형 지역공동체 정책적 지원방안 연구』.
한승욱(2011). 마을기업, 지역공동체 회복의 희망. 『BDi 포커스』, 제105호.
행정자치부(2014). 2014 지역공동 체활성화 통한 국민대통합 방안(요약). 『보도자료』, 2014. 6. 19.
———(2015a). 『지방자치 20년 대토론회 유튜브 영상자료』. https://www.youtube.com/watch?v=Axm9TzMZ588. (검색일: 2015. 11. 24).
———(2015b). 『보도자료』, 2015. 4. 2.

Eaton, S.(2015). *Characteristics of Community Leaders*. https://drsaraheaton.wordpress.com/2012/08/21/10-characteristics-of-community-leaders/. (Retrieved on January 10, 2016).
Lutz, M. A.(2002). Social Economics, Justice and the Common Good. *International Journal of Social Economics*, 29(1/2): 26-44.
http://www.atsdr.cdc.gov/hac/PHAManual/ch4.html
http://www.businessdictionary.com/definition/local-community.html
http://www.community.org.uk/
http://www.invil.org/intro/info/introView.do
http://www.mogaha.go.kr/frt/sub/a06/b04/informationVillage/screen.do
http://www.wkkf.org%2F~%2Fmedia%2F1824C5165ACE41F987EF2AFAD2F8430B.ashx&usg=AFQjCNE4RtAxgiiRAHsD9y4osepeSXyWOw
https://en.wikipedia.org/wiki/Local_community
https://knowhownonprofit.org/how-to/how-to-communicate-with-your-local-community

제 4 장

ICT와 공동체

제 1 절 온라인 공동체

1 온라인 공동체 의의

정보통신기술(ICT)이 발전하기까지는 공동체의 정의는 하나의 지역 및 지리적으로 한정된 일정 권역에서 가장 밀착된 관계 집단에 초점을 맞추고 논의가 이루어졌으며, 출생 또는 물리적인 장소와 같은 요인들이 공동체를 구성하는 가장 중요한 요인이 되었다. 전통적 공동체에서 구성원 간의 상호작용은 주로 면대면으로 일어나기 때문에, 사회적 관계는 제한적이면서 지속적이고 안정적으로 일어났다(Gergen, 1997; Jones, 1997). 그러나 현대의 교통통신 발전으로 인해 이동성이 증가되고 있고, ICT의 발전으로 인해 멀리 있는 사람과 정보를 교환하고 커뮤니케이션하는 데 수반되는 비용이 감소되고 있는 현상에서는 전통적 개념의 공동체 정의는 한계에 이르게 되었다. 이런 현상에서 지리와 물리적 경계를 토대로 둔 현실공간이나 거주 및 생활 중심의 면대면 근접성에 토대를 둔 공동체 논의와 함께 개인 간의 관계에 대한 본질과 파급력을 재조명하는 공동체가 바로 온라인 공동체라고 할 수 있다(Wellman, 1997: 179－205; Wellman, et al., 1999: 331－366; 김 구, 2011: 25에서 재인용).

온라인 공동체 용어는 가상공동체, 사이버공동체, 인터넷공동체 등 다양한 개념으로 통용되고 있다. 온라인 공동체는 기존의 거주 및 지리적 경계를 기준으로 하는 오프라인 중심의 공동체와 대조되는 개념으로 온라인을 통해 공동체 활동의 모습이나 현상을 일컫는다.

온라인 공동체(online community)에 대한 사전적 의미를 보면, 『옥스퍼드사전』에서는 "공동의 관심사에 관해 정보와 의견을 공유하기 위하여 온라인을 통해 다른 사람과 일상적으로 상호 작용하는 집단"으로 정의되어 있고,

인터넷 '위키피디아'에서는 "인터넷을 통해 다른 사람과 상호 작용하는 멤버들이 가상공간에서 활동하는 것"으로 정의되어 있으며, 『비즈니스사전』에는 "이메일, 토론게시판, 채팅시스템 등과 같은 상호 작용 도구를 통해 다른 사람들과 커뮤니케이션을 하는 사람들의 연결망"으로 정의되어 있다.

이상과 같이 온라인 공동체는 무엇보다도 인터넷을 수단으로 온라인 공간에서 공동체 구성원들의 활동이 이루어지며, 인터넷을 이용하여 다른 사람들과 공동의 관심사나 이슈 등에 대하여 정보를 공유하고 커뮤니케이션하는 상호 작용의 집단을 의미한다. 온라인 공동체는 전통적 공동체와 달리 온라인을 통해 활동이 이루어진다는 점이 가장 큰 특징이나, 전통적 공동체의 특징과 전혀 상반되거나 차별화될 수 있는 것은 아니다. 온라인 공동체의 특징을 정리하면 다음과 같다(황영현 외, 2005: 144-145; 임종섭 외, 2014: 156).

① 관심의 유사성

② 공유, 상호 작용

③ 컴퓨터 망 기반, 웹과 모바일, 사이버 공간 등의 활용

④ 회원의 담론과 행동

⑤ 가치와 규범의 공통성(상대적으로 동질적인 태도를 가진 집단)

⑥ 지리적/물리적 제약 탈피

⑦ 개방성과 익명성

⑧ 사회적 관계 형성

⑨ 자발적 선택에 의한 공동체 참여, 관여, 의사소통

⑩ 공동체 이탈에 대한 비용이 낮음

⑪ 문자입력 방식의 개발 활성화

2 인터넷 이용 인구

온라인 공동체의 구성원은 인터넷을 통해 활동하기 때문에 인터넷 이용 인구 실태는 온라인 공동체 형성이나 활동의 기반이라고 볼 수 있다. 우리나라 인터넷 이용자 수는 2014년 7월 현재 41,118명으로 전체 인구의 84%를 차지하고 있다. 또한 이메일 이용률은 59%, 인스턴트메신저(instant messenger) 이용률은 89%, SNS 이용률은 61%, 인터넷쇼핑 이용률은 51% 등으로 집계되는 등 정보공유와 커뮤니케이션 수단으로 인터넷 활용이 높다는 것을 알 수 있다(한국인터넷진흥원, 2016).

우리나라 모바일인터넷 이용도 증가되고 있는데, 2015년 3월 기준으로 우리나라 스마트폰 보급률은 83%로 집계되고 있고(Digieco, 2015), 모바일인터넷 접속방법의 경우 LTE는 87%, 무선랜(와이파이, 테더링 포함)은 84%, 이동통신망(2G/3G)은 25%, 와이브로는 5% 등으로 집계되었다. 또한 모바일인스턴트메신저 이용률은 97%, 모바일SNS 이용률은 65%, 모바일클라우드 이

그림 4-1 인터넷 이용 실태

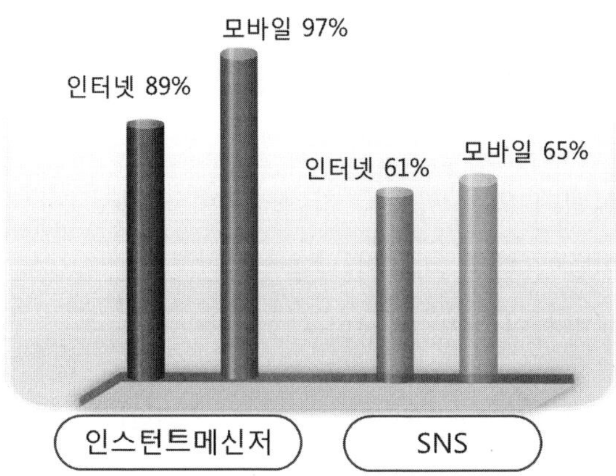

용률은 31%로서 많은 이용자가 모바일을 통해서도 정보공유와 커뮤니케이션을 하고 있다(한국인터넷진흥원, 2016).

3 온라인 공동체 관리 팁

온라인 공동체를 효율적으로 관리하기 위한 방법으로서 팁을 소개하면 다음과 같다(Steer, 2013).

1) 온라인 공동체 운영에 대한 분명한 목적 제시

온라인 공동체를 운영하기 이전에 공동체를 통해 무엇을 달성하려고 하는지를 분명히 해야 한다. 예를 들어, 공동체 구성원들을 효율적으로 관리하기 위한 방법인지, 온라인상에서 정보를 공유하고 토론을 하기 위함인지 등을 분명히 해야 한다.

2) 온라인 공동체의 브랜드의 설정

온라인 공동체의 브랜드(brand)는 온라인 공동체가 누구와 연결하고 있는지를 알려주며 특별한 제품과 서비스에 대한 생각과 이미지이다. 온라인 공동체를 운영하기 위해서는 이용 대상은 누구이고, 제한사항은 무엇이며, 온라인상에서 판매되는 상품과 서비스 품목은 무엇으로 할 것인지를 설정해야 한다. 브랜드를 설정할 때에는 공동체 구성원들의 의견과 전문가의 의견을 종합하는 브레인스토밍(brainstorming) 방법을 적용할 수 있다.

온라인 브랜드의 구성요소는 다음과 같다.[1)]

1) https://en.wikipedia.org/wiki/Brand#Brand_elements (Retrieved on January 11, 2016).

① 이름: 공동체의 제품, 서비스, 개념을 정의하는 데 사용되는 단어
② 로고: 브랜드를 식별하는 시각적 상표
③ 태그라인과 캐치프레이즈: 주의와 시선을 끌기 위한 문구나 표어
④ 삽화: 공동체 브랜드 상표의 일부로서 동적인 시각의 표상들
⑤ 모양: 공동체 브랜드 상표의 일부로서 독특한 형상
⑥ 컬러: 주의와 시선을 끌고 고객들이 편안하게 이용할 수 있는 그림과 글씨의 색깔
⑦ 소리: 공동체 브랜드를 설명하는 독특한 곡조

3) 공동체 관리자의 책임성과 일관성

온라인 공동체를 성공적으로 운영하는 것은 쉬운 일이 아니고 확신할 수 있는 일도 아니다. 온라인 공동체를 효과적으로 관리하기 위해서는 다음과 같은 사항이 고려되어야 한다.

① 공동체 구성원과 고객의 의견 경청
② 공유문화 만들기
③ 지속적인 관계 유지하기
④ 공동체 자원을 이용하기
⑤ 어디에서든지 이야기를 나누고 이야기를 종합하고 통합하기
⑥ 구성원들이나 고객들이 참여할 수 있는 공간을 남겨두기
⑦ 공동체가 추구하는 가치와 고객의 참여에 대한 균형 맞추기
⑧ 지속적으로 측정 · 평가하고 재배치 및 재배열하기

4) 이용자의 다른 유형의 이해와 관계 구축

온라인 공동체를 이용하는 사람의 유형은 다양하다. 공동체가 추구하는

가치에 따라서 이용대상을 미리 정해둘 수도 있지만, 공동체의 외연을 확장하기 위해서는 누구든지 이용할 수 있도록 해야 한다. 이 경우 기존 공동체 멤버가 아닌 사람들의 유형을 파악하고 이해하여야 하며 그들의 의견도 존중하는 자세와 태도를 가져야 한다.

4 온라인 공동체 평가 틀

온라인 공동체를 성공적으로 관리하기 위해서는 지속적인 모니터링과 긍정적 기여요인과 부정적 기여요인을 확인하고 평가해야 한다. 온라인 공동체 평가의 목적은 공동체가 추구하는 방향대로 운영되고 있는지를 평가하고 개선방향을 설정하는 정보를 획득하기 위해서이다. 공동체의 많은 부문 중에서 잘 운영되는 있는 부문과 그렇지 않는 부문을 결정하고, 참여자들의 다른 유형의 니즈를 파악하며, 온라인 공동체에서 무슨 일들이나 의견이 제시되고 있고, 온라인 공동체에서 이용자의 태도와 의견을 듣고 비교하여 도움이 되는 정보를 얻을 수 있다.

온라인 공동체를 평가하기 위하여 공동체 리더와 핵심 구성원들이 고려해야 할 평가설계와 질문에 포함되어야 할 내용은 다음과 같다(Connected Educators, 2011).

1) 기본적인 평가질문

① 온라인 공동체에서 활동하는 구성원들의 규모는?

② 흥미와 관심을 불러일으키는 게시물(블로그, 포럼)의 경향은?

③ 어떤 자원들을 이용하고 있는가?

④ 공동체 생활에 기여하는 사례와 프로세스는 무엇이고, 핵심 멤버들이

참여하고 있는가?

⑤ 공동체 안에서 지식은 어느 정도 공유되고 있는가? 또는 공동체 경계 밖에서는 어느 정도 공유되고 있는가?

⑥ 공동체에서 리더의 역할은 무엇이고, 어떤 방법으로 역할을 하며, 구성원들을 어떻게 이끌고 있는가?

⑦ 멤버들은 공동체에서 어떻게 지원받고 있는가?

⑧ 멤버들의 기여활동은 어느 정도인가? 글과 의견을 언제, 얼마나 게시하고, 응답하는가?

⑨ 멤버들 간 상호 작용은 어떤 패턴인가?

⑩ 온라인에서 공동체 멤버들의 온라인 활동 시간은 어느 정도이고, 다른 사람과 연결하는 데 체류하는 시간은?

⑪ 멤버들의 기술적 이슈는 무엇인가?

⑫ 자주 질문하는 내용(FAQ)의 멤버들은 어느 정도인가?

2) 사이트 분석

대부분 공동체 리더는 온라인 공동체의 트래픽과 인기 및 이슈가 되는 있는 게시글에 관심을 가지고 평가하게 되는데, 웹기반 플랫폼의 공동체 사이트 분석에는 다음과 같은 사항이 포함된다.

① 공동체에 포럼이 존재하는 경우 주제의 전체 건수

② 공동체 블로그가 있는 경우 게시글의 전체 건수

③ 업로드 기능이 있는 경우 사진이나 비디오의 전체 게시 건수

④ 포럼, 블로그 및 비디오 코멘트 기능이 있는 경우 전체 메시지 건수

⑤ 사이트를 통한 투표 및 서베이에 참여한 사람 수

이 밖에 사이트 분석에서는 i) 방문자 수, ii) 재방문자 수, iii) 사이트 회원 등록자 수 등도 필수적으로 조사되어야 한다.

3) 공동체의 발전 방안을 찾는 평가질문

지금까지 온라인 공동체 운영 및 기능에 대한 기술적인 질문을 제시하였다. 온라인 공동체 발전을 위해서는 기술적인 질문뿐만 아니라 질적이고 영향을 미치는 요인을 찾는 질문이 구성되어야 한다.

① 전반적으로 공동체에 기여하는 요소는?

② 멤버들이 이용하고 참여하기 위한 공동체의 다자인은?

③ 온라인 공동체에서 형성된 문화적 규범은?

제 2 절 ICT와 온라인 공동체의 영향관계

인터넷 이용인구 증가와 함께 온라인 공동체의 급격한 성장은 인터넷 이용자로 하여금 시·공간적인 제약 없이 다른 사람들과 가상의 세계에서 정보를 주고받으며 사회적 관계를 유지할 수 있는 환경을 제공해주고 있어, 전통적인 지리적 접근성에 기반을 둔 공동체와는 다른 개념의 공동체 공간을 제공하고 있다(황영현 외, 2005: 141). 물리적 기반을 둔 전통적 공동체이든 인터넷에 기반을 둔 온라인 공동체이든 공동체 활동의 가치는 사회적 자본을 형성하고 축적하는 것이다.

인터넷과 사회적 자본의 관계에 대해서는 강화론과 쇠퇴론, 보완론 등의 논의가 제시되고 있다. 강화론은 인터넷 기제가 독립변수로서 오프라인 공동체, 사회조직과 같은 자율적인 참여와 협력의 선순환적인 사회적 자본 형성에 기여할 것으로 보는 입장이고, 쇠퇴론은 인터넷을 독립변수로 보지만 가상공간이 인간과 사회의 직접접촉이 아니고, 고립과 분열을 가져와 온라인과 오프라인 모두에서 사회적 자본의 쇠퇴로 연결될 것이라는 주장이며, 보완론은 인터넷을 설명변수로 보고 강화론과 쇠퇴론의 입장을 조율하여 오프라인의 사회적 관계를 보완하게 되며(송경재, 2005: 17), 인터넷을 통한 커뮤니케이션 활동은 현실 세계의 상호 작용을 보완하여 사회적 자본 형성에 기여한다는 주장으로서(Pruijt, 2002), Wellman et al.(2001)은 사회적 관계에 대한 인터넷 영향에 관한 연구에서 온라인의 상호 작용은 면대면 상호 작용을 보충해준다는 것을 경험적으로 확인하였고, 특히 인터넷 사용 증가는 자발적 조직과 정치에 대한 참여를 증대시키는 것과 연관된다는 것도 확인하였다(김 구, 2009).

또한 사회적 자본과 ICT의 영향 관계는 두 가지 견해로 접근될 수 있는데(European Commission, 2004; van Bavel et al., 2004: 11), 하나는 사회적 자본이 높은 수준의 ICT의 활용에 긍정적 영향을 미칠 수 있다는 견해가 있는 반면, 또 다른 견해는 ICT의 활용이 가상공동체 형성의 창출과 온라인 시민사회 형성을 통한 사회적 자본에 기여할 수 있다는 견해가 있다. 후자의 경우는 전술한 보완론과 같은 입장을 가진다. 전자의 경우 초입자들의 만남의 장소로 인터넷 카페를 들 수 있는데, 인터넷 카페는 모든 사람에게 공개된 사회적 공간이 될 수 있다. 특히, 초입자들에게는 사회적 네트워크 스킬을 도와주며 친숙한 관계를 형성하는 데 기여할 수 있다. 이런 네트워크는 사회적 자본의 소스가 된다는 입장이다.

다음 ICT의 활용성 증대는 온라인 가상공동체를 형성하고 그런 활동의 축적이 실제 공간으로 연계·조장되며 이런 활동이 사회적 자본의 소스가 된다는 견해이다. 2008년 6월 한국의 촛불시위에서 나타났듯이 인터넷과 같은 ICT의 영향력은 시민들의 사회적 이슈 및 정치적 참여에 크게 기여하였으며, 태안반도 자원봉사활동 역시 사이버공간을 시발점으로 하여 이루어졌다. 이러한 측면에서 ICT의 활용이 사회적 자본을 축적하는 도구로써 그 가능성이 기대된다(최항섭 외, 2008; 김 구, 2009에서 재인용). 이상과 같이 인터넷과 사회적 자본의 관계에 대해서는 시대적 상황, 지역, 구성원의 특성, 관심사와 이슈 등 다양한 변수들에 의해 인터넷 활동이 사회적 자본에 긍정적 영향을 미칠 수도 있고 부정적 영향을 미칠 수도 있으며, 반대로 물리적 현실공간에서의 오프라인 중심의 사회적 자본이 그대로 온라인으로 이동하여 온라인과 오프라인 활동이 병행되는 경우도 있을 수 있다는 점과, 또한 온라인에서의 만남과 활동이 오프라인으로 이어져 현실적 사회적 자본이 형성되고 축적될 수 있는 것으로 파악해야 할 것이다.

제 3 절 건전한 온라인 공동체 활동

온라인 공동체의 활동은 웹(Web) 기반이든, 앱(App) 기반이든 인터넷상에서 문자, 그림, 각종 상징 기호를 통해 의견을 기재하고 상호 커뮤니케이션 활동을 수행한다. 최근에는 스마트폰 보급의 확대로 인해 언제, 어디에서든지 인터넷에 접속하여 정보에 접근하고 이용하며 의견을 주고받을 수 있는 환경이 마련되었다. 지리적 · 물리적인 공동체에서는 오프라인과 면대면을 통해 실명이 확인된 상태에서 사용하는 언어와 표현을 주의하고 신중하게 접근하지만, 익명성으로 글을 작성할 수 있는 온라인 공간에서는 '글을 올리는 자신이 누구인지 모를 것'이라는 생각으로 의도적인 악성댓글을 지속적이고 반복적으로 기재하거나 다른 사람의 사생활을 침해하는 글을 기재함으로써 그 상대방은 씻을 수 없는 정신적 고통을 비롯하여 정상적인 생활을 영위할 수 없는 상황에 빠지기도 한다. 온라인 공동체 활동은 건전한 인터넷 이용문화가 구축되었을 때 상호 신뢰가 확립되고 온라인 공동체는 발전한다. 반대로 불건전한 인터넷 이용은 신뢰를 무너뜨리고 온라인 공동체 발전의 장애가 된다. 불건전한 인터넷 이용의 대표적인 사례가 사이버권리침해로서 이에 대한 내용과 사례를 살펴본다.

1 사이버권리침해

1) 사이버권리침해의 개념과 유형

사이버명예훼손이란 사람을 비방할 목적으로 정보통신망을 통하여 공연히 사실, 또는 허위의 사실을 적시하여 타인의 명예를 훼손하는 행위로서, 사이버공간에서 행해지는 명예훼손을 말한다. 명예훼손은 온라인 공간에서 행해지는 명예훼손뿐만 아니라 형법에 일반 명예훼손에 대한 처벌규정이 존재하지만, 사이버명예훼손은 일반명예훼손보다 특별법(정보통신망법)에서 중한

표 4-1 사이버권리침해의 유형 정리

유 형	개 념
사이버 명예훼손	공연히 특정인을 비방할 목적으로 사실 또는 허위의 사실을 적시하는 행위 - 공연성: 불특정인 또는 다수인이 인식할 수 있는 상태로 공개되는 것을 의미 - 비방: 인격적인 평가를 저하시키려는 의도 - 사실: 현실화되고 입증이 가능한 구체적인 사건이나 상태 - 적시: 사실을 사회나 외부에 표시・주장・발설・전달하는 일체의 행위
모 욕	구체적인 사실의 언급 없이 특정인에 대하여 욕설 등의 행위 - 인터넷 등 공개된 게시판 등에 구체적 사실적시 없이 저속한 욕설을 하거나 모욕하는 행위('나쁜놈', '얼빠진놈')
사이버성폭력	인터넷상에서 음란한 행위를 강요하거나 몰래카메라 등 음란물을 유통시켜 상대방에게 성적 수치심을 주는 행위
사이버스토킹	정보통신망을 이용하여 특정인에게 원하지 않는 접근을 지속적으로 시도하는 행위
초상권 침해	초상권은 사람은 누구나 자신의 얼굴 기타 사회통념상 특정인임을 식별할 수 있는 신체적 특징에 관한 함부로 촬영, 또는 그림으로 묘사되거나 공개되지 아니하며 영리적으로 이용당하지 않을 권리. 미니홈피 등에 공개된 사진이라도 이를 무단으로 다른 곳에 사용하는 경우

자료: 방송통신심의위원회(2012)

처벌로 규정하고 있다. 여기에서 "정보통신망"이란 전기통신설비를 이용하거나 전기통신설비와 컴퓨터 및 컴퓨터의 이용기술을 활용하여 정보를 수집·가공·저장·검색·송신, 또는 수신하는 정보통신체제를 말하는데(「정보통신망법」 제2조), 우리가 흔히 알고 있는 인터넷을 의미한다. 사이버권리침해는 인터넷 등의 정보통신망을 통해 부호·문언·음향·화상, 또는 영상을 이용하여 타인의 사생활의 침해, 또는 명예훼손 등 권리를 침해하는 행위로서 주요 유형에는 명예훼손, 모욕, 성폭력, 스토킹, 초상권 침해 등이 있다(방송통신심의위원회, 2012: 11).

○ 「정보통신망 이용촉진 및 정보보호 등에 관한 법률」(일명 「정보통신망법」)

제70조(벌칙) ① 사람을 비방할 목적으로 정보통신망을 통하여 공공연하게 사실을 드러내어 다른 사람의 명예를 훼손한 자는 3년 이하의 징역, 또는 3천만 원 이하의 벌금에 처한다.
② 사람을 비방할 목적으로 정보통신망을 통하여 공공연하게 거짓의 사실을 드러내어 다른 사람의 명예를 훼손한 자는 7년 이하의 징역, 10년 이하의 자격정지 또는 5천만 원 이하의 벌금에 처한다.

○ 「형법」

제307조(명예훼손) ① 공연히 사실을 적시하여 사람의 명예를 훼손한 자는 2년 이하의 징역이나 금고, 또는 500만 원 이하의 벌금에 처한다.
② 공연히 허위의 사실을 적시하여 사람의 명예를 훼손한 자는 5년 이하의 징역, 10년 이하의 자격정지, 또는 1천만 원 이하의 벌금에 처한다.

2) 사이버권리침해 사례

사이버권리침해는 정보통신망, 즉 인터넷 공간을 이용하여 타인에게 정신적 피해를 주는 행위이다. 여기에서는 어떤 행위의 사례가 이에 해당되는지에 대한 이해를 돕기 위해 다음과 같은 판례를 소개한다(법제처, oneclick.law.go.kr).

(1) 정보통신망을 통한 표현행위가 명예훼손적 사실의 적시의 판단기준

「정보통신망 이용촉진 및 정보보호 등에 관한 법률」 제61조 제1항 위반죄가 성립하기 위하여는 사실의 적시가 있어야 하며 적시된 사실은 이로써 특정인의 사회적 가치 내지 평가가 침해될 가능성이 있을 정도로 구체성을 띠어야 한다. 정보통신망을 통하여 게시된 어떠한 표현행위가 위 죄와 관련하여 문제가 되는 경우 그 표현이 사실을 적시하는 것인가, 아니면 단순히 의견 또는 논평을 표명하는 것인가, 또는 의견 또는 논평을 표명하는 것이라면 그와 동시에 묵시적으로라도 그 전제가 되는 사실을 적시하고 있는 것인가 그렇지 아니한가의 구별은, 당해 게시물의 객관적인 내용과 아울러 일반의 독자가 보통의 주의로 게시물을 접하는 방법을 전제로 게시물에 사용된 어휘의 통상적인 의미, 게시물의 전체적인 흐름, 문구의 연결방법 등을 기준으로 판단하여야 하고, 여기에다가 당해 게시물이 게재된 보다 넓은 문맥이나 배경이 되는 사회적 흐름 등도 함께 고려하여야 한다(사건명: 대법원 2003. 6. 24. 선고 2003도1868 판결).

시민들이 시정에 관한 의견을 개진하는 데 주로 이용되는 시청 홈페이지 전자게시판에 상습적으로 교통법규를 위반하여 위험한 운전을 하는 사람을 목격하였으니 이를 고발하는 한편 적절한 조치를 취하여 줄 것을 요구한다는 취지의 글을 게재한 행위가 「정보통신망 이용촉진 및 정보보호 등에 관한 법률」 제61조 제1항 소정의 '사람을 비방할 목적'을 가진 명예훼손행위에 해당한다고 보기 어렵다고 한 사례이다(사건명: 대구지법 2003. 7. 18. 선고 2003노1218 판결).

명예훼손죄에 있어서의 '사실의 적시'란 가치판단이나 평가를 내용으로 하는 의견표현에 대치되는 개념으로서 시간과 공간적으로 구체적인 과거, 또는 현재의 사실관계에 관한 보고 내지 진술을 의미하는 것이며, 그 표현내용이 증거에 의한 입증이 가능한 것을 말하고 판단할 진술이 사실인가, 또는 의견인가를 구별함에 있어서는 언어의 통상적 의미와 용법, 입증가능성, 문제된 말이 사용된 문맥, 그 표현이 행하여진 사회적 상황 등 전체적 정황을 고려하여 판단하여야 한다(사건명: 대법원 1998. 3. 24. 선고 97도2956 판결, 무고 · 명예훼손).

명예훼손죄가 성립하기 위하여는 사실의 적시가 있어야 하고, 적시된 사실은 이로써 특정인의 사회적 가치 내지 평가가 침해될 가능성이 있을 정도로 구체성을 띠어야 한다. "애꾸눈, 병신"이라는 발언 내용은 피고인이 피해자를 모욕하기 위하여 경멸적인 언사를 사용하면서 욕설을 한 것에 지나지 아니하고, 피해자의 사회적 가치나 평가를 저하시키기에 충분한 구체적 사실을 적시한 것이라고 보기는 어렵다(사건명: 대법원 1994. 10. 25. 선고 94도1770 판결).

(2) 명예훼손죄와 모욕죄의 구별기준

명예훼손죄에 있어서의 사실의 적시는 사람의 사회적 가치 내지 평가를 저하시키는 구체적 사실의 적시를 요하며 단지 모욕적 언사를 사용하는 것은 모욕죄에 해당할 뿐 명예훼손죄에 해당하지는 않는다. "아무것도 아닌 똥꼬다리 같은 놈"이라는 구절은 모욕적인 언사일 뿐 구체적인 사실의 적시라고 할 수 없고, "잘 운영되어 가는 어촌계를 파괴하려 한다"는 구절도 구체적인 사실의 적시라고 할 수 없으므로 명예훼손죄에 있어서의 사실의 적시에 해당한다고 볼 수 없다(사건명: 대법원 1989. 3. 14. 선고 88도1397 판결).

명예훼손죄와 모욕죄의 보호법익은 다같이 사람의 가치에 대한 사회적 평가인 이른바 외부적 명예인 점에서는 차이가 없으나, 다만 명예훼손은 사람의 사회적 평가를 저하시킬 만한 구체적 사실의 적시를 하여 명예를 침해함을 요하는 것으로서 구체적 사실이 아닌 단순한 추상적 판단이나 경멸적 감정의 표현으로서 사회적 평가를 저하시키는 모욕죄와 다르다. "늙은 화냥년의 간나, 너가 화냥질을 했잖아"라고 한 피고인의 발언내용은 그 자체가 피해자의 사회적 평가를 저하시킬 만한 구체적 사실의 적시라기보다는 피고인이 피해자의 도덕성에 관하여 경멸적인 감정표현을 과장되게 강조한 욕설에 불과한 것으로서 이를 막바로 명예훼손죄로 의율할 수는 없다(사건명: 대법원 1987. 5. 12. 선고 87도739 판결).

명예훼손죄에 있어서 '사실의 적시'라 함은 사람의 사회적 평가를 저하시키는 데 충분한 구체적 사실을 적시하는 것을 말하므로, 이를 적시하지 아니하고 단지 모멸적인 언사를 사용하여 타인의 사회적 평가를 경멸하는, 자기의 추상적 판단을 표시하는 것 "빨갱이 계집년", "만신(무당)", "첩년"이라고 말한 것은 사람을 모욕한 경우에 해당하고, 명예훼손죄에는 해당하지 아니한다(사건명: 대법원 1981. 11. 24. 선고 81도2280 판결).

(3) 동성애자라는 내용의 글을 인터넷사이트에 게시한 행위

명예훼손죄가 성립하기 위하여는 특정인의 사회적 가치 내지 평가가 침해될 가능성이 있는 구체적인 사실을 적시하여야 하는바(사건명: 대법원 2000. 2. 25. 선고 98도2188 판결 등 참조), 어떤 표현이 명예훼손적인지 여부는 그 표현에 대한 사회 통념에 따른 객관적 평가에 의하여 판단하여야 한다. 따라서 가치중립적인 표현을 사용하였다 하더라도 사회 통념상 그로 인하여 특정인의 사회적 평가가 저하되었다고 판단된다면 명예훼손죄가 성립할 수 있다. 피해자가 동성애자가 아님에도 불구하고 피고인은 인터넷사이트 싸이월드에 7회에 걸쳐 피해자가 동성애자라는 내용의 글을 게재한 사실은 현재 우리사회에서 자신이 스스로 동성애자라고 공개적으로 밝히는 경우 사회적으로 상당한 주목을 받는 점, 피고인이 피해자를 괴롭히기 위하여 이 사건 글을 게재한 점 등으로 …(중략)… 명예훼손죄에 관한 법리오해 등의 위법이 있다고 볼 수 없다(사건명: 대법원 2007. 10. 25. 선고 2007도5077 판결).

참고문헌

김 구(2009). 사회적 자본 구축을 위한 ICT 활용 가능성. 『한국행정학회 동계학술대회 발표논문집』.

———(2011). 온라인 공동체 이용의도의 영향요인: 대학생의 인식을 중심으로. 『정보화 정책』, 18(2): 23-48.

Digieco(2015). 2015년 상반기 모바일 트렌드. 『디지에코 보고서』, 2015. 7. 6.

방송통신심의위원회(2012). 『2012 사이버권리침해 대응 안내서』. http://www.kocsc.or.kr. (검색일: 2016. 1. 11).

법제처, http://oneclick.law.go.kr. (검색일: 2016. 1. 11).

『비즈니스사전』, http://www.businessdictionary.com/definition/online-community.html. (Retrieved on January 12, 2016).

송경재(2005). 인터넷 사회자본 연구의 동향과 과제. 『정보화정책』, 12(4): 3-22.

『옥스퍼드사전』, http://www.oxforddictionaries.com. (Retrieved on January 12, 2016).

위키피디아, https://en.wikipedia.org/wiki/Brand#Brand_elements
https://en.wikipedia.org/wiki/Online_community

임종섭 · 김진희 · 최수연 · 원용진(2014). 온라인 공동체 규범인식과 몰입이 운영방식 만족, 지각된 가치, 오프라인 모임의 참여에 미치는 영향관계. 『한국언론학보』, 58(5): 153-179.

한국인터넷진흥원 인터넷통계정보검색시스템, http://isis.nic.or.kr/index.jsp. (검색일: 2016. 1. 12).

황영현 · 조용현(2005). 온라인 공동체 구성원이 지각하는 기능이 공동체와 오프라인 모임에 대한 태도에 미치는 영향. 『관광 · 레저연구』, 17(4): 141-159.

Connected Educators(2011). *Resources and Tools for Evaluation of Online Communities of Practice.*
http://connectededucators.org/wp-content/uploads/2011/07/707_COCP-EvaluationBrief-July_2011.pdf. (Retrieved on January 11, 2016).

European Commission(2004). *ICTs and Social Capital in the Knowledge Society.* http://www.jrc.es

Pruijt, H.(2002). Social Capital and the Equalizing Potential of the Internet. *Social Science Computer Review*, 20: 109-115.

Steer, D.(2013). *Online Community Management Tips and Best Practices.* https://dansteer.wordpress.com/2013/04/08/online-community-management-tips-and-best-practices/ (Retrieved on January 11, 2016).

van Bavel, R., Punie, Y., Burgelman, J-C., Tuomi, I., & Clements, B(2004). *ICTs and Social Capital in the Knowledge Society(Technical Report Series).* European Commission.

Wellman, B., Haase, A. Q., Witte, J. & Hampton, K(2001). Does the Internet Increase, Decrease, or Supplement Social Capital?: Social Networks, Participation, and Community Commitment. *American Behavioral Scientist*, 45(3): 436-455.

제 5 장

인구와 공동체

제 1 절 공동체에서 인구의 중요성

공동체에서 가장 중요한 자원이자 핵심역량이 사람이다. 제3장에서 공동체의 구성요소로 제시된 공동의식, 사회적 상호 작용, 유대감, 소속감, 결속력, 욕구, 친밀감, 응집력 등은 사람에 관한 것이다. 지역공동체를 형성하고 활성화하기 위해서는 정책적 지원과 환경 조성도 필요하지만 가장 핵심적인 선결요인은 사람에 관한 것에서 출발해야 한다.

지역공동체를 형성 및 복원하고 활성화하기 위해서는 일정 규모의 사람이 있어야 하고, 그 사람들의 특성에 따라 전략이 마련되어야 한다. 오늘날 우리나라의 인구 특성은 한마디로 저출산과 고령화로 인한 인구감소로 정리할 수 있으며, 더 나아가 미래사회에는 '인구절벽'과 '인구소멸'이라는 극단적 예측이라는 어두운 현상이 드리우고 있다.

인구는 국가를 구성하는 3요소 중의 하나이다. 인구가 감소되고 있다는 것은 국가를 유지하는 데 부정적 요인으로 작용하며, 이를 지역공동체로 확장하면 지역에서 인구감소는 지역공동체를 복원하고 유지하는 데 장애요인으로 작용하기 때문에 지역공동체나 국가의 발전을 위한 핵심자원은 인구에서 출발해야 한다. 하지만 인구의 특성에 따라 지역공동체나 국가의 발전 양상이 달라진다. 인구의 특성은 지역공동체나 국가의 정치, 경제, 사회, 문화 등 모든 영역에 긍정적 및 부정적 영향을 미친다. 인구의 특성이 긍정적 요소를 가진다면 긍정적 영향을 미치게 되고, 반면에 부정적 요소를 가지고 있다면 부정적 영향을 미치게 된다. 우리나라의 인구는 긍정적 요소보다는 저출산과 고령화라는 부정적 특성을 보이고 있다. 이 부정적 특성을 긍정적 특성으로 전환하기 위해서는 국가와 지방정부의 정책적 노력은 물론 모든 국민들의 동의와 실천행동이 요구된다.

인구현상도 사회현상의 하나로, 여러 사회문제의 원인이 되기도 하고 결과가 되기도 한다. 노동시장의 변화가 출산율의 변화를 가져오고, 출산율의 변화가 향후 노동력의 공급량 변화를 가져와 노동시장의 질적 변화를 예기하기도 한다(최슬기, 2015: 15). [그림 5-1]은 사회현상이 인구요인에 영향을 미치는 과정이다. 어떠한 사회현상은 출생, 특히 저출산을 유발시키고 고령화와 거주지역의 이주를 촉발시킨다. 이런 현상으로 그 지역, 또는 다른 지역은 인구 수는 증가하거나 감소되어 인구구조를 변화시켜 결국은 사회현상을 이전의 모습과 다른 양상으로 변화시킨다. 이런 관계는 선순환적 관계를 만들기도 하지만 악순환적 관계를 만들기도 한다.

그림 5-1 인구와 사회현상의 관계

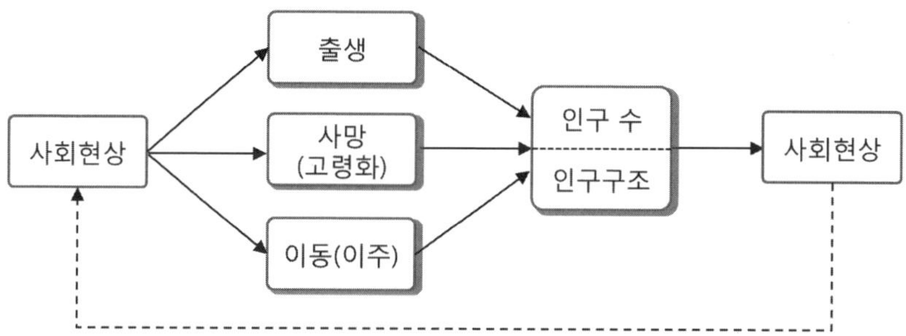

자료: 최슬기(2015: 16)의 내용을 재구성

우리나라의 인구특성은 어떠한가? 우리나라 출산율은 정부의 인구조절정책과 개인의 가치관 및 경제·사회여건의 변화로 인해 1980년대 중반부터 대체출산율 2.1을 하회하는 저출산 추세가 지속되고 있다. 1990년대 중반까지 우리나라 인구는 정부의 산아제한에 초점을 맞춘 인구조절정책에 의해 영향을 받아 1970년 4.53이던 합계출산율[1]은 1980년에 2.82, 1990년에 1.57까지 하락하고 있다. 1990년대 이후에는 젊은 세대의 결혼 및 가족에 관한 가

1) 합계출산율(total fertility rate)은 여성 한 명이 가임기간인 15~49세 동안 낳는 평균적인 자녀의 수를 의미한다(손종칠 외, 2015).

치관의 변화와 출산 및 육아에 불리한 사회구조로 인해 20대 연령구간의 혼인 비율 하락 등으로 저출산이 심화되고 있는 현상을 맞이하고 있다(손종칠 외, 2015). 또한 낮아진 출산율과 길어진 기대수명으로 인해 전체 인구 중 고령인구(65세 이상 기준) 비중이 상승하고 있고, 베이비붐 세대가 고령인구에 진입하면서 고령화의 속도가 빨라지고 있다(손종칠 외, 2015).

우리나라는 저출산·고령화 양쪽 모두의 압박으로 인하여, 가족제도에도 많은 변화를 가져오고 있다. 한국사회에서는 세 가지 형태의 '가족의 축소', 즉 비(非)가족의 증가, 무자녀가족의 증가, 유자녀가족의 자녀 수 감소가 함께 진행되고 있다. 그리고 기존 부부-자녀로 구성된 '핵가족'은 규범적 효력을 점차 상실하고 있으며, 혼인의 영속성 단절 및 혼인과 자녀의 분리는 미래가족의 일반적 초상으로 그려지고 있다(김은지 외, 2010).

이상과 같이 우리나라 인구는 불과 반세기 동안 그 유래를 찾아볼 수 없을 정도로 아주 빠르게 변화하였다. 1960년대와 1970년대 만해도 아주 높은 출산율을 경험하였으나, 1980년대 중반 이래 인구대체수준 미만의 낮은 출산율을 경험하였으며, 최근에는 1.3 미만의 초저출산현상이 장기화되고 있다. 서구국가들 대부분 출산율이 1.6 이상에서 유지되고 있고, 이민자 순유입이 발생하면서 장기간 인구가 감소하지 않은 상태에서 평균수명 상승으로 고령화가 점진적으로 진행되고 있다. 우리나라의 경우 초저출산현상으로 유소년인구와 생산가능인구가 감소하는 반면, 베이비붐 세대들이 노년층에 진입하고 평균수명이 증가하면서 인구고령화가 아주 빠르고 높은 수준으로 진행될 전망이다. 한국사회는 초저출산과 초고령화라는 세계사적으로도 보기 힘든 인구현상을 어떻게 극복해나갈 것인지가 국가적 과제이다(이삼식, 2013: 49).

저출산과 고령화의 인구구조의 특징은 서구 선진국에서도 우리와 동일한 경험을 겪고 있지만 우리나라는 모든 것들이 그들에 비해 너무나 짧은 시기에 일어나고 있다는 사실이 우리나라의 인구정책을 수립하는 데 어려움을 가중시키고 있다(이승욱, 2013: 15). 저출산과 고령화를 맞이하고 있고 이를 개선하기 위한 여러 정책적 대안과 논의들이 제시되고 있지만 그 효과는 미지수이다. 국가, 지방정부, 공공기관, 기업, 지역공동체, 그리고 국민 개인 모두가 거버넌스적 관점에서 미래사회에 대한 진지한 고민에서 다각적인 시각과 접근방법을 종합하는 비전이 제시되어야 할 것이다. 모든 국민이 희망의 꿈을, 그리고 행복을 기대할 수 있는 사회분위기 조성이 급선무이다.

제 2 절 고령화가 사회 전반에 미친 영향

지난 40여 년 간 우리나라 인구의 고령화 속도가 경제협력개발기구(OECD) 회원국 가운데 가장 빠른 것으로 나타났다. 2014년 9월 산업연구원이 OECD 34개 회원국의 인구구조를 비교·분석한 결과에 따르면, 2013년 기준 한국의 고령인구(65세 이상) 비중은 12.2%로 30위에 머물렀지만 증가 속도는 1위를 기록했다. 각국의 고령인구 비중을 1970년 1로 설정하고, 2013년까지 몇 배로 증가했는지 비교할 때 한국은 4.0배로 가장 높았다. OECD 평균 1.6배와 비교할 때 두 배 이상 빠른 속도다. 일본이 3.6배로 2위였고, 다음으로 핀란드(2.1배), 포르투갈·이탈리아(2.0배), 체코·캐나다·스페인(1.9배) 등의 순이었다. 한국의 중위연령(전체 인구를 나이순으로 볼 때 정중앙에 있는 사람의 연령)은 2010년 37.9세로 1970년 19.0세보다 18.9세 늘어나 고령인구 비중 상위 10개국 가운데 증가 폭이 가장 컸다. 한국의 유소년 인구(0~14세) 비중(2013년 기준)은 14.7%로 26위를 차지했다. 이런 비중은 1위인 멕시코 28.4%의 절반 수준이자 OECD 평균 17.4%를 밑도는 것이다. 또한 한국의 생산가능인구(15~64세) 비중은 73.1%로 OECD 평균 66.6%를 웃돌며 1위에 올랐다. 이는 1950년 한국전쟁과 1970년대 베트남전쟁 이후 태어난 베이비붐 세대가 생산가능인구에 여전히 편입되어 있기 때문으로 해석하

였다(한국일보, 2014. 9. 9).[2)]

이와 같이 우리나라는 출산율이 급속히 떨어지고 고령화가 증가하면서 금융시장과 산업에 상당한 영향을 미칠 것으로 전망되고 있다. 고령화 증가 추세는 우선 저축률이 낮아져 금융자산 수요가 감소함에 따라 자산가격이 하락하여 금융시스템의 안정성이 저해될 가능성이 제기되고 있다. 이에 반해, 노동공급 감소로 자본노동비율이 상승하고 자본의 한계수익률이 떨어져 투자가 위축될 것으로 전망되고 있다. 한편, 출산율 저하로 가계의 교육투자가 늘어나 생산성 향상으로 연결되면 저축과 소득 증가로 금융자산 수요가 늘어날 것이라는 주장도 있다(장동구, 2011).

고령화로의 인구구조 변화가 지역경제에 미치는 영향으로는 노동생산성 저하 유발로 인한 지역경제 성장 격차가 확대될 가능성이 존재한다는 것이다. 우리나라는 지역별 인구 증가 및 감소의 근본적 원인은 출산율보다 인구이동에 의해 결정되는 경향이 강하게 나타나며, 지역경제성장에는 생산가능인구 이동이 큰 영향을 미치고 있다. 이는 유소년 및 생산가능인구의 도시권으로의 이동으로 인해 고령화율이 높은 지역의 경우 노동생산성 저하로 지역경제성장 둔화의 직접적 요인으로 작용하기 때문이다. 이에 비해, 생산인구 유입이 많은 지역은 노동력 증가로 인해 생산성 향상에 기여하게 될 것이라는 전망이 있으며, 지역별 생산인구 변화는 시간의 경과에 따라 지역 간 성장격차가 수렴되기보다는 오히려 누적적 과정을 반복함으로써 확대될 가능성이 존재한다는 것이다. 이와 같이 고령화로의 인구구조 변화는 지역경제성장 둔화 및 지역 간 성장격차를 유발하고 있다(허문구 외, 2013).

급속한 고령화 현상은 이미 오래전부터 많은 국가에서 피할 수 없는 난제가 되었다. 고령화로의 인구구조 변화는 경제성장 저하 및 사회복지 수준을 위한 정부재정 부담 가중 등의 경제·사회적 문제를 야기하고 있다. 인구

2) http://www.hankookilbo.com/v/7db9ab16eee64e6c9df2c9a99c0e8e53. (검색일: 2014. 9. 9).

구조의 조로현상이 우리 경제에 미치는 가장 큰 문제 중 하나는 생산인구(15~64세) 감소와 취업자 평균연령 상승에 따라 노동생산성이 저하하고, 이는 곧 국가경쟁력을 약화시킨다는 점이다(허문구 외, 2013). 고령화 추세가 사회에 어떤 영향을 미치는가? 고령화가 사회 전반에 미친 영향을 살펴보면 다음과 같다(Pettinger, 2013).

첫째, 의존율(dependency ratio)의 증가이다. 은퇴 연령은 정해져 있고 늘어지는 기대수명으로 인해 상대적으로 연금수령자는 증가되는 반면, 근로하여 세금을 납부할 수 있는 사람은 감소한다. 이런 현상에서는 노동력은 줄어들고 복지비용에 충당할 근로자의 세금은 높아질 수밖에 없는 상황이 예상된다. 고령자의 생활을 위한 재원은 세금을 납부하는 생산인구에 의존하게 되는 현상을 맞이하게 될 것이다.

둘째, 보건복지에 대한 정부지출의 증가를 가져온다. 은퇴자들은 그들에게 맞는 일자리가 부족하거나 건강으로 인해 일을 할 수 없기 때문에 소득이 없거나 낮을 수밖에 없다. 이를 보전하기 위해서는 정부지출의 증가가 불가피하다. 정부지출의 증가와 은퇴자들의 소득 감소의 조합은 결국 부채 및 공공부채(연금, 건강보험, 주택 등)로 이어질 수 있다.

셋째, 생산 가능한 근로자의 부족현상을 가져온다. 고령화는 생산노동력의 부족현상을 초래함으로써 현재 임금근로자의 임금상승률을 야기시킨다. 대신 기업들은 유연한 근로조건을 통해 기업이 필요로 하는 전체 노동력을 채우려고 한다. 고령화 진전에 따라 세원이 되는 생산가능인구의 비중은 줄어드는 반면, 연금, 각종 사회 보장 및 의료비 지출이 늘어나 재정수지에 부담을 가중시킬 것으로 전망된다(재경부, 2005).

넷째, 노동시장 및 생산성(총공급)에 영향을 미친다. 고령화는 정부의 정책변화가 없을 경우 노동공급을 현 수준보다 감소토록 하여 직·간접적으로 성장둔화를 초래한다. 직접적 효과는 생산가능인구의 감소 → 노동공급의 축소 → 생산 감소 → 성장 둔화를 가져오고, 간접적 효과는 노인부양비율의 증가 → 저축(자본공급) 감소 → 투자 등 총수요 감소 → 성장 둔화를 가져온다(재경부, 2005). 한편, 근로를 하는 생산인구는 높은 세금을 부담할 수밖에 없다. 이것은 근로의 사기를 떨어뜨리게 되고 기업의 투자위축을 가져옴으로써 결국은 생산과 성장이 둔화될 수 있다. 노후대책의 일환으로서 소비를 줄이고 절약하는 것은 자칫 자본투자를 감소시킬 수 있다. 만약 근로자들이 소득에서 많은 부분을 노후를 위해 절약, 또는 저축한다면 생산투자를 위한 가용자금은 줄어들 것이고 경제성장은 감소될 수 있다.

다섯째, 경제활동의 변화를 가져온다. 은퇴자 수의 증가는 고령자와 관련된 제품과 서비스 시장을 창조하게 될 것이다. 고령친화산업인 노인건강, 간병 관련 서비스 등 보건복지 분야의 수요가 창출될 것이며, 노령층을 대상으로 한 관광이나 실버타운 개발 등의 수요가 크게 늘어날 것으로 전망된다(장동구, 2011: 51-52).

여섯째, 소비패턴의 변화를 가져올 것이다. 고령화는 근로계층과 피부양계층의 상대적 비율을 변화시켜 전체 소비구조에 영향을 미칠 가능성이 크다. 고령층은 주택, 에너지, 의료 관련 지출을 늘리는 반면, 자동차, 교통, 교육, 오락, 의복 관련 지출은 상대적으로 줄이는 경향이 있다. 또한 연령에 민감한 의료 관련 서비스 등의 경우도 저출산에 따른 청년층의 수요 감소로 국가 전체적으로는 고령화가 전체 소비구조에 크게 영향을 끼치지 않을 가능성도 내재하고 있다(재경부, 2005).

일곱째, 국방자원 확보의 어려움이다. 우리나라는 절대적인 국방자원이 확보되어야 하는데 저출산과 고령화의 현상은 국방자원의 확보에 어려움으로 작용한다. 지금과 같은 인구현상을 보일 경우 2022년에는 5,100명이 부족하고, 2030년에는 연평균 3만 명이 부족할 것으로 예측되고 있다(중앙일보, 2015. 12. 15).[3)]

3) http://news.joins.com/article/19247702. (검색일: 2015. 12. 15).

그림 5-2 고령화가 경제에 미치는 영향

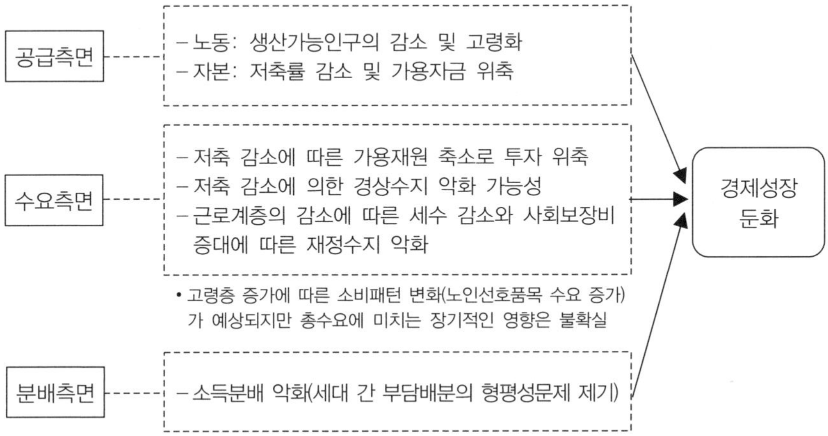

자료: 재경부(2005)

이상과 같이 고령화는 경제성장에 부정적 영향을 미치게 될 뿐만 아니라, 또한 기존의 복지제도가 대부분 경제성장과 연계되어 있으므로, 경제적 성장기반의 약화는 복지제도에도 상당히 큰 악영향을 미칠 수 있다(이상호, 2013: 194). 고령화 문제와 함께 저출산도 경제와 사회 부문에 영향을 미치고 있어, 저출산과 고령화로 인한 인구구조 변화가 사회·경제 전반에 야기하는 여러 가지 문제점들에 대한 해결책을 찾기 위해 많은 노력을 기울이고 있다(박문수 외, 2013). 국가적 차원에서도 저출산과 고령화 대응책을 제시하고 있지만 '저출산·고령화 문제의 해결'을 위한 정책이 아닌, '저출산·고령화에 대응'하기 위한 정책, 즉 저출산·고령화로 나타나는 미래가족의 삶의 질을 향상시키기 위한 정책으로서 접근과 논의가 진행되어야 근본적인 '문제해결'도 가능할 것으로 보인다(김은지 외, 2010). 또한 정책적 접근과 함께 인식의 전환 및 사회환경의 조성에 관한 접근도 필요하다.

그림 5-3 저출산과 고령화의 영향 관계

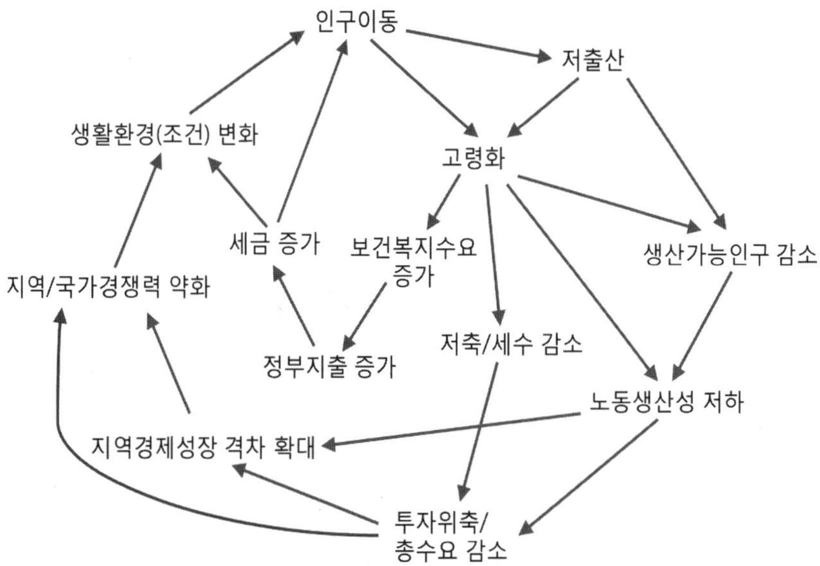

제 3 절 국내 인구 추이와 미래

1 전체 인구 추이

우리나라 인구는 2014년 말 현재 51,327,916명으로 집계되고 있으며, 전체적으로 매년 20만 명 내외로 증가 추이를 보이고 있다. 시도별 증감 추이를 보면 서울, 부산, 대구, 대전, 전북, 전남 등은 감소하고 있는 반면, 인천, 광주, 울산, 세종, 경기, 강원, 충남, 경북, 경남, 제주 등은 증가 추이를 보이고 있는 것으로 나타났다.

표 5-1 우리나라 연도별 인구 추이 현황

행정구역 (시도별)	2012년		2013년		2014년	
	총인구 수(명)		총인구 수(명)		총인구 수(명)	
	원데이터	전년 대비 증감	원데이터	전년 대비 증감	원데이터	전년 대비 증감
전 국	50,948,272	213,988	51,141,463	193,191	51,327,916	186,453
서울특별시	10,195,318	−54,361	10,143,645	−51,673	10,103,233	−40,412
부산광역시	3,538,484	−12,479	3,527,635	−10,849	3,519,401	−8,234
대구광역시	2,505,644	−1,627	2,501,588	−4,056	2,493,264	−8,324
인천광역시	2,843,981	42,707	2,879,782	35,801	2,902,608	22,826
광주광역시	1,469,216	5,752	1,472,910	3,694	1,475,884	2,974
대전광역시	1,524,583	8,980	1,532,811	8,228	1,531,809	−1,002
울산광역시	1,147,256	11,762	1,156,480	9,224	1,166,377	9,897
세종특별자치시	113,117		122,153	9,036	156,125	33,972
경기도	12,093,299	155,884	12,234,630	141,331	12,357,830	123,200
강원도	1,538,630	2,182	1,542,263	3,633	1,544,442	2,179
충청북도	1,565,628	2,725	1,572,732	7,104	1,578,933	6,201
충청남도	2,028,777	−72,507	2,047,631	18,854	2,062,273	14,642
전라북도	1,873,341	−690	1,872,965	−376	1,871,560	−1,405
전라남도	1,909,618	−4,721	1,907,172	−2,446	1,905,780	−1,392
경상북도	2,698,353	−842	2,699,440	1,087	2,700,794	1,354
경상남도	3,319,314	10,549	3,333,820	14,506	3,350,257	16,437
제주특별자치도	583,713	7,557	593,806	10,093	607,346	13,540

자료: 국가통계포털(http://www.kosis.kr)

2 고령자 현황

고령화(aging)라는 용어는 1956년 UN에서 처음으로 채택하여 사용하였으며, 총인구 중에서 고령인구(65세 이상)의 비중이 높아 사회 · 경제적으로 많은 변화가 예상되는 인구구조의 노화 현상을 말한다(박영상, 2006). UN은 전체 인구 중 65세 이상 고령인구가 차지하는 비중에 따라 7~14%는 고령화사회(aging society), 14~20%는 고령사회(aged society), 20% 이상은 초고령 사회(super-aged society)로 분류하고 있다(재경부, 2005).

우리나라는 2015년을 기준으로 인구 8명 중 1명은 65세 이상 노인에 해당되며, 65세 이상 인구는 전체 인구의 13.1%로 10년 전(2005년)보다 약 200만 명 증가한 662만 4천 명이며, 2060년에는 40%대까지 늘어날 것으로 전망되고 있다. 또한 준고령(50~64세) 인구는 약 10년 후인 2024년까지 증가 후 차츰 감소할 것으로 전망되고 있다(통계청, 『보도자료』, 2015. 9. 24).

그림 5-4 연령대별 인구 구성비

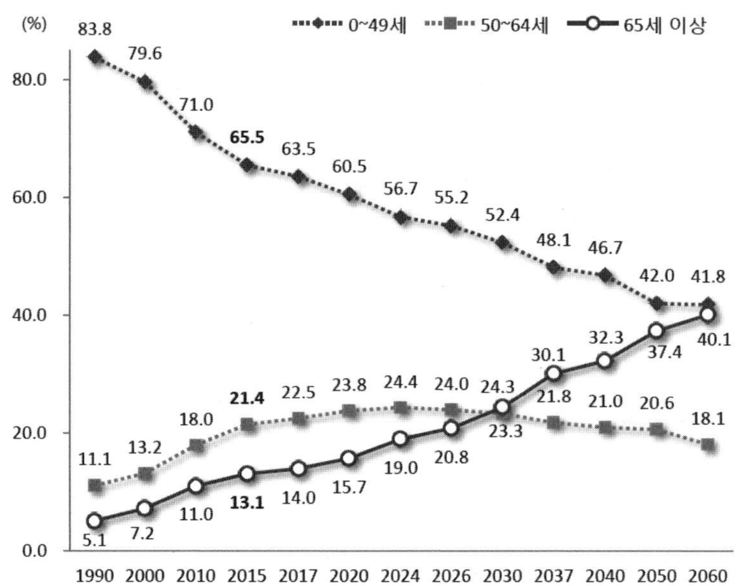

자료: 통계청, 『보도자료』(2015. 9. 24)

그림 5-5 고령자 인구 비중

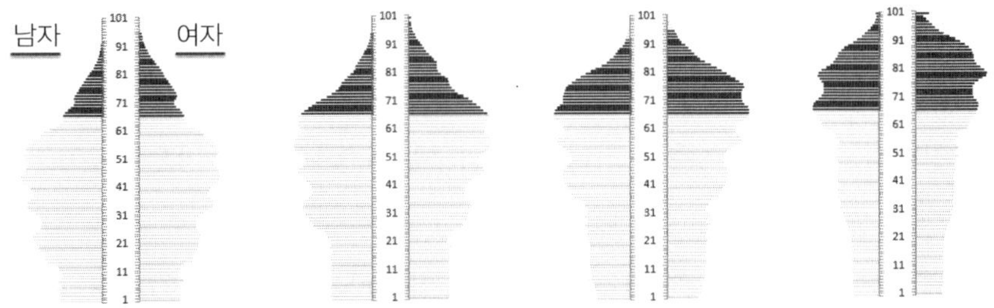

[2015년 13.1%] [2026년 20.8%] [2037년 30.1%] [2060년 40.1%]

자료: 통계청, 『보도자료』(2015. 9. 24)

2015년 기준 지역별 고령자 인구 분포를 보면, 고령인구 비율이 높은 지역은 전남(22.0%), 전북(18.5%), 경북(18.4%) 순으로 나타난 반면, 울산(8.6%), 경기(10.3%), 인천(10.5%) 순으로 낮게 나타나고 있다. 전남, 전북, 경북, 강원은 2040년까지 고령인구 비율이 높은 상위 순위를 나타낼 것으로 전망되며, 특히 전남은 고령인구 비율이 가장 높은 지역으로 계속 유지될 것으로 전망되고 있다. 또한 대전, 울산, 세종, 경기는 고령자 비율이 낮은 하위 순위를 2040년까지 유지하며, 세종은 2019년부터 가장 낮은 비율을 보일 것으로 전망되고 있다(통계청, 『보도자료』, 2015. 9. 24).

표 5-2 고령인구 비율 (단위: %)

구분	전국	서울	부산	대구	인천	광주	대전	울산	세종	경기	강원	충북	충남	전북	전남	경북	경남	제주
2015	13.1	12.0	14.7	12.7	10.5	11.1	10.6	8.6	10.9	10.3	17.2	15.0	16.5	18.5	22.0	18.4	14.1	14.2
2019	15.0	14.3	17.9	15.2	12.4	13.0	12.5	10.6	10.3	12.0	19.4	16.7	18.0	20.0	23.3	20.6	16.2	15.8
2020	15.7	15.0	18.8	16.0	13.0	13.6	13.1	11.3	10.7	12.6	20.1	17.3	18.5	20.6	23.8	21.3	16.9	16.5
2025	19.9	19.1	24.1	20.6	17.4	17.3	17.0	15.8	13.5	16.5	25.1	21.4	22.2	24.5	27.6	26.0	21.5	20.4
2030	24.3	23.2	28.8	25.4	22.1	21.3	21.0	20.6	17.4	20.9	30.2	26.1	26.6	29.0	32.2	31.1	26.4	24.9
2035	28.4	26.9	32.7	29.8	26.1	25.2	24.8	24.7	21.3	24.8	34.8	30.5	30.9	33.3	36.8	35.9	31.0	29.4
2040	32.3	30.4	36.3	33.7	29.9	28.9	28.3	28.0	25.7	28.5	39.0	34.6	35.2	37.5	41.1	40.3	35.3	33.9

자료: 통계청, 『보도자료』(2015. 9. 24)

3 청소년 현황

청소년의 범위는 「청소년기본법」에 의하여 만 9~24세에 해당되는 연령을 지칭한다. 2015년 기준 우리나라 총인구는 5,061만 7천 명으로 2010년에 비해 2.4% 증가한 반면, 청소년 인구(9~24세)는 961만 명으로 8.2% 감소하였으며, 2015년 총인구 중 청소년 인구가 차지하는 비중은 19.0%로 1978년 정점(36.9%)을 찍은 후 지속적으로 감소되고 있다. 1978년 총인구 3명 중 1명이었던 청소년 인구는 2015년 5명 중 1명, 2060년에는 10명 중 1명 수준이 될 것으로 전망된다(통계청, 『보도자료』, 2015. 4. 28).

표 5-3 청소년 인구 추이 (단위: 천 명, %)

연 도	총인구	9~24세		0~18세[1)]	
			구성비		구성비
1970	32,241	11,330	35.1	16,419	50.9
1978	36,969	13,647	36.9	16,832	45.5
1980	38,124	14,015	36.8	16,545	43.4
1990	42,869	13,553	31.6	14,489	33.8
2000	47,008	11,501	24.5	12,904	27.5
2010	49,410	10,465	21.2	10,763	21.8
2015	50,617	9,610	19.0	9,538	18.8
2020	51,435	8,403	16.3	8,659	16.8
2040	51,091	6,894	13.5	7,448	14.6
2060	43,959	5,011	11.4	5,689	12.9

자료: 통계청, 『보도자료』(2015. 4. 28)

주: 1) 「청소년 보호법」 기준에 따른 청소년 인구임

4 종 합

2015년 12월 국회입법조사처는 현재 인구를 비롯하여 출생률, 고령화, 사망자율 등을 감안하여 시나리오에 의한 지역별 예상인구를 다음과 같이 제시하였다. 2015년을 기준으로 했을 경우 5년 뒤 2020년까지는 증가하다가 2030년부터는 소폭 감소하여, 2050년 약 15% 감소, 2100년 약 63%, 2200년에는 약 94% 수준으로 대폭 감소할 것으로 예측되고 있다. 이와 같은 예상은 데이빗 콜먼(David Coleman) 옥스퍼드대학 교수가 저출산으로 인한 '인구 소멸 국가 1호'가 대한민국이 될 것이라는 충격적인 예측과 비슷하다고 볼 수 있어 그 심각성에 대한 국민 모두의 인식과 함께 국민들이 공감하고 동의하

표 5-4 시나리오별 지역별 예상 인구 (단위: 만 명)

구 분	2015년	2020년	2030년	2040년	2050년	2060년	2070년	2080년	2090년	2100년	2150년	2200년
증감률(%)	–	0.65	−1.26	−6.22	−14.99	−25.12	−36.51	−46.8	−53.8	−62.8	−84.5	−93.51
서울	1,014	1,015	994	929	825	702	569	449	356	282	84	24
부산	348	347	336	311	274	234	195	157	126	103	35	12
대구	250	251	247	233	209	181	154	127	104	85	32	12
인천	276	278	277	265	241	210	179	150	125	104	41	16
광주	151	153	153	148	136	121	104	87	72	60	24	9
대전	154	156	156	151	139	123	107	90	75	63	26	11
울산	112	114	115	112	103	92	81	70	61	53	27	13
경기	1,179	1,191	1,191	1,149	1,054	924	794	673	656	474	196	79
강원	149	147	142	133	119	104	89	75	62	52	22	9
충북	154	154	151	144	132	117	103	88	76	65	31	14
충남	209	208	204	195	180	162	143	124	107	94	47	23
전북	180	178	172	162	148	131	115	99	83	71	32	14
전남	177	174	166	155	141	126	113	99	87	77	41	22
경북	263	261	253	237	215	190	167	143	123	107	52	25
경남	325	326	321	307	281	249	218	189	163	141	69	33
제주	55	56	55	54	50	45	41	36	32	28	15	8
전체	4,996	5,009	4,933	4,685	4,247	3,711	3,172	2,656	2,308	1,859	774	324

자료: 유재국(2015) 내용을 토대로 재구성

며 자발적으로 실행할 수 있는 치밀하고 설득력 있는 준비와 정책적 방안이 마련되어야 할 것이다. “사람이 미래다”라는 기업의 광고처럼 지역공동체나 국가의 존재와 발전을 논의하는 출발은 ‘인구’라는 점에서 출발해야 한다.

제 4 절 인구문제에 대한 대응

우리나라 저출산과 고령화의 인구문제에 대한 논의와 방안은 곧 지역공동체와 국가발전의 근간이 되어야 한다. 지역과 국가 차원에서 인구문제에 관한 논의와 방안은 다음과 같은 시각과 접근이 필요하다.

첫째, 국가를 위시하여 지방자치단체에서 미래사회의 발전계획수립 시 인구가 감소되고 있는 추이를 인정하고 불가피성을 전제하여야 할 것이다. 특히, 지역공동체를 복원하고 활성화하는 데 있어서 핵심자원이 사람이기 때문에 현재 사람의 특성과 지역의 현실을 감안한 계획이 수립되어야 할 것이다.

둘째, 인구 감소에 따른 문제를 준비하기 위한 연구를 거버넌스 체제로 확대하여야 한다. 정책 당국자 및 경제 주체들, 그리고 지역공동체 리더들은 인구 감소 시대에 대비한 적응을 준비하는 것이 인구 부양 정책만큼 중요한 일이라는 것을 인식해야 한다. 우리나라 인구구조는 4~5년 사이에 변화하지 않으며, 반대로 단기간에 원하는 인구 규모로 회복되지도 않을 것으로 예측되었다. 2030년대 이후에 발생할 가능성이 큰 인구 감소라는 사건과 그에 따른 산업, 행정, 국방, 환경, 교육, 고용 등의 문제를 검토해야 한다. 인구 감소로 인하여 발생 가능한 문제에 대하여 점검하고 이의 충격을 회피, 또는 최소화할 수 있는 대안 개발에 주력해야 하고(유재국, 2015: 38), 대안개발 과정에는 지역 및 국가의 모든 주체들이 참여하여 진지한 고민과 아이디어를 제시할 수 있는 채널 구축과 환경 조성이 선결되어야 할 것이다.

셋째, 새로운 산업구조의 필요와 고부가가치를 창출할 수 있는 국가 지식체계의 개편과 교육 시스템의 혁신이 필요하다. 보다 적은 생산가능인구로 보다 많은 부가가치를 창출해야만 비생산가능인구에 대한 부양이 가능할 것으로 보이기 때문에, 새로운 부가가치를 창출하기 위해서는 새로운 환경에 필요한 지식을 축적해야 하며, 이는 국가 지식체계 개편 및 교육 시스템의 혁신이 요구된다. 또한 부족한 노동력을 대체할 수 있는 로봇과 같은 자본재의 구축이 필요하며, 자본이 부족한 중소기업 등에 대한 국가의 지원체계도 구축해 나가야 할 것이다(유재국, 2015: 39).

넷째, 인구구조 변화에 따른 산업구조조정 문제 발생과 노동 개혁 및 이주자에 의한 인력 대체 문제에 깊은 고민과 대응책을 모색해야 한다. 인구구조 변화 및 소득수준의 향상으로 고용의 어려움과 외국과의 경쟁에서 어려움을 겪는 사업 분야가 발생할 경우 이에 대한 구조조정으로 인한 사회적 갈등이 야기될 수 있다. 자본재로 노동력을 대체하기 어려운 사업분야에서는 이민자, 또는 외국인의 고용 등에 대한 요구가 증가할 것이고, 이민자 및 외국인 체류자들의 증가로 다문화가정이 증가할 것이며, 이들과의 통합을 위해서는 비용이 수반될 수 있기 때문에 이 비용에 대해 누가, 어느 정도 부담할 것인지에 대한 구체적인 논의가 이루어져야 할 것이다(유재국, 2015: 40).

다섯째, 급속한 인구 감소 지역에 대한 공공행정 및 공공 서비스 제공에 대한 형평성 문제에 대한 대응이 필요하다(유재국, 2015: 40). 저출산과 고령화는 도농 간의 격차와 같은 맥락을 가지고 이것이 지역격차로 연결될 수 있다. 인구 감소 지역을 중심으로 공공부문 서비스 수요가 감소할 것이며, 이에 따라 공공부문 인력구조조정 문제도 뒤따를 것으로 보인다. 학교와 공공기관, 특히 지방자치단체와 하급기관 등은 서비스 및 수혜 대상 인구가 있어야 그 기관의 존재 정당성을 찾을 수 있다. 반대로 인구가 없다면 학교는 사라질 것이고 공공기관의 존재 정당성을 찾을 수 없게 된다. 저출산으로 학령

아동인구가 감소되거나 없는 경우 학교는 사라지거나 학교 통폐합의 결정을 내릴 수밖에 없게 된다. 이런 경우에도 고령인구가 남게 되는 경우는 공공기관은 존재하겠지만 그 규모와 내용이 축소될 수밖에 없다. 또한 점진적으로 행정구역 통폐합이 이루지게 될 것이고, 그에 따른 공공인력 감축 문제 등이 제기됨에 따라 공공부문 정원에 대한 합리적인 논의도 준비해야 할 것이며, 그 준비도 미리 계획하고 점검해야 될 것이다. 이 과정에서는 이성적・계량적 접근은 필수겠지만, 주관적・감성적・휴머니즘적 접근도 병행되어야 할 것이다.

여섯째, 출산장려정책에 대한 깊이 있는 고민이 필요하다. 출산율을 제고하기 위하여 경제정책, 주택정책, 실업 및 고용정책, 교육정책, 보육정책 등으로 접근할 문제인지, 아니면 사회시스템 전반에 대한 성찰과 대응으로 접근할 것인지에 대한 문제의 접근과 정의로 새롭게 출발해야 할 것이다. 기본적으로 정책대안은 문제의 접근방법과 정의에 따라서 대안의 탐색과 최적안이 도출된다. 문제의 접근을 정책에서 찾게 되는 경우 정책의 추동자가 있게 되고 그에 따르는 사람이 있게 된다. 출산율 제고를 위해 정책으로 따르게 하거나 유인하여 해소될 수 있다면 얼마나 다행인가. 또한 정책적으로 접근하더라도 단선적이고 근시안적으로 처방적 관점에서 접근한다면 그 효과를 기대하기 곤란하다. 결혼과 출산에 대한 개인의 인식, 경제적 여건 및 수준, 기대하는 삶의 수준, 개인화된 사회적 풍토 등 다양한 차원과 복잡한 요인들이 얽혀져 있다는 복잡성 구조라는 점에서 출발해야 할 것이다.

참고문헌

국가통계포털. http://kosis.kr.

김은지 · 김수정 · 민현주 · 정수연(2010). 『저출산 · 고령화가 가족형태 및 개인의 삶의 질에 미치는 영향』. 한국보건사회연구원 · 한국여성정책연구원.

박문수 · 고대영 · 구진경 · 이경희(2013). 『인구구조 변화가 서비스 수요에 미치는 영향』. 산업연구원.

박영상(2006). 고령화 · 저출산이 경제 · 산업 · 금융에 미치는 영향. 『금융연구』, 산업은행.

손종칠 외(2015). 『인구고령화에 따른 노동력 재편방향 연구』. 기획재정부 학술연구용역사업 보고서. 2015. 2.

유재국(2015). 균형 인구 산정과 정책적 함의. 『현안보고서』, 제285호, 국회입법조사처, 2015. 12. 24.

이삼식(2013). 인구정책 현황과 향후 과제. 『보건복지포럼』, 2013. 1, pp. 48－63.

이상호(2013). 노령화와 지속가능성: 인구문제의 딜레마를 중심으로. 『동향과 전망』, 2013. 2, pp. 194－223.

이승욱(2013). 우리나라 인구문제 현황과 정책과제. 『보건복지포럼』, 2013. 7, pp. 14－30.

장동구(2011). 『고령사회 진입이 금융시장 및 산업에 미친 영향』. 한국금융연구원.

재경부(2005). 인구고령화가 경제에 미치는 영향. 『SFMA 05－19』, 2005. 7. 5.

통계청(2015). 『보도자료: 2015 고령자 통계』, 2015. 9. 24.

———(2015). 『보도자료: 2015 청소년 통계』, 2015. 4. 28.

최슬기(2015). 한국사회의 인구변화와 사회문제, 『경제와 사회』, 2015. 6, pp. 14－40.

허문구 · 이상호 · 최윤기 · 김동수 · 박형진 · Dai Erbiao(2013). 『고령화가 지역경제에 미치는 경제효과 분석』. 산업연구원.

Pettinger, T.(2013). The Impact of an Ageing Population on the Economy, *Labour Markets, Society*, September 20.
http://www.economicshelp.org/blog/8950/society/impact－ageing－population－economy. (Retrieved on December 26, 2015).

http://www.hankookilbo.com/v/7db9ab16eee64e6c9df2c9a99c0e8e53.
http://www.kosis.kr.
http://news.joins.com/article/19247702.

제 6 장

삶의 질과 행복

제 1 절 공동체에서 삶의 질과 행복의 의미

나는 무엇을 위해 사는가? 어떻게 사는 것이 진정한 삶일까? 공동체 사회에서 자신이 궁극적으로 찾고자 하는 것은 무엇일까? 자신이 공동체에서 어떤 가치와 규범으로 활동하는 것이 올바른 것일까? 무엇 때문에 직업과 직장을 가져야 하는가? 이상과 같은 질문은 철학적인 접근에서 찾지 않더라도 현실적으로 모든 사람이 가질 수 있는 기본적 질문이다.

내가 또는 우리가 사는 이곳, 이 지역·동네(마을)·아파트에서 왜 거주하려고 온갖 힘을 기울이는가? 사람은 누구나 어디에서 살고, 어느 학교·직장에 소속되어 있고, 어떤 역할을 하며 그 역할에 대한 대가로 무엇을 얻으며, 얻은 대가에 어떤 가치와 의미를 부여하느냐에 따라 만족하고 행복하다고 느끼게 된다. 일상생활이나 공동체 활동에서 만족감을 얻고 행복감을 지속적으로 인식할 때 높은 삶의 질을 누리고 있다고 생각한다. 그러나 이와 같은 만족과 행복감은 시대와 어느 지역, 어느 국가, 누구의 입장에서, 어떤 영역에서, 어떤 가치와 규범으로서 어느 수준까지 보고, 생각하고, 느끼고, 경험하느냐에 따라 달라지는 것은 분명하다. 즉, 국가의 정치, 경제, 사회, 문화, 교육, 관광, 체육 등 다양한 영역에서 각 개인이 생각하거나 체험한 결과, 그리고 인식의 정도 등에 따라 만족과 행복감은 다를 수 있다. 또한 만족과 행복감은 개인이 경험하고 인식하는 수준의 결과로 나타난 것이기 때문에 사람의 개인적 특성(성별, 연령, 기혼 여부, 교육수준, 직업, 소득, 건강상태 등), 주거상태, 자연환경, 심리 및 정신적 안정감, 육체적 안전, 규범과 가치관 등에 따라 차이가 있다. 하지만 어떤 공동체(가정, 학교, 직장, 지역, 국가 등)에 소속되어 있고, 어떤 활동을 수행하고 있는지에 따라 만족수준과 행복감은 영향을 받게 된다.

제 2 절 삶의 질

1 삶의 질의 개념

『옥스퍼드사전』에 의하면 '삶의 질'이란 "개인이나 집단이 경험한 건강, 평안, 행복의 수준"으로 정의되어 있다. 이 정의에 의하면 삶의 질을 인식하고 경험하는 주체는 개인을 비롯하여 집단이 되기도 하지만, 여기에서 개인은 어떤 조건이나 상황에 관계없이 누구에게나 적용되는 주체이고, 집단은 공동체 구성원으로서 개인을 의미하는 것으로 해석할 수 있다. 따라서 개인이 고유적으로 가진 특성이나 학습과 경험을 통해 얻은 발전적 특성이 포함되기도 하지만 그 개인이 어떤 공동체에 소속되어 있는지에 따라 각 개인이 느끼고 경험하는 수준은 다르게 된다.

WHO는 삶의 질에 대해 "한 개인이 살고 있는 문화권과 가치체계의 맥락 안에서 자신의 목표, 기대, 규범, 관심과 관련하여 인생에서 자신이 차지하는 상태에 대한 개인적인 지각"이라고 정의내리고 있다(민성길 외, 2002; 한정균, 2008: 738에서 재인용). 이러한 정의에 바탕을 두고 개발된 삶의 질 척도는 개인 삶의 만족도에 바탕을 두고 있는데, 이런 맥락에서 보면, 삶의 만족도가 높아지면 행복수준이 증대되는 것으로 이해할 수 있다(한정균, 2008: 738).

장영식 외(2007)는 삶의 질에 대해 "인간이 살아가면서 필요로 하는 것들을 어느 정도 만족시키고, 인간으로써 모든 잠재력을 실현할 수 있는 기회를 어느 정도 가지고 있는가를 의미하며, 인간이 생활하는 데 영향을 미치는 물질적 · 비물질적인 것들의 가치를 상대적인 개념으로 그 지닌 정도를 반영하는 것으로 경제사회발전과 환경의 변화, 그리고 사회 구성원의 가치관의 변화에 따라 변화할 수 있다고 하였다(장영식 외, 2007: 9). 삶의 질은 당연히 변화한다. 시대의 변화, 개인적 특성(성별, 연령, 가족, 소득, 결혼 여부, 직업, 건강상태 등), 주택, 거주지, 공동체, 국가 등 다양한 요인과 그 요인들의 변화에 따라 인식하고 경험하는 수준이 다르기 때문에 삶의 질을 인식하고 경험하는 수준은 변화하게 된다.

2 삶의 질의 측정

삶의 질을 측정하기 위한 지표는 객관적 지표와 주관적 지표를 포함할 수 있으나 개인이나 집단의 상황, 즉 살고 있는 시대나 장소에 따라 그 기준을 달리할 수 있다. 또한 개인의 특성의 변화와 인식수준의 변화에 따라 측정지표를 정확하게 정의하고 확정하기 어렵고 측정하기도 쉽지 않다. 요컨대, 삶의 질의 측정영역과 측정지표는 다양성과 복잡성, 그리고 변화가능성을 포함하고 있다. 하지만 대부분 삶의 질을 측정하는 영역은 객관적 차원의 다양한 물리적 구성 요소인 건강, 소득, 노동, 교육, 환경, 안전 등과 주관적 차원의 만족, 성취, 스트레스 등에 대한 정도를 평가하고 있다(장영식 외, 2007: 9).

삶의 질의 측정은 시대와 장소, 측정대상, 측정의 목적 등에 따라 그 측정영역과 측정지표가 다르게 된다는 점을 전제하면서 몇 가지 측정모형을 다음과 같이 소개한다.

1) 플래네건(Flanagan)의 QOLS

미국 심리학자 존 플래네건(John Flanagan)은 만성적 질환을 앓고 있는 사람들에게 적용되는 삶의 질 척도(QOLS, Quality of Life Scale)를 개발한 바 있다. 플래네건(Flanagan, 1978/1982)의 삶의 질 척도는 '삶의 질'은 활력 있고 건강이 필수라는 전제에서 출발한 것이기 때문에(Burckhardt & Anderson, 2003: 1) 이 측정지표는 궁극적으로 건강이 곧 삶의 질의 핵심이라고 보고 있다.

QOLS는 삶의 질을 5개 영역으로 구분하였다. 5개 영역은 ① 물질적 · 육체적 웰빙, ② 다른 사람과의 관계, ③ 공동체와 시민활동, ④ 개인적 발전과 성취, ⑤ 레크레이션 등으로 구성되었으며 측정항목은 <표 6-1>과 같다.

표 6-1 Flanagan의 삶의 질 척도

영 역	측정항목
물질적 · 육체적 웰빙	- 물질적 웰빙 - 재정적 안정 - 건강과 개인적 안전
타인과의 관계	- 부모, 형제 · 자매, 다른 사람과의 관계 - 자녀의 유무 및 자녀 성장 - 부부관계 및 중요한 사람과의 관계 - 친구와의 관계
사회적, 공동체, 시민활동	- 다른 사람에게 도움을 주고 격려를 해줄 수 있는 활동 - 지방정부와 국가와의 관계에서 활동
개인적 발전과 성취	- 지적인 발전 - 대인적 이해 - 종사하는 직업에서 자신의 역할 - 창의성과 개인적 표현
레크레이션	- 사교성 - 수동적이고 관찰자적 레크레이션 활동 - 활동적이고 참여적인 레크레이션 활동

자료: Burckhardt & Anderson(2003: 2)

2) 한국인의 삶의 질 평가

이종관 외(2010)는 기존 연구에서 제시한 삶의 질 지표에 더해 인터넷과 휴대폰을 포함시켜 한국사회에서 디지털 기술의 발달 및 활용이 가지는 중요성을 고려한 삶의 질을 평가하는 16개 요인을 제시하였다. 이들의 평가요

표 6-2 한국인의 삶의 질 평가요인

① 취업	⑨ 녹지대에서 사는 것
② 결혼	⑩ 여가활동(스포츠, 문화, 예술)
③ 내집 마련	⑪ 인터넷
④ 돈	⑫ 휴대폰
⑤ 출산	⑬ 여유를 가지려는 자세
⑥ 대학진학	⑭ 탈물질적 가치관
⑦ 범죄로부터 안전	⑮ 연금혜택
⑧ 가족 간의 사랑	⑯ 건강한 신체

자료: 이종관 외(2010: 80)

인의 특징은 디지털문화의 기기 등을 통해 삶의 활력을 인식하고 경험 정도를 포섭하는 지표로 여겨진다.

3) 통계청의 국민의 삶의 질 지표

통계청은 삶의 질을 구성하는 세부 생활영역별 현황을 주요 지표로 측정하고, 이를 통해서 국민 '삶의 질'의 현주소를 측정하고 객관적으로 제시함으로써, '삶의 질' 개선을 위한 정책수립과 시행에 필요한 기초자료를 제공하는데 목적을 두고 개발하였다. 통계청은 '삶의 질'에 대한 개념적 정의에서, "객관적인 생활조건과 이에 대한 시민들의 주관적 인지 및 평가"로 구성되며, 개인의 '삶의 질'과 함께 전체 사회와 관련된 '사회의 질'도 포함하는 것으로 제시하였다.[1)]

통계청에서 제시된 삶의 질의 측정내용은 개인, 사회적 관계, 환경적 조건 등 3개 차원과 12개 영역으로 구성되어 있다. 개인 차원은 교육을 통해 지식과 일할 능력을 갖추고 있고, 경제적 여유와 복지혜택을 누리며, 건강한 삶을 영위하는 수준 등을 내용으로 하고 있다. 사회적 관계 차원은 사회통합과 결속이 이루어지고, 시민참여가 활발하며, 여가활용을 통해 문화생활을

1) http://qol.kostat.go.kr/blife/guide-flow.do (검색일: 2015. 12. 29).

즐기는 공동체 일원인지를 측정한다. 환경적 조건 차원은 위험으로부터 자유롭고, 환경이 보호되어 지속 가능한 삶을 보장하는 환경 상태인지를 측정한다.[2)]

표 6-3 12개 영역별 구성내용

물질적 부문	소득 · 소비 · 자산	경제적 자원에 대한 통제력은 개인과 가족의 생활수준을 결정하고, 자신이 필요로 하는 것을 충족하는 데 결정적인 요소
	고용 · 임금	개인의 경제적 자원획득의 기초일 뿐 아니라, 개인의 능력과 사회적 연결망 및 정체감을 향상시키는 데 기여
	사회복지	자립이 어려운 사회적 취약계층을 보호하기 위해 사회안전망을 구축하여 최소한의 생활수준을 보장
	주 거	인간의 기본적인 욕구충족을 위해 필요하며 안전의 역할뿐만 아니라 사회적 지위, 공동체 소속, 투자의 수단으로서 기능
비물질적 부문	건 강	질병이나 장애는 개인의 행동에 제약을 가져오게 되며 개인의 자유와 삶의 방식에 영향을 미치므로, 건강의 좋고 나쁨에 따라 개인의 삶의 질과 사회에 미치는 영향이 큼
	교 육	사회발전의 원동력 및 성장 동력으로 기능하며 개인과 사회의 유지와 발전에 큰 역할을 담당
	문화 · 여가	문화와 여가활동은 개인들에게 필수적이거나 의무적 활동이 아닌 자유시간으로 삶의 활력과 휴식, 재충전을 제공하는 데 기여하며, 동시에 사람들과 함께 하는 활동은 사회적 관계망 구축에도 기여함
	가족 · 공동체	가족은 개인에게 정서적 · 육체적 및 재정적 보살핌과 지원을 제공하는 근본적인 원천이며, 이웃과 친구공동체는 사회적 연계의 중요한 근원이 됨
	시민참여	다양한 시민참여는 시민적 자유를 보장함과 동시에 정치적 효능감을 높여서 삶의 질과 사회의 질을 높이는 역할을 함
	안 전	범죄와 재해 기타 안전사고 등으로부터 얼마나 안전한지를 측정하는 영역으로 안전한 사회는 일상생활을 살아가는 데 있어 필수적임
	환 경	환경은 단순히 살아가는 데 있어서 적절한 기후와 쾌적함뿐만 아니라 자연자원의 생산, 미래세대를 위한 지속가능성과 관련됨
	주관적 웰빙	각 개인들이 자신의 삶에 대해서 긍정적인 감정으로 평가하는가를 나타내며, 삶에 대한 만족도, 정서경험, 유데모니아(삶의 목적 등)로 구성됨

자료: http://qol.kostat.go.kr/blife/guide-proc.do (검색일: 2015. 12. 29)

2) http://qol.kostat.go.kr/blife/guide-proc.do (검색일: 2015. 12. 29).

표 6-4 통계청의 국민의 삶의 질 지표 구성

물질적 영역	소득·소비·자산	1인당 GNI	고용·임금	고용률
		균등화 중위소득		실업률
		균등화 중위소비		근로자 평균 근로소득
		가구평균 순자산		근로시간
		지니계수		저임금 근로자 비율
		상대적 빈곤율		일자리 만족도*
		소득만족도*	주 거	1인당 주거면적
		소비생활 만족도*		최저주거기준 미달가구 비율
	사회복지	공적연금 가입률		통근/통학 소요시간
		GDP 대비 사회복지지출 비율		주거비용
		개인부담 의료비 비중		주거환경 만족도*
비물질적영역	건 강	기대수명	교 육	유아교육 취학률
		고혈압 유병률		고등교육 이수율
		당뇨 유병률		평생교육 참여율
		주관적 건강평가*		학업 중단율
		스트레스 인식정도*		학생 1인당 사교육비 지출액
		비만율		PISA 백분위 순위
		중등도 이상 신체활동 실천율		대졸생 취업률
		소득계층별 의료미충족률		학교교육의 효과*
	문화·여가	평균 여가시간		학교생활 만족도*
		여가활용 만족도*	가족·공동체	가족접촉 빈도
		시간 부족에 대한 인식*		가족관계 만족도*
		1인당 평균 국내 여행일 수		한부모 가구 비율
		문화예술 및 스포츠 관람률		독거노인 비율
		문화여가 지출 비율		자살률
	시민참여	투표율		사회적 관계망
		정치적 자기역량 인식*		사회단체 참여율
		자원봉사활동 참여율		지역사회 소속감*
		시민의식*	안 전	강력범죄 발생률
		부패인식지수*		사회안전에 대한 평가*
		대인신뢰*		야간보행에 대한 안전도*
		기관신뢰*		도로 사망률
	환 경	에너지 빈곤층 비율		아동안전사고 사망률
		미세먼지 농도		아동학대 피해 경험률
		하수도 보급률		산업재해율

		폐기물 재활용 비율		화재 발생 건수
		GDP 대비 온실가스 배출량	주관적 웰빙	삶에 대한 만족도*
		기후변화 불안도*		긍정정서*
		1인당 도시공원 면적		부정정서*
		체감 환경 만족도*		

자료: 통계청, 국민의 삶의 질 지표. http://qol.kostat.go.kr/blife/result-main.do#tabid
주: *표시는 주관적 지표

3 디지털 문화와 삶의 질

삶의 질의 정의에서 그 구성요소는 건강, 평안, 행복 등이었다. 또한 삶의 질을 측정하는 문제는 그 지표체계를 정하는 것, 지표의 복잡성과 다양성, 사람이 추구하는 상대적 가치와 시대의 변화 등 모든 것을 확정하기가 어렵다. 그렇지만 한 가지 불변의 사실은 세상의 모든 사람은 행복을 추구한다는 것에 동의한다. 행복은 인간의 삶에 있어서 중요한 지표이며 연구의 대상이 되고 있다. 개인적인 차원에서는 물론 국가차원에서도 국민 삶의 질 개선을 위한 경제적 발전과 복리후생 차원에서 더욱더 중요해지고 있다(윤소영 외, 2013). 문제는 행복을 어떤 가치와 기준에서 어떻게 정의하느냐가 문제이다.

특히, 과학기술과 정보통신기술의 발전이 사회변화를 이끌고 있다. 과학기술과 정보통신기술은 지속적으로 변화하고 있고, 사람들의 일상생활은 과학기술과 정보통신기술과 융합해서 살아가고 있다는 것에 동의할 것이다. 즉, 우리의 삶의 상당부분은 디지털과 함께한다. 이러한 문화를 디지털 문화(Digital Culture)라 보고 그 안에서의 사람들의 만족감 여부를 고려하지 않고서는 행복을 이야기하기 힘들게 되었다. 이제는 잘 먹고 잘 사는 것을 넘어서서 디지털 문화 속에서 개인이 자존심과 자긍심을 가지고 살아갈 수 있도록 적응력을 키워주고, 자신의 역할을 충분히 수행하는 자기 존재에 대한 자긍심을 키워주는 것이 중요하다(한국기술정책연구원, 2010).

미래사회의 인간은 디지털 기술의 발전으로 더욱더 스마트생활인으로 변화될 것이다. 따라서 미래사회에서 삶의 질 수준을 높이기 위해서는 스마트환경에서 일상적 스토리를 오프라인과 온라인을 병행하는 다양한 표현양식이 이루어져야 하며 상호 간의 배려와 소통을 통해 상호 존중감을 높이고 일과 여가의 균형을 통해 자기효능감을 높이는 접근이 필요하다.

그림 6-1 창조적 미래와 삶의 질의 관계

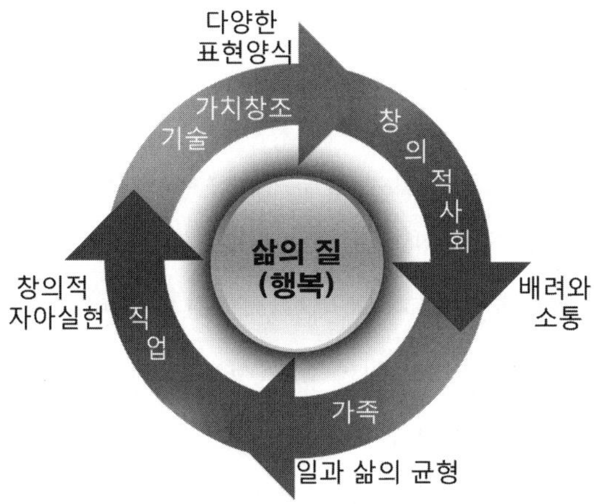

자료: 이종관 외(2010: 113)

제 3 절 행복과 행복지수

1 행복의 개념

'행복'은 인간이 궁극적으로 추구하는 이상적 목표일지도 모른다. 그래서 인간은 스스로 행복하기 위하여 동원 가능한 자원을 최대한 활용하고 있다고 하겠다. 그렇다면 과연 행복은 어떻게 개념화할 수 있을 것인가? 행복은 무엇에 의하여 결정되는 것일까? 행복하기 위해서 우리는 무엇을 해야 할 것인가? 전체 지구촌 가족의 행복, 개별가족의 행복, 개인의 행복은 서로 동일한 것인가? 이와 같이 행복과 관련한 많은 의구심이 있음이 사실이다(김승권 외, 2008). 더군다나 현대사회는 많은 변화와 혼란으로 인한 복잡성이 증대되고 있고, 복잡성도 국가와 사회에 따라 현저한 차이를 보이고 있다. 국가 및 지역에 따라서도 실업률, 인구고령화, 소득격차의 심화, 개인주의적 가치관, 이념적 충돌, 기상이변 등 다양한 원인들이 일어나고 있고 변화되고 있다(김승권 외, 2008). 삶의 질의 구성요인인 행복 개념을 확정짓기란 쉬운 일이 아닌 것은 분명하다.

『옥스퍼드사전』에 의하면 행복(happiness)은 "기쁘고 즐거움을 느끼고 표현한 상태, 또는 좋거나 정당한 것에 만족해하는 상태"로 정의하고 있으며, 행복 개념과 동의어로 만족(satisfaction)이 제시되고 있다. 우리나라 국립국어원 『표준국어대사전』의 정의에 의하면 행복이란 "생활에서 충분한 만족과 기쁨을 느끼어 흐뭇함, 또는 그러한 상태"로 정의하고 있다. 한편, 행복은 크게 두 가지로 정의될 수 있다고 한다. 하나는 객관적인 차원으로서 삶의 다양한 물리적 구성요소, 즉 의식주, 건강, 성별, 연령, 소득, 교육, 보건, 그리고 여가와 같은 객관적 지표를 통해 파악되는 삶의 물질적 조건을 의미하고, 다른 하나는 흔히 '안녕감(well-being)'이라고 불리는 주관적인 차원으로서 삶에 대한 만족감, 자립감, 성취감, 문화적 풍요로움, 안전 스트레스의 부재 등 주관적 평가 및 인지상태를 의미한다(황명진 외, 2008: 96). 이와 같이 사전적 의미와 주장을 종합하면 행복이란 물질적 충족을 포함하여 주관적으로 인식하고 경험할 수 있는 기쁨, 즐거움, 좋아하는 것, 만족, 풍요로움, 안전감, 스트레스 부재 등의 하위 개념으로 이루어진 것으로 정리할 수 있다.

2 행복지수

'행복'은 개인마다의 가치 기준이 상이하여 행복을 측정하는 기준 또한 사칙연산(四則演算)처럼 명쾌한 정답을 찾을 수 없으며, 표준화된 모델을 정립하기에는 어려움이 있다. 그럼에도 불구하고 '인간의 행복'을 다양한 잣대로 통해 평가하는 것은 인간 삶에 있어서의 '행복'의 중요성이 그만큼 중요해지고 있음을 알 수 있다(윤소영 외, 2013).

세계의 많은 국가와 기구 및 단체에서 행복지수를 개발하고 있고 이에 대한 활발한 논의가 이루어지고 있다. 국제적으로 개발되어 발표된 행복지수로는 UN의 세계행복보고서(World Happiness Report, 2012), OECD의 BLI (Better Life Initiative)지수, 부탄의 국민총행복지수(GNH: Gross National Happiness), 캐나다 웰빙지수(CIW: Candadian Index of Wellbeing), 뉴질랜드 사회적 웰빙지수(Indicators of Social Wellbeing) 등이 대표적이다(윤소영 외, 2013).

1) 여가 중심 행복의 구성요인

행복은 국가와 사회, 소득과 소득배분, 문화적 가치 등의 요인들에 의해 영향을 받는다. 평균소득 2만 달러 이상의 사회에서 행복의 결정요인은 안정된 일자리, 건강한 생활환경, 견고한 사회안전망, 긴밀한 유대관계, 정감어린 사회 공동체, 개인의 선택과 자유를 중시하는 가치관 등 문화적, 정치적, 사회적 요인들이 더 중시되고 있으며, 행복한 생활을 구성하는 요인은 ① 규칙적으로 즐거움을 경험하는 것, ② 만족스런 활동에 고도로 몰입하는 경험을 갖는 것, ③ 보다 큰 세계와 관계를 맺고 있다는 인식을 경험하는 것, ④ 균형 있는 생활을 하는 것 등을 포함한다(윤소영 외, 2013).

윤소영 외(2013)는 행복의 구성요소인 즐거움, 만족감, 의미, 균형 개념이

여가의 본질적인 요소인 기쁨, 몰입, 삶의 의미, 일－여가 균형 등과 연계된다고 제시하였다. 현대사회에서는 여가 행복에서 중요한 부분을 차지하고 있다. 힐링, 웰빙, 행복은 육체적·정신적 자유와 니즈의 충족을 의미하기 때문에 여가활동의 자유, 여가니즈의 충족은 행복의 중요한 요소를 이루고 있다.

그림 6-2 행복의 구성요인

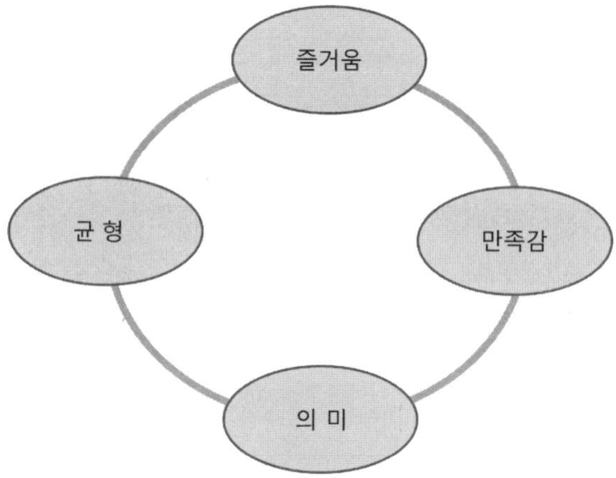

2) 국외의 행복지수[3)]

(1) 부탄의 국민행복지수(GNH)

지그메 싱기에 왕추크 국왕은 취임 2년 만인 1974년 GDP가 아닌 국민들의 행복지수(GNH: Gross National Happiness)를 기준으로 나라를 통치하겠다고 발표하였다. 심리적 웰빙과 건강, 생태계 보호(예 국토의 60% 이상을 산림으로 유지) 등 국민들의 행복을 증진시킬 수 있는 방법을 모색하면서 정체성 유지를 위해 노력해왔다. 건강, 시간 활용방법, 생활수준, 공동체, 심리적 행복, 문화, 교육, 환경, 올바른 정치 등 9개 분야의 지표를 토대로 GNH

3) 기획재정부 『보도자료』(2012. 5. 11)를 정리하였다.

를 산출해 정책에 반영하고 있다. 인구 70~80만 명의 소국이기에 지역별로 국민들의 불만과 만족도를 파악해 경제정책에 반영가능하게 되었다. 제66차 UN총회(2012. 4. 2)에서 지그메 틴리 부탄총리는 복지와 행복에 대한 고위급 회의를 주재하면서 국가발전 정도를 GDP나 GNI가 아닌 GNH에 의해 측정할 것을 주장하기도 하였다.

부탄의 국민총행복지수(GNH: Gross National Happiness)의 배경은 다음과 같다.

> "만약 정부가 국민을 위한 행복을 만들어줄 수 없다면 정부존재의 목적이 없게 된다(Legal code of Bhutan 1729). 국민총행복은 민주적 총생산보다는 중요하다. 국민총행복은 전체론적 방법(holistic way)에서 나라의 품질을 측정해야 하며, 인간사회에 이로운 발전은 물질적·정신적 발전이 함께 보충되고 상호 보강되었을 때 일어난다는 믿음에서 출발하고 있다(Centre for Bhutan Studies & GNH Research, 2015: 1)."

부탄은 전체론적 관점에서 GNH를 측정하기 위하여 9개 영역, 즉 ① 심리적 웰빙, ② 건강, ③ 시간활용과 균형, ④ 교육, ⑤ 문화적 다양성과 복원력, ⑥ 좋은 거버넌스(good governance), ⑦ 공동체 활력, ⑧ 생태계 다양성, ⑨ 생활수준 등으로 구성되어 있다(Centre for Bhutan Studies & GNH Research, 2015: 10).

그림 6-3 GNH의 측정영역

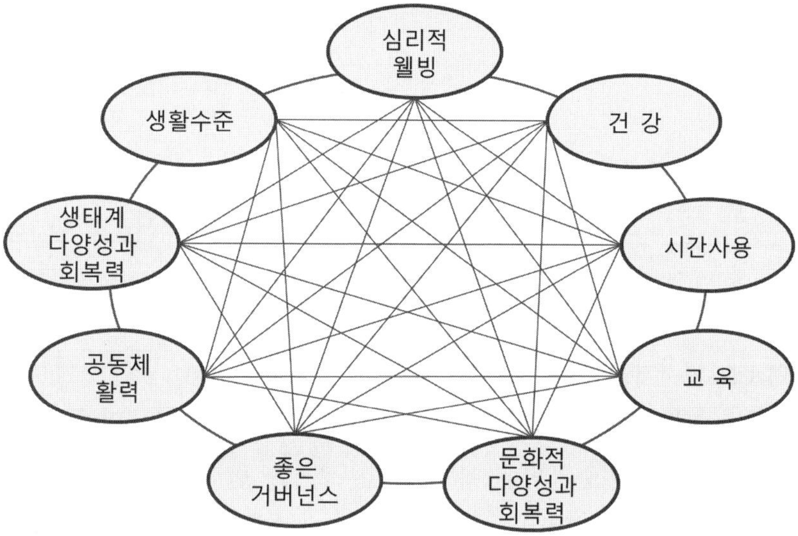

표 6-5 부탄의 GNH 측정영역과 측정내용

영역	측정내용
심리적 웰빙	사람들이 생활의 질을 얼마나 경험하는지를 이해하기 위함이다. 생활만족과 같은 인식적 평가는 물론 생활에서 긍정적인 감정과 부정적인 감정과 같이 생활에서 경험하는 여러 일에 대한 정서적 반응을 평가하기 위함이다.
건 강	건강은 인간의 육체와 마음의 상태를 나타낸다. 건강은 육체적·정신적 상태를 포함한다. 생활에서 건강의 질은 아픔과 정신적 스트레스 없이 일상활동을 할 수 있도록 한다.
시간사용	시간사용은 일터, 비일터, 잠자리 등에서 보내는 시간의 본질을 분석하고, 일과 생활의 균형과 조화를 이루는 것을 강조한다.
교 육	공식적·비공식적 교육 외에 주로 비공식적으로 획득하는 지식, 가치, 스킬 등의 다른 유형을 사정하기 위한 시도이다.
문화적 다양성과 복원력	축제, 규범, 창의적 예술 등을 포함한 문화의 다양성과 문화적 전통의 강도를 보려고 한다.
공동체 활력	공동체 안에서 관계의 강점과 약점, 그리고 상호 작용에 초점을 둔다. 이 영역은 가족 구성원과 이웃, 자생적 관계에 있어서 사회적 결속력에 관한 정보를 수집하기 위함이다.

좋은 거버넌스	사람들이 다양한 정부기능을 효능, 정직, 품질 등의 관점에서 얼마나 인식하고 있는지를 평가한다. 이 영역은 지역수준에서 정부의 의사결정에 참여하는 수준과 다양한 권리와 자유가 존재하는지를 평가하기 위함이다.
생태계 다양성과 복원력	이 영역은 거주지역의 환경적 조건을 얼마나 인식하고, 생태친화적 행동패턴을 가지고 있는지를 평가한다. 또한 자연화재와 지진과 같은 위험을 극복하는 데 있다.
생활수준	수입, 재정적 안전의 상태, 주택과 소유자산 등에 의해 측정되는 물질적 편안 수준을 의미한다.

자료: Centre for Bhutan Studies & GNH Research(2015: 10-11)

(2) UN 인간개발지수

UN의 인간개발지수(HDI: Human Development Index)는 인간다운 생활수준을 가늠하기 위해 개발된 복합적 지수로 1990년부터 각국의 평균 수명과 교육수준, 1인당 국민소득 등 모두 206개 지표를 토대로 작성하였다. 2006년부터 매년 최신 자료를 활용하여 세계 사회·경제 변화를 빠르게 반영함으로써 사회적 웰빙을 정량화하려는 유엔의 대표적 업적으로 평가받고 있다. 소득, 교육, 빈곤, 실업, 환경, 건강, 종교 등 인간생활과 관련된 여러 가지 기본요소들을 기초로 사회생활에서 느끼는 행복감을 측정하는 행복지수이다.

(3) OECD 더 나은 삶 이니셔티브

OECD의 '더 나은 삶 이니셔티브(BLI: Better life Initiative)'는 34개 회원국을 대상으로 주거환경, 소득, 일자리, 공동체 생활, 교육, 환경, 정치참여, 건강, 삶의 만족도, 치안, 일과 삶의 균형 등 총 11개 영역에 대한 점수로 산출한다. OECD 측정의 특징은 경제발전과 함께 회원국 국민의 소득이 늘어났으나 GDP만으로는 측정할 수 없는, 즉 경제성장과 비례하여 인류의 수명은 늘어났지만 자살 등 사회문제는 심각하게 대두되고 있는 인간의 가치에 주목하고 있다는 점이다.

(4) UN 세계행복보고서

UN의 세계행복보고서(World Happiness Report)를 통해 국가적으로 정부가 국민의 행복증진을 위해서 어떠한 경제패러다임을 갖고 정책을 입안하는 것이 중요하다고 보고, 이에 관한 토대자료로 삼기 위해서는 행복수준을 객관적으로 측정해야 한다고 제시된 지표이다. 동일한 소득이라도 소비관, 물질만능주의 풍조, 공동체 의식, 전통관 등에 따라 행복정도는 큰 차이가 있으며 사회적 신뢰, 직업의 질, 선택의 자유, 정치참여 정도 등이 더욱 중요하게 다루어지고 있다.

'2015 세계행복보고서(World Happiness Report 2015)'의 측정영역은 ① 1인당 국내총생산, ② 기대수명에서 건강하게 보낸 연수, ③ 사회적 지지, ④ 신뢰, ⑤ 생활에서 결정의 자유에 대한 인식정도, ⑥ 관용 등으로 구성되었다.[4)]

3) 국내의 행복지수

국내에서도 행복에 관한 연구를 학술단체와 국가기관이 꾸준히 수행하고 있는데 근래의 연구결과를 소개하면 다음과 같다.

(1) 김승권 외의 행복지수

김승권 외(2008)는 델파이조사를 통해 9가지 영역에 21가지 지표를 제시하였다.

---

4) http://worldhappiness.report/summary. (Retrieved on December 31, 2015).

표 6-6 행복지수 산출을 위한 지표

영 역	지 표
심리적 안정	① 자신에 대한 자아 존중감 정도 ② 자신에 대한 긍정적인 가치관 및 감정 ③ 현재 자신의 모습에 대한 만족도
가족 · 결혼	④ 현재의 가족(결혼)생활에 대한 만족도 ⑤ 현재의 부부생활(이성교제)에 대한 만족도 ⑥ 출산 및 자녀성장에 대한 만족도
개인적 관계	⑦ 가족원 관계에 대한 만족도 ⑧ 친구 및 동료의 관계에 대한 만족도 ⑨ 타인에게 긍정적으로 인정받는 정도
지역사회	⑩ 지역사회환경에 대한 만족도
일상생활	⑪ 만족스러운 수면(양. 질) ⑫ 여가 및 휴식에 대한 만족도
경제적 안정	⑬ 원하는 만큼 재산(소득)을 소유(취득)하고 있다는 충족감 ⑭ 원하는 것을 언제든 사거나 가질 수 있다는 유능감
일	⑮ 현재의 일 종류와 자신이 원하는 것과의 일치 정도 ⑯ 현재 일에 대한 급여 및 근무환경에 대한 만족도 ⑰ 자신의 일에 대한 보람 정도
건 강	⑱ 자신의 주관적인 건강수준 ⑲ 가족의 건강수준 ⑳ 규칙적인 운동 여부
주 거	㉑ 주거의 소유 및 질에 대한 만족도

자료: 김승권 외(2008: 242)

(2) 직장인의 행복지수

예지은 외(2013)는 개인과 직장, 사회 전반적으로 웰빙, 행복 열풍이 불고 있는 분위기에 맞추어 직장인의 행복한 대한 연구에서, 행복은 삶에 대해 전반적으로 만족하고, 긍정 정서를 많이 경험하며 삶을 가치 있게 여기는 것을 포함하는 것으로 제시하였다. 직장인의 행복이란 직장생활에 대한 만족도가 높고, 직장에서 긍정 정서를 가지고 있으며, 직장생활이 가치 있다고 느끼는 상태로 정의하였다(예지은 외, 2013).

예지은 외(2013)는 직장인의 행복에 영향을 미치는 요인은 크게 직장생활(work)과 일상생활(life)의 균형을 갖추는 것이 중요하다고 제시하면서, 직장생활은 직무(업무 자신감, 업무 의미감), 직장 내 관계(조직 및 상사지원, 동료지원, 회사친구, 회사동호회), 심리상태(에너지, 긍정감성, 부정감성, 회사휴식공간) 등의 요인에 의해 영향을 받으며, 일상생활은 경제(경제적 수입/지출, 기부), 직장 외 관계(가족관계, 외부소모임), 여가(수면시간, 적극적 여가) 등의 요인에 의해 영향을 받는 것으로 제시하였다.

표 6-7 직장인의 행복 3대 핵심요소 및 6대 증진방안

영 역	3대 핵심요인	6대 증진방안
나와 '나 자신'	마음의 건강	① 건강한 마음의 기반: 긍정성 높이기 ② 활력 유지하기: 에너지 충전
나와 '업무'	의미와 성장	③ 일에 생명 불어넣기: 의미 창조 ④ 성장의 디딤돌: 강점 개발
나와 '다른 사람들'	지원적 관계	⑤ 행복 전염의 출발점: 감성리더 ⑥ 함께하는 즐거움: 사회적 관계

자료: 예지은 외(2013)

제 4 절 긍정심리자본 5)

삶의 질과 행복의 본질적 요소는 긍정적 요소가 어느 정도 존재하느냐에 따라 다르게 된다. 사람의 긍정성을 체계적으로 연구하는 학문이 긍정심리학이며, 긍정적 요소를 자본으로 접근하는 개념이 긍정심리자본이다. 긍정심리자본(positive psychological capital)은 긍정적 심리상태의 총합으로서 사람의 부정적 요인을 진단하고 처방하기 위한 단순한 시도보다는 좋은 면을 찾고 인간관계, 웰빙, 행복의 가치를 찾는 것에 역점을 두고 있다(김강훈 외

5) 김 구(2013)의 내용을 토대로 재정리하였다.

역, 2012: 12).

긍정심리자본의 개념은 긍정성(positivity)의 가치에 토대를 두고 있으며, 루탄스(F. Luthans)와 그의 동료들이 인간 역량의 긍정적 상태의 4가지 요소, 즉 자기효능감(self-efficacy), 희망(hope), 낙관주의(optimism), 복원력(resilience)을 통합하는 상위구성 개념으로서 심리적 자본(psychological capital) 용어를 사용하면서부터이다(Luthans, Youssef, & Avolio, 2007; Saks & Gruman, 2011: 17에서 재인용).

그림 6-4 긍정심리자본의 구성요인

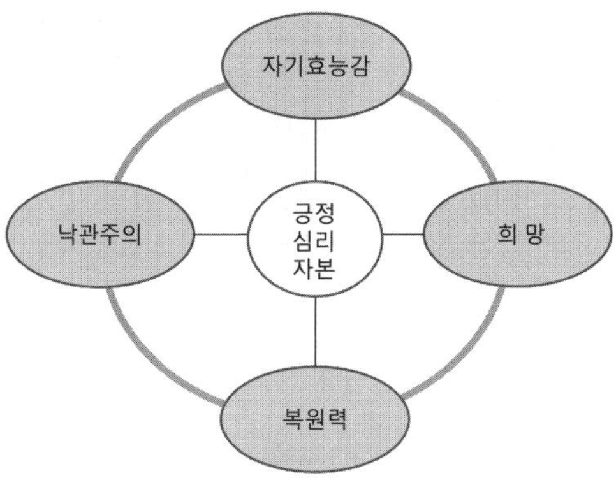

루탄스 외(Luthans et al., 2005)는 긍정조직행동의 개념적 범위인 자기효능감, 희망, 복원력, 낙관주의 등 4가지 개념들을 개별적으로 이해하기보다는 통합적인 차원으로 이해될 때, 심리적 차원들 사이의 상승작용이 발생되어 더 높은 설명력과 효과성을 보일 수 있다는 점을 주장하였다(김주엽 외, 2011: 121에서 재인용).

긍정심리자본의 공식적 정의는 "발전에 대한 개인의 긍정적 심리상태"로서 그 특징적 요소로는 ① 과업에 도전하여 성공을 가져오는 데 요구되는 노력을 투입하려는 데 자신감을 갖는 것(자기효능감), ② 현재를 비롯하여 미래에서도 계속적으로 긍정적 태도를 갖는 것(낙관주의), ③ 목표에 관해 끈기를 가지고 필요로 할 때는 성공을 위하여 목표경로를 수정하는 것(희망), ④ 문제와 역경에 부딪쳤을 때 유지하고 오히려 활발하게 함으로써 성공을 획득하려는 것(복원력) 등으로(Luthans, Youssef, & Avolio, 2007: 3; Luthans et al., 2010: 42에서 재인용) 이를 구체적으로 살펴보면 다음과 같다.

먼저, 자기효능감(self-efficacy)이다. 자기효능감은 개인이 상황을 어떻게 지각하고 해석하는가에 영향을 미친다(Avey et al., 2009: 680). 자기효능감은 도전에 대한 긍정적 동기를 갖도록 하며, 자신이 가진 강점과 특기를 잘 사용할 수 있게 해준다. 또한 어떤 목적을 지속적으로 성취해 나갈 수 있도록 자신을 격려하며 스스로 에너지를 불어넣게 되며, 난관에 직면했을 때도 인내심을 갖도록 도와주며 희망, 낙관주의, 복원력 등과도 연계할 수 있도록 한다(김강훈 외 역, 2012: 64-65).

둘째, 희망(hope)이다. 희망은 "긍정적인 동기부여 상태(Snyder et al., 1991: 287)"로 목표에 대해 성취 기대를 가지고 바라는 것이며, 목표 성취를 위해 자신이 무엇을 해야 될 것인지를 결정하며, 그 방향으로 도달하고자 하는 생각, 또는 인지적 상태를 의미한다(김강훈 외 역, 2012: 108). 희망은 자신이 무엇을 해야 할 것인지를 판단하고 그것을 달성하고자 하는 생각을 갖는 것이다. 개인이나 공동체나 희망이 없는 상황은 미래 추진을 위한 동력을 상실하게 되는 것과 마찬가지다. 희망을 통해 미래 발전목표를 위해 자발적으로 진력할 수 있는 힘을 얻는다.

셋째, 복원력(resilience)이다. Luthans(2002: 702)는 복원력에 대해 "역경, 마찰, 실패, 또는 긍정적 사건, 긍정적 진보, 그리고 증가된 책임감으로 다시 일어나고 회복할 수 있는 수용력"을 의미한다고 하였고(김강훈 외 역, 2012: 171), Mastern & Reed(2002: 75)는 "아주 큰 역경, 또는 위험의 상황에서 긍정적인 적응행태로 나타나는 현상"이라고 하였으며(김강훈 외 역, 2012: 178), 긍정심리자본과 관련된 여러 학자들은 "현재까지 유지해온 정상상태의 유지뿐만 아니라 평형점(equilibrium point) 이상으로 나가려는 의지를 갖도록 함으로써 역경을 극복하고 다시 회복하는 능력"이라고 넓고 구체적으로 정의하였다(김강훈 외 역, 2012: 178−179). 복원력은 문제 및 역경의 상황에 놓여 있을지라도 일어설 수 있는 동력으로서 개인이나 공동체에서 어려운 일의 상황을 슬기롭게 극복하려는 의지력이다. 특히, 공동체 활동에서 항상 긍정적 상황만을 맞이하고 경험하기를 기대하지만 뜻하지 않게 부정적인 문제상황에 직면하는 경우도 있을 수 있다. 이런 부정적 문제상황을 긍정적 상황으로 전환하려는 자세와 태도를 가진 사람이 많을수록 공동체 발전을 위한 제반 전략의 도입과 활용은 더욱 수월해진다.

마지막으로, 낙관주의(optimism)이다. 낙관주의는 "미래에 좋은 일이 일어날 것이라고 예견하는 것"을 의미한다(김강훈 외 역, 2012: 135). 낙관주의는 복원력과 함께 부정적 요소는 줄이고 긍정적 요소가 발생할 것이라고 생각하는 것이다. 공동체에서 쉽고 편리한 활동만을 수행하는 것뿐 아니라 생소하거나 힘든 에너지를 필요로 하는 활동을 수행하는 경우도 있다. 힘들고 어려운 일을 극복한다면 좋은 일이 일어날 것이라고 생각하면 일에 대한 긍정적 에너지가 발산되고, 그런 에너지를 제반 활동에 활용함으로써 향상된 발전을 기대할 수 있게 된다.

제 5 절 지역공동체 행복지표

행정자치부와 한국지방행정연구원은 2015년 우리나라 읍·면·동 및 각 마을의 자원, 지역공동체 역량, 주민 삶의 질 현황을 담은 지역공동체행복지표를 개발했다. 지역공동체 행복지표는 읍·면·동, 마을 지역의 선천적 특성인 자원과 후천적 특성인 인적·조직적 공동체 역량이 주민행복에 모두 영향을 미칠 수 있다는 점을 고려하고, 경제협력개발기구(OECD)의 '더 나은 삶 이니셔티브(BLI: Better Life Index)', 일본의 '국민행복지수', 통계청의 '국민 삶의 질 지표' 등 국내외 다양한 행복 관련 통계를 참고해 삶의 질을 나타내는 요소들을 지표화하였다. 지역공동체 행복지표(공통)의 구성은 다음과 같다.6)

표 6-8 마을자원 영역: 2개 중분류, 13개 세부지표

중분류	세부지표	특 성	비 고
자원 활용	마을자원의 필요와 문제해결과의 부합 정도	정성	
	지역자원의 활용 정도	정성	
	지역자원과의 스토리 연계성	정성	
자원 기반	무형 자원 수	정량	
	환경 자원 수	정량	어메니티 자원, 자연경관, 특이 지형, 동식물, 기후
	공간 자원 수	정량	건축물, 가로경관, 광장, 전통시장
	역사 자원 수	정량	문화재, 역사문화유산(유무형), 산업유산
	관광 자원 수	정량	축제 및 이벤트, 예술작품, 관광명소, 관광시설
	이미지 자원 수	정량	지역 내 정체성, 지역의 상징성(브랜드, 특산품, 향토음식)
	기업 자원 수	정량	향토기업, 산업단지, 마을기업, 사회적 기업, 협동조합
	노동 자원 수	정량	고용프로그램, 직업훈련, 전문지식, 명인, 기능
	인물 자원 수	정량	지역 내 유명 인물
	경제 자원 수	정량	사회적 공헌을 전개하고 있는 기업 수

자료: 행정자치부(2015). 『보도자료』(2015. 8. 10)

6) 행정자치부, 『보도자료』(2015. 8. 10)를 정리하였다.

표 6-9 공동체 역량 영역: 7개 중분류, 43개 세부지표

중분류	세부지표	특 성	비 고
공동체 기반	공동체 사업 계획 수립 여부	정량	
	공동체 사업 진행 만족도	정성	
	중간지원조직의 유무 인지 여부	정량	
	중간지원조직 이용 만족도	정성	
	주민 의지 및 관심 정도	정성	
	마을모임 장소 개소 수	정량	
	공동체 교육 참여 정도	정량	
	지역 내 공동체 행사 개최	정량	
	지역 내 공동체 홍보	정량	
	마을회관 등 활용시설 수	정성	마을학교, 회관, 도서관 등
	주민 편의시설 수	정성	주민모임 후 여가활동이 가능한 시설 수
	지역사회 소속감 정도	정성	
	시정 및 도정에 대한 참여 정도	정성	
공동체 과정	공동체 내 교육 프로그램 수	정량	
	공동체 프로그램 참여도	정량	
공동체 인력	지역 내 공동체 리더 수	정량	
	인력풀 구성 여부	정량	
	공동체 내 참여인원 및 구성원 수	정성	
	공동체 인력 필수교육 이수율	정성	
	공동체 내 교육 불만족도 반영	정성	
공동체 조직	공동체 내 주민 회의 건수	정성	
	지역주민 및 단체와의 협동적 관계망 형성 정도	정성	
공동체 관계	전반적 가족관계	정성	노후 생계 보장
	배우자 관계	정성	
	자녀 관계	정성	
	친부모 관계	정성	
	배우자 부모 관계	정성	
	형제 관계	정성	
	배우자 형제 관계	정성	

공동체 성과	공동체 활용을 통한 일자리 창출 수	정량	
	공동체 활용을 통한 소득 창출 정도	정량	
	지역사회에 대한 전반적인 기여 정도	정성	
공동체 활용	지역 내 공동체 리더 활동 실적	정량	
	전문가 활용 정도	정량	
	공동체로 인한 타부문 기여도(교육)	정성	공동체의 기여 분야 1개로 종합 조사
	공동체로 인한 타부문 기여도(의료)	정성	
	공동체로 인한 타부문 기여도(복지)	정성	
	공동체로 인한 타부문 기여도(주거)	정성	
	공동체로 인한 타부문 기여도(교통)	정성	
	공동체로 인한 타부문 기여도(편의시설)	정성	
	공동체로 인한 타부문 기여도(환경)	정성	
	공동체로 인한 타부문 기여도(안전)	정성	
	공동체로 인한 타부문 기여도(문화 및 여가)	정성	

자료: 행정자치부(2015). 『보도자료』(2015. 8. 10)

표 6-10 삶의 질 영역: 11개 중분류, 32개 세부지표

중분류	세부지표	특 성	비 고
경제 부문	유통시설 접근성	정량	
	청년고용	정량	
	소득 만족도	정성	
	소비 만족도	정성	
교육 부문	대학진학률	정량	
	취업률	정량	
	평생교육기관 수(이용률)	정량	
	교육 만족도	정성	
교통 부문	대중교통 접근성	정량	
	교통 만족도	정성	
문화 부문	국공립보육시설 수(이용률)	정량	
	문화기반시설 수	정량	
	문화기반시설 이용률	정량	
복지 부문	예산대비 사회복지비 비중	정량	
	복지 만족도(복지시설)	정성	

안전 부문	범죄발생률	정량	
	살인률	정량	
	교통사고 발생 건수	정량	
	안전 만족도	정성	
	교통사고 사망 수+부상자 수	정량	
의료 부문	1인당 병상 수	정량	
	1인당 의료인 수	정량	
	의료 만족도	정성	
	의료시설 수	정량	
일자리 부문	일자리 만족도	정성	관리자~단순노무자
	직업안정성	정성	시간제, 전일제, 기타
	고용률	정성	거주 시군 외
임금 부문	임금 만족도	정성	
주거 부문	노후주택비율	정량	
	최저주거기준 미달가구	정량	
	주거 만족도	정성	
환경 부문	환경 만족도	정성	

자료: 행정자치부(2015). 『보도자료』(2015. 8. 10)

참고문헌

국립국어원 『표준국어대사전』, http://stdweb2.korean.go.kr/search/List_dic.jsp. (검색일: 2015. 12. 31).

기획재정부(2012). 『보도자료』, 2012. 5. 11.

김 구(2013). 지식관리 활동 촉진을 위한 긍정심리자본의 영향모형 탐색. 『지방정부연구』, 17(2): 51－74.

김강훈 외(역)(2012). 『긍정심리자본』. 경기도: 럭스미디어. [원저: Luthans, F., Youssef, C. M., & Avolio, B. J.(2007). *Psychological Capital: Developing the Human Competitive Edge*. New York: Oxford University Press].

김승권 · 장영식 · 조흥식 · 차명숙(2008). 『한국인의 행복결정요인과 행복지수에 관한 연구』. 한국보건사회연구원.

김주엽 · 김명수(2011). 긍정심리자본이 조직구성원의 직무만족과 정서적 몰입에 미치는 영향. 『경영교육연구』, 26(3): 117－148.

동아일보. 2015. 12. 7. http://news.donga.com/rel/3/all/20151207/75216767/1

예지은 외(2013). 직장인의 행복에 관한 연구. 『SERI 연구보고서』, 삼성경제연구소.

『옥스퍼드사전』, http://www.oxforddictionaries.com. (Retrieved on January 1, 2015).

윤소영 외(2013). 『여가행복지수 개발 기초 연구』. 한국문화관광연구원.

이종관 · 김흥종 · 양현미 · 조황희 · 최항섭(2010). 한국의 삶의 질: 함께 일구는 창조적 미래를 위하여, 『'2040년 한국의 삶의 질' 결과보고서』, 성균관대학교 하이브리드컬처 연구소.

장영식 외(2007). 『한국인의 삶의 질 수준에 관한 연구』. 한국보건사회연구원.

한국기술정책연구원(2010). 삶의 질과 과학기술 발전방향에 대한 제언. 『미래연구포럼』, 제6호 Autumn, pp. 14－15. 2010. 9. 30. http://www.stepi.re.kr/app/publish/view.jsp?mode=topic&cmsCd=CM0160&ntNo=6&categCd=A0505&drctr=A030405&sdt=&edt=&src=&srcTemp=&sort=PUBDATE&currtPg=3 (검색일: 2015. 12. 30).

한국정보화진흥원(2015). 『NEAR & Future』, vol. 8, 2015. 18.

한정균(2008). 마음챙김 수준과 삶의 질 간의 관계에서 행복요인의 매개효과. 『한국심리학회지: 상담및심리치료』, 20(3): 735－751.

행정자치부(2015). 『보도자료』, 2015. 8. 10.

황명진 · 심수진. (2008). 한국의 행복지수의 개발. 『조사연구』, 9(3): 93-117.

Avey, J. B., Luthans, F., & Jensen, S. M.(2009). Psychological Capital: A Positive Resource for Combating Employee Stress And Turnover. *Human Resource Management*, 48(5): 677-693.

Burckhardt, C. S. & Anderson, K. L.(2003). The Quality of Life Scale(QOLS): Reliability, Validity, and Utilization. *Health and Quality of Life Outcomes*, October: 1-7.

Centre for Bhutan Studies & GNH Research(2015). Provisional Findings of 2015 Gross National Happiness Survey.
http://www.grossnationalhappiness.com (Retrieved on December 29, 2015).

Flanagan, J. C.(1978). A Research Approach to Improving Our Quality of Life. *Am Psychologist*, 33: 138-147.

———(1982). Measurement of the Quality of Life: Current State of the Art. *Arch Phys Med Rehabil*, 63: 56-59.

Luthans, F., Avey, J. B., Avolio, B. J., & Peterson, S. J.(2010). The Development and Resulting Performance Impact of Positive Psychological Capital. *Human Resource Development Quarterly*, 21(1): 41-67.

Saks, A. M. & Gruman, J. A.(2011). Organizational Socialization and Positive Organizational Behaviour: Implications for Theory, Research, and Practice. *Canadian Journal of Administrative Sciences*, 28: 14-26.

World Happiness Report 2015.
http://worldhappiness.report. (Retrieved on December 28, 2015).

http://www.google.com/url?sa=t&rct=j&q=&esrc=s&source=web&cd=9&ved=0ahUKEwif6-655v7JAhXiKKYKHaPWAfsQFghEMAg&url=http%3A%2F%2Fwww.stepi.re.kr%2Fmodule%2FpublishSubDown.jsp%3FcategCd%3DA0505%26ntNo%3D6%26sbNo%3D3&usg=AFQjCNHvtBMxT9Z9SosGw2D-jG5Dqo5JvA (검색일: 2015. 12. 28).

http://qol.kostat.go.kr/blife/main.do (검색일: 2015. 12. 29).

http://qol.kostat.go.kr/blife/guide-flow.do (검색일: 2015. 12. 29).

http://www.asiae.co.kr/news/view.htm?idxno=2015123109574658462 (검색일: 2016. 1. 1).

제 7 장

사회적 자본

제1절 사회적 자본의 의의

1 자본의 본질과 차원

사회적 자본에 대한 고찰에 앞서 자본(capital)의 개념을 확인한다. 『옥스퍼드사전』에서는 자본을 크게 셀 수 있는 것과 셀 수 없는 것으로 분류하였으며, 셀 수 있는 것으로는 비즈니스를 시작하거나 투자하는 데 소요되는 돈, 즉 화폐단위로 나타낼 수 있는 유형적 재화를 의미하고, 셀 수 없는 것으로는 기업이나 사람이 소유한 재산이나 소유물을 의미하는 것과, 또는 조직이나 기업 운영에 있어서 필요로 하는 사람, 즉 노동력을 의미한다. 여기에서 마지막 정의는 인적자본에 해당되며, 맨 처음과 두 번째의 정의는 경제적 자본에 해당된다. 이렇게 자본에 대한 전통적 개념은 물질적이고 사람에 토대를 두고 있는 경제적 자본과 인적자본에 초점을 두었다.

근래에 들어 유형적이고 물질적인 경제적 자본은 유한재로서 효용의 한계를 가지고 있어 경제적 자본을 대체할 수 있으며, 생산과 소득의 원천을 지식에서 찾고자 하는 지적자본에 관심을 두게 되었다. 지적자본은 인간의 지식을 자원으로 생각하고, 지식을 생산과 일하는 방식, 또는 문제해결 등에 활용하여 제품의 품질과 문제의 처방성을 높임으로써 조직의 발전을 도모하려는 것이다. 따라서 지적자본의 차원에서 지식인을 중시하며 지식인을 체계적으로 관리하는 방식이 지식관리(knowledge management)이다. 이와 같이 물질적인 것과 지식을 가진 사람에 관한 접근의 공통점은 결국 생산성 증대와 물질적 것에 관심을 두고 있다. 사회적 자본은 경제적 자본과 대조적인 것으로 집합주의에 토대를 두고 공공성과 시민성, 공동의 규범과 가치 등 무형적이나 휴머니즘에 관심을 두는 것에서 출발한다.

그림 7-1 자본의 본질적 차원

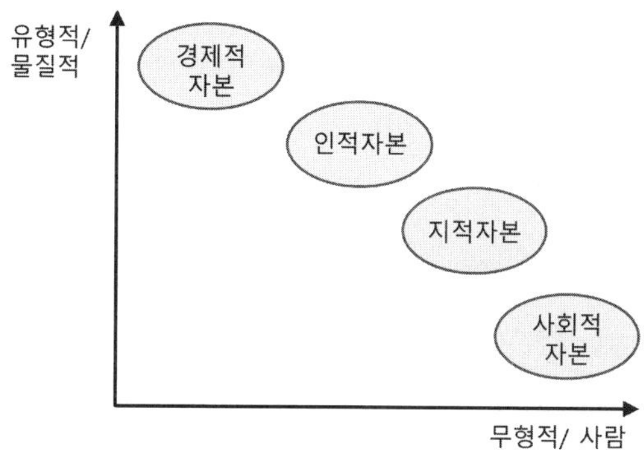

2 사회적 자본의 개념

사회적 자본(social capital)에 관한 용어는 공동체 사회에서 인간이 삶의 의미를 찾고 행복을 누릴 수 있는 토양이 무엇인지를 고민하면서 논의된 것이다. 경제적 자본이 기업이나 집단의 운영에 필요한 물질적인 자원이라면 사회적 자본은 가족, 직장, 지역사회, 국가 등의 건강한 활력을 불어넣는 비물질적 자원이다.

사회적 자본 개념은 공동체의 최소 단위인 가족관계에 있어서 가장 기본적인 자원으로서 제시된 이후(Herreros, 2004: 5) 많은 논자들(Bourdieu, 1985; Coleman, 1988, 1990; Putnam, 1993/2000)에 의해 다양한 분야에서 다양한 접근과 방법으로 연구가 이루어져왔다. 특히, 학문분야에서 경제학, 심리학, 사회학, 행정학 등 사회과학은 물론 보건복지분야에까지 여러 분야에 많은 영향을 미쳤다.

사회적 자본의 개념적 정의는 다양하고 일반적인 합의를 이끌어 내기도 힘들다. 그동안 사회적 자본에 관한 연구는 많은 학문 영역에서 접근되고 제시되어 왔지만 보편적인 정의를 찾기란 쉽지 않다. 개념을 쉽게 정의하지 못하는 것은 '자본(capital)'에 대한 용어의 적절성에 대해서도 여전히 논쟁이 있으며, 이로 인해 일반적인 개념화로 도출하는 데 어려움을 겪게 되는 것이다. 또한 정의를 내리는 문제는 이념적이고 시대적이며 역사적인 토대를 가지고 있으며 누가, 무엇을 위해, 어떤 관점과 시각으로, 어떻게 보려고 하는지에 따라 다양한 논의와 결과가 제시되기 때문이다. 즉, 사회적 자본에 관한 차원(dimensions), 수준(levels), 유형(types), 결정요인(determinants), 이점(benefits) 등에서 많은 논의와 다양한 시각이 있는 것도 이런 이유이기도 하다. 사회적 자본은 시대적 상황에 따라 연구대상인 자본의 특성이 변화하기 때문에 보편적인 정의를 단언하기 힘들지만 분명한 것은 사회적 자본의 개념이 새로운 것은 아니라는 것이다.

이와 같이 사회적 자본의 정의는 시대, 학문분야, 접근방법 등에 따라 다양한 정의가 제시되고 있지만, 대부분의 정의는 사회적 관계에 초점을 맞추고 있다. 사회적 자본(social capital)의 개념에 대한 사전적 의미를 『옥스퍼드 사전』에서 보면 "사회가 효과적으로 기능할 수 있도록 특정 사회(지역, 공동체)에 거주하고 일하는 사람들 사이의 관계의 망"으로 정의되어 있듯이 관계(relationships)이며(Hitt et al., 2002: 355), 이 관계를 형성해주는 것이 연결망(networks)이다. 또한 개념이 의미하는 핵심은 생산적인 이익[1]을 위한 사회적 관계(social relations)에 초점을 맞추고 있다는 것이다(Claridge, 2004b).

사회적 자본은 개념은 <표 7-1>과 같이 많은 연구자들이 다양한 견해를 제시하고 있다. Adler & Kwon(2002)은 사회적 자본에 관한 정의가 다양하게 제시되고 있지만 그 다양하게 제시되고 있는 개념의 포커스는 ① 행위자들 간의 '관계'를 유지하는 것(maintains of relations), ② 집단에서 행위자들 간의 '관계'의 구조에 관한 것(structure of relations), ③ '관계'의 유형(types

1) '생산적'인 '이익'의 의미 또한 다양하게 해석될 수 있다. 무엇이, 어느 수준까지 생산적이고 누구에게 가는 것이 이익인지 등에 관한 논의가 뒤따를 수 있다.

of linkages)에 관한 것 등으로 제시하였듯이(Adler & Kwon, 2002: 19) 사회적 자본은 공동체 구성원들이 '어떤 관계를 어떻게 맺고 유지하는지'가 핵심이라고 할 수 있다.

표 7-1 사회적 자본의 개념 정리

구 분	연구자	개 념
외재적; 연결	Baker(1990: 619)	행위자들이 특별한 사회적 구조로부터 획득하고 그들의 이익추구를 위해 사용하는 자원, 즉 행위자들 간의 관계 속에서 변화가 일어나게 된다.
	Belliveau, O'Reilly, & Wade(1996: 1572)	개별 사람들의 네트워크와 엘리트 단체들의 동맹
	Bourdieu(1986: 248)	상호 간 면식이 있고 다소 제도화된 관계를 가지면서 튼튼한 네트워크로 연결된 실제적, 또는 잠재적 자원들의 집합
	Bourdieu & Wacquant (1992: 119)	실제적 혹은 가상적이던 개인, 또는 집단들 간에서 발생되는 자원들의 합계
	Boxman, De Grant, & Flap(1991: 52)	지원을 바라는 사람과 그들이 처분할 수 있는 자원
	Burt(1992: 9)	재정과 인적자본을 사용하려고 기회를 잡기 위해 모인 친구, 동료, 일반적 지인들
	Knoke(1999: 18)	조직 간 사회적 행위자들이 네트워크를 연결하고 다른 사회적 행위자들의 자원에 접근하고 획득하기 위한 과정
	Portes(1998: 6)	사회적 네트워크상에서, 또는 다른 사회적 구조에서 구성원들의 힘을 통해 이익을 확보하려는 행위자들의 능력
내재적; 유대/관계	Brehm & Rahn (1997: 999)	실제적 공동의 문제해결을 촉구하는 시민들 간 협력적 관계 망
	Coleman(1990: 302)	사회적 자본은 기능으로서 정의된다. 사회적 자본은 하나의 실체가 아닌 보통 두 개 이상의 특징을 가지며 다른 다양한 실체를 가진다. 사회적 자본은 어떤 사회적 구조로 이루어져 있고 구조 내에 있는 행위자(개인)들의 행동을 촉진시키게 된다.
	Fukuyama(1995: 10)	집단과 조직의 공동 목적을 위해 함께 일을 하는 사람들의 능력
	Inglehart(1997: 188)	자발적인 연결망 속에서 신뢰와 관용의 문화
	Fukuyama(1997)	협조가 이루어지는 집단 구성원들 사이에 공유된 규범과 비공식적 가치

	Portes & Sensenbrenner(1993: 1323)	경제적 목적에 영향을 미치는 집단 내에서의 구성원들이 갖는 행위의 기대
	Putnam(1995: 67)	상호 이익을 위해 조정과 협력을 촉진하는 네트워크, 규범, 사회적 신뢰로써 사회적 조직의 형상
	Thomas(1996, 11)	공동의 전체 발전을 위해 시민사회에서 전개되는 그들의 임의의 방법과 프로세스
외재와 내재 모두 해당	Loury(1992: 100)	사람들의 스킬과 특성을 지원하거나 조장하도록 사람들 사이의 사회적 관계가 자연스럽게 이루어지는 것
	Nahapiet & Ghoshal(1998: 243)	개별적으로나 사회적 단위로 형성된 관계 네트워크로부터 파생된 실제적, 잠재적 자원의 세트
	Pennar(1997: 154)	개인의 행동에 영향을 미치는 사회적 관계 망
	Schiff(1992: 160)	사람들 사이의 관계에 영향을 미치는 사회적 구조를 이루는 요소들의 집합
	Woolcock(1998: 153)	사회적 네트워크상에서 상호 간 결속을 위한 정보, 신뢰, 규범

자료: Adler & Kwon(2002: 20); Claridge(2004b)

세계은행(World Bank)2)에서는 사회적 자본을 공동행동(collective action)을 가능하게 하는 규범과 네트워크로 제시하였다. 사회적 자본은 어떤 사회적 상호 작용의 양과 질을 구성하는 제도, 관계, 관습 등으로 이루어져 있고, 사회의 경제적 번영을 위해서, 그리고 지속 가능한 발전을 위해서 매우 중요하다고 하였다. 사회적 자본이 긍정적 방식으로 강화될 때, 함께 일할 수 있는 공동체 역량을 구축함으로써 공동의 니즈(needs)를 충족하고, 더 큰 포용과 결속을 다지며, 투명성과 책임성이 강화됨으로써 일의 효과성과 지속가능성을 향상시키게 된다고 하였다. 이와 같이 세계은행이 제시한 개념은 사회적 자본이 경제적 성장과 공동체의 지속가능성의 기반이라는 점을 강조하고 있다.

한 준(2007)은 사회적 자본의 국제비교에 관한 연구에서 사회적 자본의 구성요소로 ① 일반화된 신뢰(타인의 신임과 주의), ② 시민적 규범(비공식

2) http://web.worldbank.org. (Retrieved on January 3, 2016).

적 규범과 규칙) 및 호혜성(타인에 대한 호의와 선의, 선의와 협동의 선순환 발생) 믿음, ③ 사회적 참여(서로 긴밀하고 활성화된 네트워크 유지, 자발적인 조직 구성과 활동), ④ 사회적 네트워크(연결성과 연결의 양상) 등을 제시하였다.

현대경제연구원(2014: 3)은 사회적 자본을 "신뢰, 참여, 배려를 통해 공적, 사적 공동체 내외 간의 협력을 촉진시키는 유무형의 자본"으로 정의하였다. 사회적 자본은 크게 사적인 사회적 자본과 공적인 사회적 자본으로 구분되며, 공식 및 비공식 그룹까지 포함된 공동체 범주 내에서 상호 간에 긍정적 힘을 발생시키는 행위나 가치를 포함하는 개념으로 정리하였다. 여기에서 사적인 사회적 자본은 "가족, 친구 등 사적인 공동체 내의 신뢰, 배려 등 가치인식과 이들과의 참여 등의 적극적 행위로 인해 발생되는 유무형의 자본"이라고 정의하였으며, 공적인 사회적 자본은 "국가나 NGO 등 공적인 공동체에 대한 신뢰, 배려 등 가치 인식과 이들에 대한 참여 등의 적극적 행위로 인해 발생되는 유무형 자본"으로 정의하였다.

그림 7-2 사회적 자본의 형성 구조

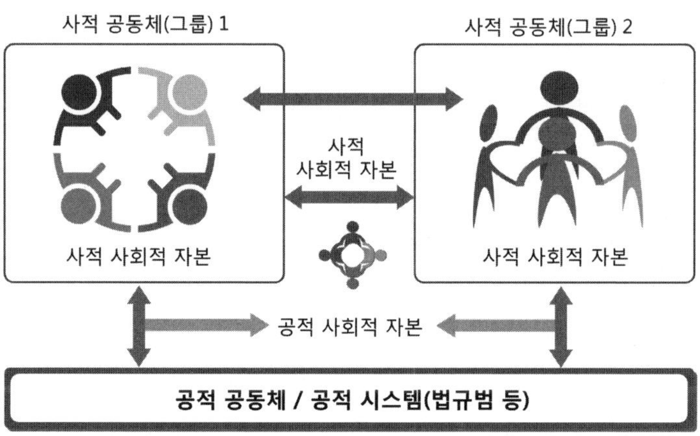

자료: 현대경제연구원(2014)의 내용을 재구성

이상과 같이 사회적 자본에 관한 다양한 개념이 제시되고 있고 연구들이 수행되고 있는 것은 우리사회가 그만큼 사회적 자본이 부족하거나 필요로 한다는 방증이기도 하다. 또한 이론적 맥락에서도 사회적 자본은 개념의 조작화에 대한 합의가 쉽지 않음에도 불구하고 많은 경험적 연구를 촉진시키고 있으며, 이론적 논의들에서도 인간관계, 네트워크, 삶의 질을 위한 조직형태, 발전적 성과 등 정치적, 경제적, 그리고 사회적 부문에 많은 영향을 미치고 있다(Adam & Roncevic, 2003: 177).

3 사회적 자본의 접근 차원

사회적 자본의 개념에 대한 이해를 돕기 위해서 사회적 자본의 접근 차원을 살펴본다. 사회적 자본 이론의 논란 중의 하나는 사회적 자본이 다음과 같이 다차원적으로 접근되어 있다는 것이다(Hean et al., 2003: 1062).

① 신뢰

② 사회적 행위를 규율하는 규칙과 규범

③ 사회적 상호 작용의 유형

④ 네트워크 자원

⑤ 다른 네트워크 특징들

Grootaert & Van Bastelaer(2002)는 [그림 7-3]과 같이 4가지 차원, 즉 사회적 자본을 마이크로에서 매크로 수준, 그리고 인식적 수준에서 구조적 수준의 연속체를 제시하였다. 매크로 수준에서 국가의 제도, 법률, 규칙 등 거버넌스의 작동에 관한 접근이 중심이 되고, 마이크로 수준에서는 공동체의 제도, 네트워크를 비롯하여 그 안에 있는 구성원들 간 신뢰, 규범, 가치 등에 관한 것이 핵심이 된다. 또한 구조적 차원에서는 제도, 규칙, 네트워크 등이

그림 7-3 사회적 자본의 접근 차원

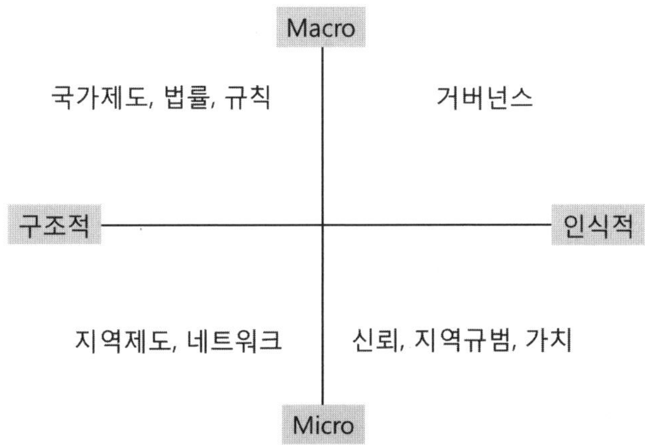

자료: Grootaert & Van Bastelaer(2002); Claridge(2004a)

어떻게 구조화되는지에 관심을 가진 반면, 인식적 차원에서는 공동체 구성원들의 가치와 규범에 관심을 두고 있다.

사회적 자본의 접근 대상에서 보면, 많은 연구자들은 사회적 자본이 개인, 비공식집단, 공식조직, 지역사회, 소수민족집단, 국가 수준에서 존재하는 것으로 제시하기도 하고, 또한 사회적 자본은 가족, 지역사회, 전문직업군 등 공동체에서 어느 정도 소속감을 가지는가에 대한 수준에서 보기도 한다(Kilby, 2002). 또는 행위자가 있는 사회적 구조에 사회적 자본의 소스가 존재하는 것으로 보기도 한다(Adler & Kwon, 2002). 그러므로 사회적 자본은 개인을 비롯하여 집단, 국가 등 사람이 존재하는 모든 수준에서 접근할 수 있으며, 이들 수준들의 상호 작용으로 사회적 자본이 영향을 받고 축적되는 것으로 이해될 수 있다.

그림 7-4 사회적 자본이 존재하는 상호 작용 수준

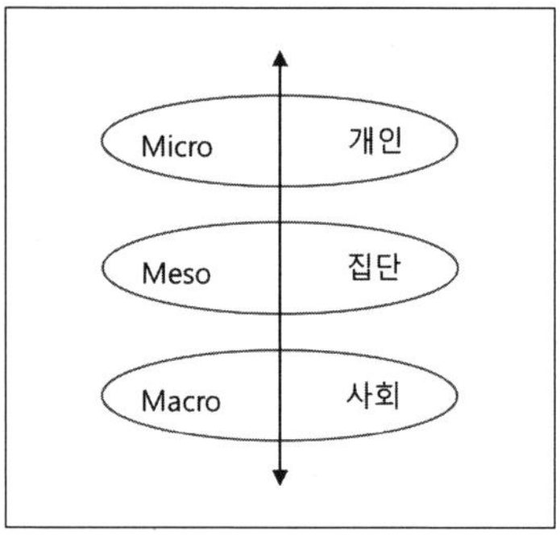

자료: Claridge(2004a)

Bain & Hicks(1998)는 사회적 자본의 개념화에 대한 인식적 요인들(가치, 사회적 규범, 행동, 태도)과 구조적 요인들(조직구조, 의사결정과정, 리더의 책임성, 공동의 행동과 반응)이 법률과 규칙, 레짐유형, 정책과정에서 참여수준, 분권화 수준 등 매크로적 요인들에 의해 영향을 받는다는 것을 [그림 7-5]와 같이 제시하였다.

그림 7-5 사회자본 수준과 유형에 관한 개념적 틀

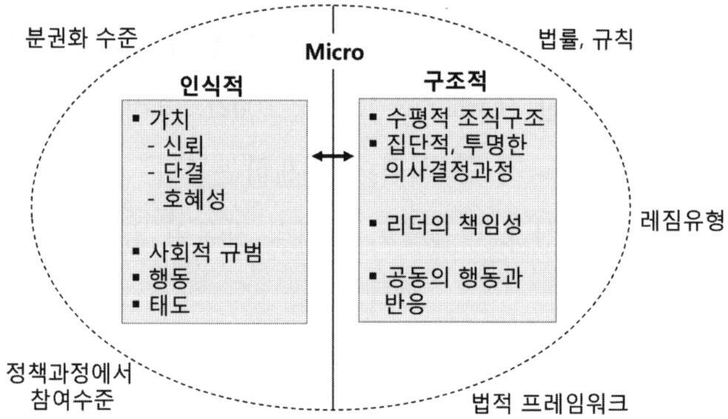

자료: Bain & Hicks(1998); Claridge(2004a)

Woolcock & Narayan(2000)은 사회적 자본의 4가지 접근법을 관점, 범위, 행위자, 규범 등으로 구분하여 <표 7-2>와 같이 제시하였으며, 사회적 자본을 어떤 관점에 두느냐에 따라 범위, 행위자, 규범이 달라진다는 것을 보여주고 있다.

표 7-2 사회적 자본의 4가지 견해

관 점	범 위	행위자	규 범
커뮤니케이션	지역연합	- 지역사회 집단 - 자발적인 조직	작은 것의 아름다움 가난도 사회적 자산
네트워크	지역사회 결속	- 기업자 - 비즈니스 집단 - 정보중개인	분권화, 지역에서 기업활동의 창조, 사회적 격차 가교역할
제 도	정치적, 법적 제도	- 민간부문 - 공공부문	위대한 시민과 정치적 자유 제도적인 투명성과 책임성
협력작용	지역사회 네트워크와 국가-사회 관계	- 지역사회 집단 - 시민사회 - 회사 - 국가	공동생산, 상호 보완적 관계 참여, 연결, 지역조직의 역량과 규모 강화

자료: Woolcock & Narayan(2000)

Requena(2003)는 사회적 자본을 사회적 관계의 구조와 특징이라는 2가지 차원으로 구분하여 제시하였다(Stone, 2001: 7). 사회적 관계의 구조는 네트워크의 유형, 규모, 장소, 구조, 관계유형 등으로 구분되고, 사회적 관계의 특징은 신뢰와 상호성의 규범 등으로 제시하고 있다.

표 7-3 사회적 자본의 핵심 차원과 특징

사회적 관계 구조: 네트워크	사회적 관계의 특징: 규범
유형: 비공식적/공식적	
규모/역량: 제한적/광범위	신뢰의 규범 – 사회적 신뢰: 가족/개인 – 시민/제도적 신뢰
장소: 가족/글로벌	
구조: 공개/폐쇄 밀집/드문드문 동질성/이질성	상호성의 규범 – 즉시 대 지연 – 직접 대 간접 – 현물 대 다른 것
관계: 수직적/수평적	

자료: Stone(2001: 7)

그림 7-6 사회적 자본의 정의 차원

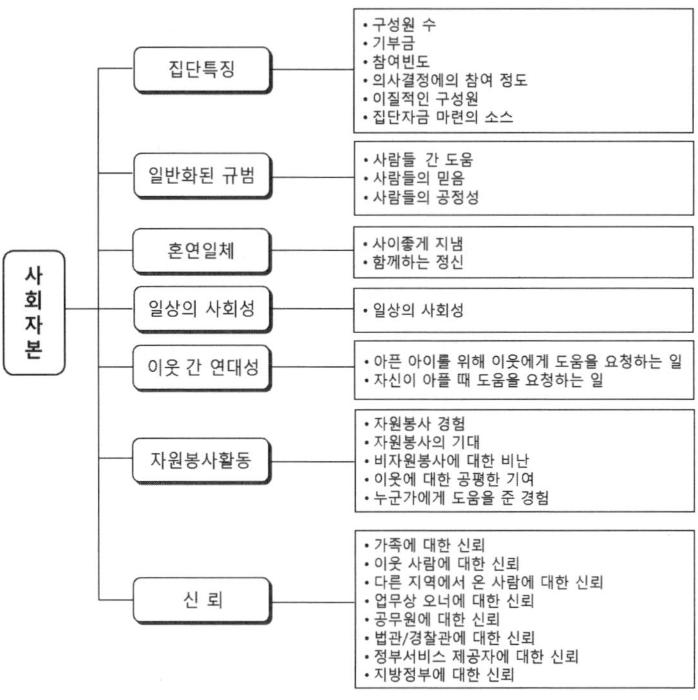

자료: Narayan & Cassidy(2001); Claridge(2004a)

Narayan & Cassidy(2001)는 사회적 자본의 차원을 집단특징, 일반화된 규범, 혼연일체, 일상의 사회성, 이웃 간 연대성, 자원봉사활동, 신뢰 등을 구성요소로 하여 [그림 7-6]과 같이 제시하였다.

세계은행은 사회적 자본의 개념을 실제적 및 운영적 수준에서 활용하기 위해서는 집단과 네트워크, 신뢰와 단결, 공동행동과 협력, 지속적 결속과 포용, 정보와 커뮤니케이션 등 5가지 차원을 제시하였다.

표 7-4 실제적 및 운영적 수준에서 사회적 자본의 차원

차 원	구성내용
1. 집단과 네트워크	복지를 향상하는 개인적 관계를 증진하고 보호하는 개인들의 무리
2. 신뢰와 단결	결속강화와 확고한 공동행위를 촉진하는 개인적 행동의 요소들
3. 공동행동과 협력	공동의 문제를 해결하기 위하여 함께 일할 수 있는 사람의 능력
4. 사회적 결속과 포용	충돌의 위험을 완화하고, 소외계층의 참여를 강화하여 개발이익에 대한 공평한 접근의 촉진
5. 정보와 커뮤니케이션	부정적 사회적 자본을 깨뜨리고, 정보접근성을 개선함으로써 긍정적 자본을 강화할 수 있어야 한다.

자료: http://web.worldbank.org. (Retrieved on January 3, 2016)

사회적 자본의 개념적 구성 차원을 구조적·인식적·관계적 차원으로 구분하기도 한다. Nahapiet & Ghoshal(1998)은 제시한 공동체(조직)의 사회적 자본의 차원을 구조적 차원, 인식적 차원, 관계적 차원 등으로 제시하였다(김 구, 2012).

첫째, 구조적 차원의 사회적 자본은 구성원들 상호 간 결합과 접근성을 강화시키는 관계의 구조를 의미한다. 사회적 자본의 구조적 차원은 개인들 간 존재하는 네트워크의 구조와 네트워크 형태를 포함한다. 구조적·사회적 자본은 규칙, 절차, 그리고 선례 등에 의해 확립된 역할과 사회적 네트워크를 통해 상호 호혜적인 집합행동을 촉진시킨다.

둘째, 인식적 차원의 사회적 자본은 공유된 규범, 가치, 태도, 신념 등을 통해 구성원들의 공유된 이해와 의미를 내재화시키며 상호 호혜적인 행동에 귀 기울이도록 한다. 인식적 차원은 공동체 구성원으로서 다른 사람과 상호 작용하며, 공유된 비전과 목표, 그리고 공동으로 인식하고 있는 경우 공동체의 구성원들의 통합을 촉진시키며 공유된 책임감과 공동의 행동의식을 조성한다. 사회적 자본에 대한 인식적·구조적 차원은 상호 간 보강적인 특징을 가진다.

셋째, 공동체에서 사회적 자본의 관계적 차원은 지속적인 상호 작용의 과정을 통해 발전된 개인적 관계로서 공동체 구성원들 간의 상호성, 신뢰, 도덕적 의무, 동일화 등의 구성요소를 포함한다.

이상의 3가지 차원들을 요약 정리하면 [그림 7-7]과 같다.

그림 7-7 공동체의 사회적 자본 차원

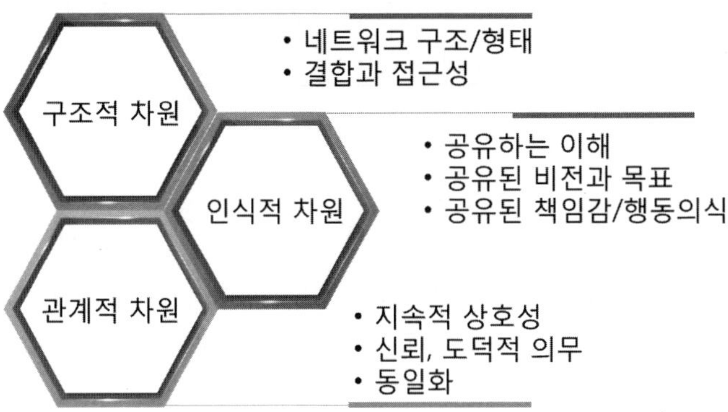

지금까지 사회적 자본 개념의 접근 차원에 대한 다양한 견해를 살펴보았다. 사회적 자본의 개념이 다양하고 복합적 요소들의 집합으로 이루어져 있으며, 다차원적인 특성을 내포하고 있기 때문에 일의적이고 명확하게 정의하는 것은 쉬운 일이 아니다. 하지만 사회적 자본이라는 개념적 논의를 이끌고 확장하기보다는 이제는 현실 세계에서, 그리고 우리가 처해 있는 공동체

나 주변의 상황을 돌아보면, 사회적 자본의 구축과 축적이 절실하다는 인식과 실천행동의 필요성에 대해서는 모두가 공감할 것이다. 이제는 생각만 하고 있을 상황이 아니라 공동체 모두가 실천으로 옮길 때이다.

4 사회적 자본의 주제 영역

사회적 자본에 관한 연구는 다양한 영역에서 접근되고 있다. 세계은행에서는 발전(development)과 관련된 사회적 자본에 대한 주제들을 <표 7-5>와 같이 제시하였다. <표 7-5>에서 제시한 주제 목록은 그동안 사회적 자본을 다루었던 연구와 논의들을 모두 망라한 것은 아니나 지속 가능한 사회발전과 경제발전에 주목하고 있다는 것을 알 수 있다.

표 7-5 세계은행에서 제시한 사회적 자본 주제

주제 영역	내 용
범죄/폭력	공유 가치와 규범은 공동체 폭력 수준을 줄이는 데 기여한다. 이웃 간의 비공식적 관계를 맺고 있는 사람들은 서로에게 관심과 주의를 주며, 경찰이 이웃이 되기도 한다.
경제/무역	거시경제에서 무역은 사회적 자본에 의해 영향을 많이 받고 있다. 또한 사람들 간 상호 작용의 수준에 따라 공유재산의 가치는 달라진다.
교 육	교육프로그램에서 가치, 규범, 상호 작용, 공공성 등에 대한 내용은 가족, 공동체, 국가의 발전에 영향을 미친다.
환 경	환경과 같은 공유재산 자원관리는 공동체 모든 구성원의 이익을 위한 자원의 지속가능성을 확보하는 차원에서 협력이 이루어져야 한다.
재 정	재정의 건전성과 균형적 재정시스템은 지속가능성 성장을 위한 전조이다.
건강, 영양, 인구	시민들 사이에 신뢰가 낮게 되면 평균사망률이 높아지고 있다는 연구결과가 제시되고 있다.
정보기술(IT)	정보기술은 사회적 자본을 증대시키는 잠재성을 가지고 있다. 특히, 주변 지역의 경계를 넘어 자원, 관계, 정보 등에 연관된 행위자들을 연결시켜주는 연결자본의 잠재성은 커진다.

빈곤감소와 경제발전	개발과 성장 전문가들은 사회가 경제적으로 번영하고, 지속 가능한 발전을 위해서는 사회적 결속의 중요성을 강조하고 있다.
농촌개발	사회적 자본은 농촌발전을 위하여 농촌사람들의 역량을 조직화하는 데 영향을 미친다. 사회적 자본은 핵심 발전 과업을 효과적이고 효율적으로 수행할 수 있도록 집단에 도움을 준다.
도시개발	익명성과 빠른 속도를 특징하는 도시지역은 사회적 협력이 이루어지지 않을 수 있다. 큰 집단에서 사회적 자본과 신뢰를 발전시키고 유지하기는 더욱 어렵다.
물 공급과 위생	사회적 자본은 공동체 토대를 구축하는 것뿐만 아니라 위생에 대한 정보공유에도 기여를 한다(㉄ 2015년 한국의 메르스사태).

자료: http://web.worldbank.org. (Retrieved on January 2, 2016)

또한 그동안 연구자들이 수행한 많은 연구대상은 국가, 지역사회, 기업 및 정부조직, 가족 등 거시적 및 미시적 수준에서 많은 연구들이 수행되었다. 먼저, 미시적 차원에서의 민간부문의 연구내용을 보면 ① 경력의 성공, ② 구직을 희망하는 사람, ③ 기업채용 풀(pool)의 구축, ④ 부문 간 자원의 교환과 제품의 혁신, ⑤ 지적자본의 창출, ⑥ 횡적기능 팀의 효과성, ⑦ 이직률 감소, ⑧ 조직적 결속력 증대, ⑨ 공급자와의 관계 증진, ⑩ 지역적 생산망 확대 등 기업의 생산성 향상을 위한 토대요인뿐만 아니라 구직자의 취업요인과 재직자의 직무만족에 관련된 요인들이 다루어지고 있다(Adler & Kwon, 2002: 17).

1980년대 후반부터 연구가 시작된 사회자본은 경제자본, 인적자본과는 다르게 실제로는 보이지 않지만, 새롭게 부각되고 있는 자본의 한 형태로 사회발전의 중요한 원동력으로 인식되고 있다. 이러한 사회자본은 구직활동과 같은 개인적 차원의 문제에서부터 경제조직의 효율성, 한 나라의 경제발전에 이르기까지, 근래에 가장 많이 쓰이는 사회학적 개념의 하나로 논의되고 있다(장시준, 2006: 1).

5 국내 사회적 자본의 연구 실태

오늘날 사회적 자본 용어는 학문분야나 실제에서 자주 접하게 되는 일반적인 개념이 되었다(Lewis, 2010: 9). 국내에서도 사회적 자본에 대한 관심이 증대되고 있는데, 이는 곧 사회적 자본의 형성 및 축적이 중요하다고 볼 수 있다. 국내에 있어서 사회적 자본에 대한 학문적 관심도를 양적 결과를 통해 우회적으로 엿볼 수 있다. 먼저, 학술적 자료에 대한 전자저널 제공 서비스인 '누리미디어'[3]의 검색 결과, 매년 증가폭이 늘어난 것으로 알 수 있는데, 특히 근래에 들어 그 관심도가 증가되는 추이를 보이는 것으로 알 수 있다.[4]

또한 국회전자도서관[5]의 전체자료, 학위논문, 전문학술지 등을 구분하여 검색한 결과 모두 2000년대부터 학술적 관점도가 증가하기 시작하다가 2000년대 중반부터 그 관심도가 증폭되고 있는 것으로 알 수 있다.

표 7-6 '사회적 자본' 학술자료 검색 결과

연 도	전체자료	학위논문	전문학술지
1956~1960	2		
1961~1965	1		
1971~1975	1		
1981~1985	2		
1986~1990	7	3	
1991~1995	10	4	
1996~2000	38	4	27

3) http://www.dbpia.co.kr. (검색일: 2016. 1. 2).

4) 연도별 검색 결과는 다음과 같다(검색일: 2016. 1. 2). 단, 괄호( )는 검색건수를 의미한다. 2015년(155), 2014년(194), 2013년(198), 2012년(203), 2011년(216), 2010년(176), 2009년(128), 2008년(176), 2007년(145), 2006년(90), 2005년(66), 2004년(88), 2003년(54), 2002년(420), 2001년(38), 2000년(36), 1999년(14), 1998년(11), 1997년(9), 1996년(12), 1995년(12), 1994년(6), 1993년(6), 1992년(6), 1991년(8), 1990년(3), 1989년(3), 1988년(3), 1986년(2), 1985년(1), 1984년(1), 1979년(1), 1972년(1), 1970년(1)

5) http://dl.nanet.go.kr. (검색일: 2016. 1. 2).

2001∼2005	123	28	79
2006∼2010	416	87	228
2011∼2015	674	236	363

자료: 국회전자도서관

그림 7-8 사회적 자본 학문적 관심 추이

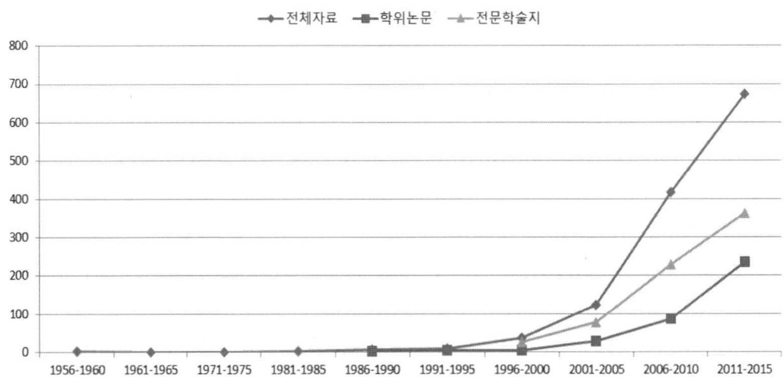

제 2 절 사회적 자본의 유형

사회적 자본의 유형 구분도 다양하게 제시되고 있는데, 세계은행은 사회적 자본을 다음과 같이 7가지로 분류하였다(Claridge, 2004b).

① 외재적 관계(external relations): 연결(bridging)과 공동적(communal)/내재적 관계(internal relations): 유대(bonding)와 관계(linking)

② 강한/약한 연대

③ 수평적/수직적 관계

④ 공개적/폐쇄적 관계

⑤ 구조적/인식적 관계

⑥ 지리적으로 분산적/한정적 관계
⑦ 도구적/원칙적 관계

강한 연대는 집중적이고 반복되는 형태를 가지고 약한 연대는 임시적이고 우연적인 관계의 형태를 가진다. 수직적인 관계는 공식적 계층적 구조로 작동되는 데 반해, 수평적인 관계는 권한이 분권화되는 형태를 가진다. 공개적인 관계는 참여가 개방되어 있는 형태를 가진 데 반해, 폐쇄적인 관계는 참여가 제한되어 있고 한정적이며 보호적인 성격을 가진다. 지리적으로 한정적 관계는 특정지역 및 주변지역에 국한되거나 지리적 경계를 두고 관계를 맺는 형태를 가진 데 반해, 분산적 관계는 특정지역이나 지리적 경계에 한정하지 않고 관계를 맺는 형태를 말한다. 그리고 도구적인 관계는 사회적 관계를 맺고 유지하는 것을 개인적 보호 장치로 이용하려는 것인 데 반해, 원칙적인 관계는 구성원 간 유대와 결속에 관심을 가지고 관계를 맺는 형태를 말한다(Heffron, 2000).

사회적 자본의 핵심은 네트워크를 통해 어떤 유형의 관계를 맺고 있는지에 관한 것이다. 따라서 사회적 자본의 유형은 곧 네트워크 유형으로 설명할 수 있다. 네트워크 중에서도 공식적·비공식적 네트워크는 사회적 자본 개념의 중심을 이룬다. 네트워크는 가족, 직장, 이웃, 지역단체, 그리고 비공식적·공식적 만남 장소 등에서 사람들이 서로 간 상호 작용할 때 축적된 사람 간의 관계로 정의한다(Foxton & Jones, 2011: 1). 다음 <표 7-7>은 네트워크 유형과 특징을 구분한 것이다.

표 7-7 네트워크의 유형

유 형	관계 차원	기 대	내 용
유 대 (Bonding)	수평적	사회적 지지	- 가족이나 친한 친구와 같이 가장 가깝거나 친밀 정도가 가장 높은 관계를 맺고 있는 사이 - 어떤 사항(연령, 성, 인종, 사회적 계층)을 기준으로 상호 간 유사한 사람들 간의 결합
연 결 (Bridging)	수평적	사회적 결속, 민주적 대화, 시민성	- 서로 다른 사람들 사이의 결합 - 가족이나 친한 친구보다 좀 더 덜 친밀한 관계 (친구의 친구, 아는 사람, 직장 동료 등)
관 계 (Linking)	수직적	민주적 생활, 책임성 있는 대중 서비스, 공공기관의 정당성	- 권위에 의한 결합 - 다른 권한 수준에서 수직적인 관계를 맺으며, 주로 공식적이고 공적 관계에서 발생된다(사회적 서비스기관과 개인의 관계, 개인과 행정기관의 관계 등).

자료: Jochum et al.(2005); Khan & Muir(2006: 7); Foxton & Jones(2011: 1); 현대경제연구원(2014: 3)

제 3 절 공동체에서 신뢰[6)]

1 신뢰의 중요성

사회적 자본의 개념이 다양하고 구성요인 또한 다양하고 요인들 간 상호적이며 복합적인 특성을 가진다. 사회적 자본은 '사람'에 관한 것이고, 사람들 사이의 협력과 사회적 관계를 통해 거래를 촉진시키는 신뢰, 규범, 연결망 등 사회적 자산을 포괄하여 지칭한다(장시준, 2006: 1). 이중에서 사회적 자본이 축적되고 지속가능성을 확보하기 위한 가장 중요한 요인은 신뢰이다. 신뢰란 인간이 살아가는 데 있어서 가장 기본적인 덕목 중 하나이다. 근대사회에서 신뢰는 계약관계 성립의 가장 기초적 요소이었던 동시에 공동체의

6) 김 구(2013)의 내용을 토대로 추가 및 재정리하였다.

구성과 통합을 위해 가장 기본적 요소로 인식되었다(김항섭, 2007: 74−75).

2 신뢰의 본질

신뢰의 본질을 한마디로 정의하기는 곤란하다. 신뢰의 개념적 요소로는 ① 심리적 상태와 구조, ② 확신이나 믿음, ③ 행동에 대한 기대, ④ 위험한 교환 상태(상황)에 대한 긍정적 태도와 일관성의 기대, ⑤ 피해감수 의지 등을 들 수 있다(Ford, 2001; 심원술 외, 2006: 73의 내용 재정리). 일반적으로 신뢰는 어떤 개인이나 집단에 있어서 미래의 행위에 대해 나의 기대에 맞게 그 행위가 이루어질 것이라고 예측할 수 있는 것을 의미한다(김항섭, 2007: 74−75).

한편, 신뢰의 개념적 속성을 심리학적 관점을 비롯하여 경제학적 관점과 사회학적 관점에서 접근하기도 한다. 심리학적 관점에서는 개인의 지각, 인지과정, 정서에 초점을 두고 개인의 특성과 경험에 따라 형성되는 타인에 대한 일반적인 기대로 보고 있으며, 경제학적 관점에서는 위험상황에서 결과에 대한 개인의 예측, 또는 기대성향으로서 거래비용을 제거하기 위한 타산적인 수단으로 보며, 사회학적 관점에서는 사회에 내포된 구성원 간의 관계속성이나 구성원들이 당연하게 받아들이는 규범이나 제도에 초점을 두고 있다(심원술 외, 2006: 73). 이 3가지 관점을 정리하면, 심리학적 관점에서 신뢰는 신뢰가 형성되는 기반을 개인에게 초점을 맞추고 있고, 사회학적 관점에서는 전체 사회 구성원들의 태도나 행위를 규율하는 규범이나 제도라는 거시적이고 종합적인 것에 초점을 맞추고 있으며, 경제학적 관점에서는 개인이나 집단 및 조직의 신뢰가 타산적 이득을 가져오는 기반이라는 것에 초점을 두고 있다.

이와 같이 신뢰의 개념은 다양한 관점과 개념적 요소로 구성되고 있으나 신뢰의 바탕에 깔려 있는 본질적 요소로는 ① 타인과의 관계에서 상호 작용이 일어나 신뢰로 발전된다는 점, ② 사람의 행동패턴을 이해하거나 신뢰에 영향을 미치는 행동에 대한 예측가능성과 진실성을 파악해야 한다는 점, ③ 신뢰의 구축은 그렇지 않은 것보다 많은 이점 및 차이점을 보인다는 점 등이다(Huotari & Iivonen, 2004: 9−10). 이들 본질적 요소에는 신뢰의 구축과 발전은 타인과의 관계에서 비롯되며, 지속적인 상호 작용 과정에서 타인의 행동을 이해하고 진정성이라고 여기고 있는 행동을 반복적으로 할 것이라는 일관성이나 예측가능성을 담고 있는 것으로 파악할 수 있다.

3 공동체에서 신뢰의 결정요인

공동체에서 구성원들 간 신뢰는 공동체 목표와 활동 과정에서 협력자로서 중요한 의미를 갖게 된다. 협력자로서 신뢰는 공동체 동료 및 리더의 능력에 대해 확신을 가지는 동료나 리더가 자신을 공정하게 대우해 줄 것이라는 기대 및 믿음과 관련된다. 공동체에서 동료나 리더에 대한 확신과 기대 정도는 그들을 지지하고 정보와 지식을 공유하도록 하는 토대이자, 협력활동을 촉진함으로써 공동체 발전을 기대할 수 있다.

신뢰는 사람의 근본적 태도와 행동패턴에서 볼 수 있지만 소속되어 있는 집단이나 공동체의 관점에서 신뢰의 근원이 달라질 수 있다. 집단이나 공동체를 움직이는 문화와 환경, 제도와 규범, 리더십에 따라 신뢰의 내용과 수준이 달라질 수 있다는 점이다. 따라서 공동체에 있어서 신뢰의 근원은 동료나 리더와 같은 개인을 비롯하여 공동체의 운영방식과 절차 등의 제도와 규범 등과 같은 공동체의 조직적 요인에 따라 신뢰의 근원이 달라질 수 있다.

그림 7-9 신뢰의 결정요인

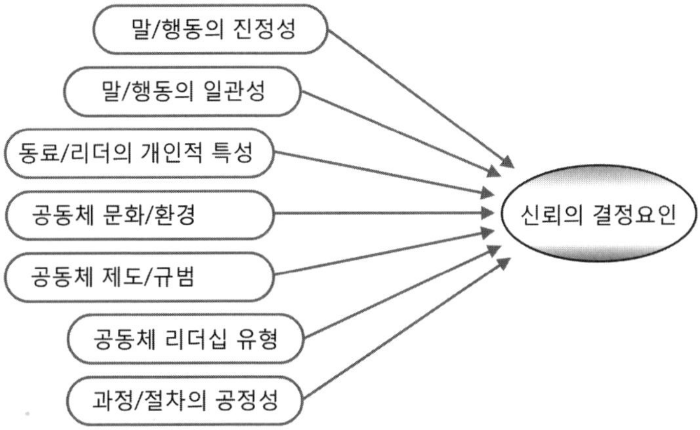

세계은행은 팀에서 신뢰를 구축하는 요인으로 다음과 같이 10개 요인을 제시하였다.[7] 팀의 신뢰요인은 집단, 기업, 공동체 등에서 적용 가능하다.

표 7-8 팀의 신뢰요인

1. 능력	6. 보안
2. 공존가능성	7. 포용
3. 호의/친절	8. 정보의 공개
4. 진실성	9. 접근성
5. 예측가능성	10. 호혜성

한편, 사회적 자본에 관한 연구와 함께 신뢰에 관한 연구가 꾸준히 진행되고 있다. 이병기(2009)는 1989년에서부터 2008년까지 64개국 데이터를 기초하여 신뢰수준과 경제성장 간의 관계를 실증분석한 결과 다음과 같은 결과를 제시하였다.

7) http://www.worldwork.biz/legacy/www/docs2/team_trust.phtml. (Retrieved on January 2, 2016).

① 신뢰수준의 증가는 경제성장률 증가에 영향을 미친다.
② 신뢰수준의 증가를 가져오는 거시요인은 부패의 척결, 관료의 질 향상, 법질서 확립, 재산권 보호 및 경제적 자유의 증진 등이다.

장용석 외(2009)는 2006년 1,500명을 대상으로 실시한 2차자료를 이용하여 다원화된 한국사회의 사회통합 및 갈등해소를 위한 방안을 사회적 자본에서 찾는 연구결과를 다음과 같이 제시하였다.

① 일반적 타인에 대해 신뢰가 높은 사람은 사회통합 지향적 경향을 보였다.
② 국가 공공영역의 절차적 공정성 및 민주적 운영을 신뢰하고 있는 사람들 역시 사회통합 지향적 경향을 보였다.
③ 특정 정권에 대해 신뢰가 높은 사람은 오히려 갈등 지향적 경향을 보였다.
④ 폐쇄적 연줄망을 활용하는 사람들은 갈등 지향적인 반면, 개방적 연결망을 활용하는 사람들은 사회통합 지향적이었다.
⑤ 공동체 규범의 내면화 정도는 사람들의 사회통합적 지향성과 아무런 관련이 없었다.

제 4 절 공동체에서 사회적 자본의 영향

공동체의 형성 및 활성화에 있어서 사회적 자본은 필수적인 자산이다. 그러나 사회적 자본이 공동체의 형성 및 활성화에 항상 긍정적인 효과만을 가져오는 것은 아니다. 사회적 자본을 축적 및 강화하는 과정에서 잘못된 목적과 의도를 가질 경우, 또는 의도하지 않은 파생효과, 즉 부정적 효과를 맞이하는 경우도 있다.

1 사회적 자본의 긍정적 효과

사회적 자본의 긍정적 기대효과는 다양하다. 사회적 자본은 개인의 사익보다는 공공재(public good)와 공동체에서 찾을 수 있다.

첫째, 행위자들 간 정보접근을 용이하게 하고, 정보공유를 촉진시키는 효과를 기대할 수 있다. 사회적 네트워크 내에서 멤버들 간 신뢰, 상호성, 도의적 의무를 기반으로 정보를 공유하고 분배를 촉진시킨다. 정보공유를 위해서는 정보 제공자가 수신자에 대한 확신이 있어야 하고, 다음에는 수신자가 유익한 정보를 나에게 제공해 줄 것이라는 확신이 있어야 일어난다.

둘째, 사회적 자본은 집단의 목표달성을 촉진시키는 데 기여한다. 요컨대, 공동의 목표를 위해 바람직스럽지 않은 행동이나 개별적인 행동은 제약과 통제를 받게 되는 반면, 공동의 목표달성에 기여하는 행동을 촉진시킨다.

셋째, 사회자본의 긍정적 효과 중의 하나는 집단이나 네트워크의 응집력을 특징으로 하며 단결하는 데 기여한다. 개인이나 집단 간 연대와 응집력을 강화함으로써 나타나는 단결은 서로 함께 행동을 일치시키며 공통의 목표를 추구하도록 하는 데 도움을 준다. 이것이 공동행동을 촉진시키는 주요 요인이다. 이와 같은 의미에서 단결은 거래비용을 절감하는 데 효과적이다(Sahin, 2010: 15-16). 하지만 단결은 집단에 순응하도록 하는 네트워크의 폐쇄성 형태를 띠게 되면 공동체 외부와의 관계가 차단될 경우도 있다.

이 밖에 사회적 자본은 GDP의 성장, 효율적인 노동시장의 기능 촉진, 낮은 범죄수준, 정부기관의 효과성 향상, 국민건강, 공동체 거버넌스 구축과 경제적 문제해결에 긍정적 변수로 작용한다.

② 사회적 자본의 부정적 효과

사회적 자본의 부정적 효과는 공동체의 부정적 문제를 해결하기 위하여 접근하는 이론이고, 그동안 많은 연구에서도 사회적 자본의 긍정적 성과로 제시되기도 하였다. 하지만 사회적 자본의 축적이 생산적인 면도 있지만 동시에 부정적인 면도 있을 수 있다는 점을 무시할 수 없다.

첫째, 강한 단결은 외부인을 배제시킬 수 있다. 사회적 자본의 축적은 네트워크상에서 집단의 단결에서 비롯된다고 한다. 강한 단결력을 갖는 집단이 사회적 구조를 지배하게 되면 집단의 특권적 지위를 유지하게 되고, 다른 집단을 배척할 수 있다는 것이다(Portes, 1998). 사회적 자본은 지역공동체 사람들의 규범을 토대로 이루어지기 때문에 다른 규범을 가진 외부인을 쉽게 받아들일 수 없게 한다. 지역공동체 내에서 외부인에게 지위나 기회를 배제시키는 결과를 가져올 수 있다.

둘째, 다른 집단이나 행위자에 대한 정보와 기회의 유용한 접근을 차단할 수 있다. 지배적인 집단은 다른 행위자나 집단이 정보나 기회와 같은 유용한 자원에 접근하거나 활용하려는 것을 방해하려고 그들의 독점적 권한을 사용한다(Adler & Kwon, 2002). 조직에 있어서도 최고관리자 집단은 종업원들의 이익을 착취하기 위해 사회적 자본을 이용할 수 있다. 특히, 배타성은 착취활동과 부패활동을 확산시키는 환경을 조성한다(Adler & Kwon, 2002).

셋째, 집단의 단결력이 너무 강한 경우에는 개인적 자유는 약화되고 높은 충성과 복종만을 요구하게 됨으로써 혁신활동과 창의적 사고를 위한 인센티브를 감소시킬 수 있다(Leana & Van Buren, 1999). 또한 강한 단결은 새로운 아이디어가 네트워크 안으로 들어가는 것을 막을 수도 있다. 과도한 집단의 충성은 사회적 구조 내에서 새로운 정보를 이전하는 데 방해가 될 수 있다(Nahapiet & Ghoshal, 1998).

넷째, 지역공동체나 집단의 참여는 일치성을 필요로 하기 때문에 개인의 자유를 제약하게 된다. Portes(1998)에 의하면 작은 마을의 모든 주민들은 서로 알고 있기 때문에 그런 환경에서는 사회적 통제수준은 강하며 개인의 자유는 제한적이라고 주장하였다. 특별한 집단이나 공동체 내에서 사회적 규범과 의무는 개인적 인센티브를 억제할 수 있다. 또한 경제적 국면에서도 집단이나 공동체의 이익을 창출하기 위해서는 집단이나 공동체의 활동을 통해 개인의 이익활동의 기회를 박탈할 수 있어 개인이익은 감소될 수 있다.

3 사회적 자본의 측정지표

사회적 자본의 개념의 다양성, 다양한 개념적 차원과 유형 등에 따라 사회적 자본의 측정지표 역시 시대와 이념, 국가, 장소, 문제와 상황, 사람 등에 따라 다양하게 제시될 수 있다. 그동안 연구자 및 기관에서 제시된 측정지표를 소개한다.

1) 호주의 가족의 사회적 자본 측정 모형

호주의 가족 대상 사회적 자본의 측정체계는 크게 사회적 자본의 결정요인이 사회적 자본 축적에 영향을 미치고 영향내용이 다시 개인과 가족에게 영향을 미친다는 선순환적 관계 모형을 제시하였다.

그림 7-10 사회적 자본의 핵심 측정지표의 개념적 관계 틀

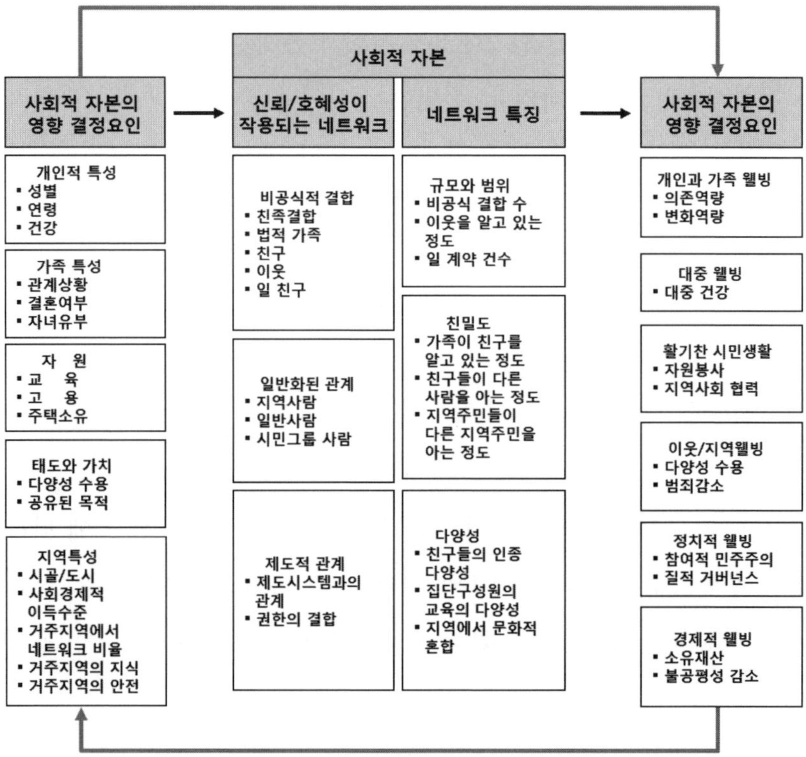

자료: Hughes & Stone(2002); Stone & Hughes(2002)

2) 영국의 사회적 자본 측정 모형

Harper(2002)는 영국의 사회적 자본 측정을 위한 틀을 <표 7-9>와 같이 제시하였다.

표 7-9 영국의 사회적 자본 측정 모형

사회자본 차원	측정내용
사회적 참여 (네트워크)	• 소속된 문화, 레저, 사회적 집단의 수 – 관여의 빈도와 강도 • 자선조직의 관여 – 관여의 빈도와 강도 • 종교적 활동
사회적 네트워크와 사회적 지지 (네트워크)	• 친척, 친구, 이웃과 만나고 대화하는 빈도 • 가상네트워크의 접촉 빈도와 강도 • 가까운 곳에 친한 친구나 친척이 사는 정도 • 어려운 처지에 놓였을 때 도움을 줄 수 있는 사람 • 생활 전반에 걸친 지각된 통제 • 생활만족
상호성과 신뢰 (공유된 규범과 가치)	• 다른 사람들도 나와 같이 신뢰하는 정도 • 사람들이 호의를 가지는 정도 • 공유된 가치의 지각 정도
시민참여(협력)	• 기관에 대한 신뢰 • 일(사건)에 영향을 미치는 능력의 지각 • 지역이나 국가 문제를 알고 있는 정도 • 공공문제 관여나 정치대표자와 접촉 빈도 및 정도 • 투표 성향
지역에 대한 견해 (공유된 규범과 가치)	• 자연환경 • 지역의 시설 • 지역에서 삶의 즐거움 • 범죄공포

자료: Harper(2002: 5)

한편, 영국의 국가통계청(ONS: the Office of National Statistics)은 사회적 통합 가치를 기반으로 사회적 자본에 대한 거시적인 접근방식을 채택하면서 <표 7-10>과 같은 측정지표를 제시하였다.

표 7-10 영국의 사회자본 측정지표

지 표	측정질문
참여, 사회적 관여, 헌신	1. 지역 집단에 관여 및 참여 2. 지역 집단에 관여하는 데 지각된 장애요인 3. 지역 집단에 관여의 수준/강도 4. 일과 연계된 자발적 조직의 참여 5. 정치적 활동이나 투표 6. 클럽이나 집단의 멤버십 7. 지역 레저에 대한 긍정적 활동 관여 8. 종교적 활동 9. 실제적 호의 10. 다른 사람들에게 정기적인 도움 활동 11. 이웃과의 친교
통제, 자기존중	1. 공동체 문제에 대한 지각된 통제 2. 자신의 건강에 대한 지각된 통제 3. 조직에 대한 지각된 통제 4. 삶의 통제에 대한 만족감 5. 시민의 지각된 권리와 책임성 6. 정치적 결정에 대한 지각된 영향력 7. 삶에 대한 지각된 만족 8. 임파워먼트나 심리적 통제
공동체 구조 수준과 특징 지각	1. 지역에서 삶의 만족/즐거움 2. 사회수준 변수로 건강으로 보는 정도 3. 지역 소음수준 4. 청결, 낙서, 만행 수준 5. 지역 자원과 서비스(여가 활동, 쓰레기 수거) 6. 건강 서비스 7. 사회경제적 불평등 수준 8. 교육 서비스 수준 9. 지각된 범죄, 안전, 고통 10. 수송의 접근성 11. 마을에서 안전감 12. 어린이 시설
사회적 상호 작용, 사회적 네트워크, 사회적 지지	1. 친구/친척의 가까움 2. 친구/가족/이웃과의 접촉; 빈도 또는 질 3. 친구/친척과 접촉하는 데 지각된 장애물 4. 가족 이외 사람들에게 의존 5. 어린아이 돌봄 6. 사회화 네트워크 정도 7. 여가 네트워크 정도 8. 지각된 사회적 지지 규범

	9. 일에 대한 사회적 관계
신뢰, 상호성, 사회적 결속	1. 지역 이슈에 대한 정보 수준에 대한 만족 2. 지역 거주 기간 3. 기관과 공공 서비스에 대한 신뢰 4. 다른 사람에 대한 신뢰 5. 지각된 삶의 공평성 6. 정치적 구조에 대한 신뢰 7. 사회적 신뢰 8. 공유된 가치의 지각

자료: Harper(2001)

3) 시에나 그룹의 지표

시에나 그룹(Sienna Group for Social Statistics)이 제시한 사회자본 지표들은 표준화된 질문으로 구성되었으며, 이들 지표들은 사회참여(social participation), 사회적 지지(social support), 사회적 네트워크(social networks), 시민참여(civic participation) 등과 같이 영국이 채택한 지표들과 매우 비슷하다.

표 7-11 시에나 그룹의 측정지표

지 표	질 문
1. 사회참여	1. 참여하고 있는 집단의 형태는? 2. 집단에서 적극적인 참여 형태는? 3. 집단의 유형별 참여의 형태는? (대체할 수 있는 선택 질문) 4. (a) 적극적으로 참여하는 집단의 형태는? (b) 집단의 유형별 적극적인 참여 횟수는? (c) 집단의 유형별 적극적인 참여의 형태는?
2. 사회적 지지	1. 대가성 없이 가족 이외 사람에게 도움을 주는 정도 2. 대가성 없이 기족 이외 사람에 도움을 주는 횟수 3. 대가성 없이 가족 이외 사람으로부터 도움을 받는 정도 4. 대가성 없이 기족 이외 사람으로부터 도움을 받는 횟수
3. 사회적 네트워크	1. 친구, 친척, 직장동료들과 접촉 빈도 2. 친구, 친척, 이웃사람들과 접촉 빈도

4. 시민참여	1. (a) 시민행동의 관여(국가 이슈 여부) (b) 시민행동의 관여(국가 이슈로 한정하지 않음) 2. (a) 최근 국가에서 주관한 선거에 투표 참여 (b) 지방정부 단위의 최근 투표 참여

자료: Franke(2005)

4) 기타 기관에서 제시한 지표

현대경제연구원(2014)은 국제사회조사프로그램(ISSP: International Social Survey Program), 유럽사회조사(ESS: European Social Survey), 갤럽월드폴(Gallup World Poll), OECD, 레가툼 연구소(Legatum Institute) 등의 측정 틀을 토대로 사회적 자본의 구성요소별 지표를 <표 7-12>와 같이 제시하였다.

표 7-12 사회적 자본의 구성요소별 지표

구 분	지 표		기준연도	측정내용
사적 사회적 자본	사적 신뢰	타인 신뢰	2010	다른 사람들을 신뢰하는 정도
		친척과 친구 신뢰	2012	어려움에 처했을 때 친구/친척의 의존 정도
		타인에 대한 부정적 경험	2012	일상생활에서 느끼는 부정적 경험의 정도
		가족 구성의 해체	2010	가족 구성에서 차지하는 사별, 이혼, 별거 비율
		이혼율	2011	연간 인구 수 대비 이혼율
	사적 배제	이민자에 대한 관용	2012	이민자가 살기 적합한지 정도
		성소수자에 대한 관용	2012	성소수자가 살기 적합한지 정도
		선택의 자유 인정	2012	다른 국적의 사람들이 살기 적합한지 정도
		어린이의 적절한 성장	2012	어린이에게 적정 성장과 교육기회의 마련 여부
		성별 일과 삶의 균형 차이	2012	하루 중 여가/개인 용무에 사용하는 성별 시간 차
	사적 참여	자원봉사활동 참여	2012	최근 1개월 동안 자원봉사활동 여부
		기부활동 참여	2012	최근 1개월 동안 기부활동 여부
		타인에 대한 도움	2012	최근 1개월 동안 타인을 도왔는지 여부

		종교적 행사 참여	2012	최근 1주 간 종교행사 참여 여부
		평생교육기간	2010	5세 아동이 39세까지 받을 수 있는 교육연수의 합
공적 사회적 자본	공적 신뢰	정부 신뢰	2012	정부에 대한 신임 여부
		사법부 신뢰	2012	사법시스템에 대한 신임 여부
		교육시스템 신뢰	2012	교육시스템이나 학교에 대한 만족 여부
		안전에 대한 신뢰	2012	거주 지역에서의 야간 활동 시 느끼는 두려움 정도
		살인율	2010	인구 중 해당 비율
	공적 배려	경제적 약자 배려	2012	정부의 가난한 사람에 대한 노력 정도
		환경보호에 대한 관심	2012	정부의 환경보호에 대한 노력 정도
		기초생활여건 제공	2012	적절한 숙식을 제공받을 수 있는지 여부
		성실한 사람의 성공	2012	열심히 일한 사람들이 성공할 수 있는지 여부
		GDP 중 복지지출 비중	2012	노인, 장애인, 보건, 가족, 실업, 주거 등 사회정책 관련 지출 비중(현금 및 현물지원의 합)
	공적 참여	공적 업무에 대한 관심	2012	지난달 공적 업무에 대한 관심 표명 여부
		정치적 관리행사 제약	2010	정치적 관리행사에 대한 제약 여부
		정치의견의 정당한 제시	2012	두려움 없이 정치적 의사를 표현할 수 있는지 여부
		일자리 참여 가능성	2012	일할 기회를 얻을 수 있는지 여부
		투표율	2012	인구 중 투표자 비율

자료: 현대경제연구원(2014: 6)에서 재인용

5) 지역공동체에서 사회적 자본 측정지표

Bullen & Onyx(1998)은 지역공동체에서 사회적 자본 수준을 측정하는 측정지표를 다음과 같이 제시하였다.

○ 사회적 자본 설문문항(4점 척도)

① 나는 사회에서 소중하다고 생각한다.

② 공중장소에서 쓰레기를 주어 본 적이 있다.

③ 누군가를 도와준 적이 있다.

④ 지역집단에서 도우미를 한 적이 있다.

⑤ 밤에 거리를 걸을 때 안전하다고 느낀다.

⑥ 대부분의 사람들을 신뢰한다.

⑦ 당신의 집 근처에 누군가의 차가 고장이라면 당신의 집으로 초대해 전화를 사용하도록 한다.

⑧ 당신이 필요로 할 때 친구의 도움을 받을 수 있는가?

⑨ 부득이 외출 때문에 어린이를 맡겨야 할 경우 어린아이를 이웃집에 부탁할 수 있는가?

⑩ 지난 1주일 동안 이웃집에 방문한 적이 있는가?

⑪ 지난 6개월 동안 지역사회 일(마을축제, 학교행사 등)에 참여한 적이 있는가?

⑫ 지역조직이나 클럽의 적극적인 멤버인가?

⑬ 지역공동체가 집 같은 분위기인가?

⑭ 지난 1주일 동안 전화로 친구들과 대화를 나눈 적이 있는가?

⑮ 어제 사람들과 대화한 적이 있는가?

⑯ 주말에 다른 외부 사람을 집에 초대해 점심/저녁을 같이한 적이 있는가?

⑰ 지역에서 쇼핑하러 갔을 때 친구와 아는 사람을 만난 적이 있는가?

⑱ 일상에서 결정할 문제에 있어서 정보가 필요할 때 그 정보를 어디서 찾아야 될지 알고 있는가?

⑲ 지난 6개월 동안 아픈 이웃에게 호의를 베푼 적이 있는가?

⑳ 지역의 집단 혹은 조직을 위해 위원회를 구성하였거나 관리한 적이

있는가?

㉑ 지난 3년 동안 재난 문제해결을 위해 지역공동체에 참석한 적이 있는가?

㉒ 지난 3년 동안 지역공동체 일에 참여한 적이 있는가?

㉓ 지역에서 새로운 서비스를 고안해내기 위한 프로젝트에 참여한 적이 있는가?

㉔ 다른 사람은 동의하고 당신만 동의하지 않는다면 자유롭게 말할 수 있다고 생각하는가?

㉕ 이웃과 다투었다면 중재인을 찾고 싶은가?

㉖ 다문화주의가 거주지역의 생활을 개선한다고 생각하는가?

㉗ 모른 사람을 이웃으로 받아들일 수 있는가?

또한 사회적 자본의 개념적 차원을 구조적 자본, 인식적 자본, 관계적 자본으로 구하여 직장이나 공동체에서 적용할 수 있는 측정문항은 다음과 같다.[8]

표 7-13 구조적, 인식적, 관계적 차원의 측정질문

차 원	측정질문
구조적 자본	1. 우리공동체 구성원들은 유대감이 높다. 2. 우리공동체 구성원들은 상호 협조적이다. 3. 우리공동체 구성원들은 사교적이다. 4. 우리공동체 구성원들은 친밀하게 지낸다. 5. 우리공동체 구성원들은 비공식적인 자리에서 다른 직원들과 쉽게 이야기를 나눈다.
인식적 자본	1. 우리공동체 구성원들은 공동체 비전을 공유하고 있다. 2. 우리공동체 구성원들은 공동체 목표에 동의하고 있다. 3. 우리공동체 구성원들은 공동체 임무에 동의하고 있다. 4. 우리공동체 구성원들은 직무수행과 관련된 이야기가 잘 통한다. 5. 우리공동체 구성원들은 직무수행과 관련하여 같은 생각을 할 때가 많다.

8) 김 구(2012)가 제시한 내용을 공동체에 적용할 수 있도록 정리하였다.

관계적 자본	1. 우리공동체 구성원들은 성실하다. 2. 우리공동체 구성원들은 진실하다 3. 우리공동체 구성원들은 서로 성심으로 대한다. 4. 우리공동체 구성원들은 서로의 능력을 존중한다. 5. 우리공동체 구성원들은 서로 믿는 편이다.

제 5 절 사회적 자본의 발전 방안

사회적 자본을 형성하고 축적할 수 있는 방안을 살펴보기 전에 사회적 자본을 형성할 수 있을까? 사회적 자본을 어떻게 형성하고 축적하여 지속 가능한 공동체를 발전시킬 수 있을까? 등의 질문을 갖게 될 것이다. 이와 같은 질문에 답하기 전에 어느 공동체에 대한 사회적 자본의 발전을 논의하기 위해서는 먼저, 공동체에서 사회적 자본을 형성할 수 있는 토양과 문화, 그리고 공동체 구성원들의 인식은 어느 수준인지에 대한 실태가 파악되고 그 상황에 적합한 맞춤식 방안이 수립되어야 한다. 그 다음에서는 계획에 의해 사람과 자원을 동원하고 끌어들이는 실천행동이 뒤따라야 하며, 실천행동에는 공동체 상황에 적합한 리더십 발휘와 인센티브 등도 지원되어야 한다.

먼저, 사회적 자본의 형성과 구축은 구성원들의 자율적 참여로 이루어져야 하지만 구성원들의 행태가 적극적이지 못하고 피동적인 경우에는 정부의 적극적인 역할이 필요하다. Putnam(1993)과 같은 사회적 자본 옹호론자 및 낙관론자들은 수평적 사회적 자본의 형성과 축적이 지역공동체의 발전에 긍정적 영향을 미칠 것으로 전망하였다(Warner, 2001: 187). 사회적 자본 구축의 가능성을 주장한 연구자들(Evans, 1996; Skocpol, 1996)은 사회적 자본을 발전시키기 위해서는 공식적 정부기관의 역할이 매우 중요하다고 강조하였다(Warner, 2001: 187). Potapchuck et al.(1997)은 사회적 자본 구축에 있어서 국가나 지방정부, 그리고 공동체의 추진과 동원 그룹은 어떤 역할을 해야 될

지에 대한 분명한 방향이 설정되어야 하고, 공동체 실천가를 많이 확보해야 된다고 말하였다. 중앙정부와 지방정부의 역할은 물론 공동체 발전과 관련된 거버넌스의 모든 주체와 협력기관들은 무엇을, 어떻게 해야 될지에 대한 분명한 역할이 명시되어야 하며, 또한 주체들 간의 갈등을 조정하고 해결할 수 있는 조정기제도 마련되어야 한다.

고경훈 외(2012)는 지방자치단체 수준에서 사회적 자본을 확충하기 위해서 가장 먼저 사회적 자본을 위한 지역적 기반의 재정력 확보, 개인 및 마을 수준에서 역량을 갖출 수 있는 지자체의 지원, 운영조례 마련 등을 다음과 같이 제시하였다.

① 전통적 참여기제를 넘어 실질적인 시민참여 기제의 확보
② 시민참여 활동 강화를 위한 지역 네트워크의 접근성 확대 필요
③ 지방자치단체 주도의 개방형 네트워크의 활성화
④ 인적 네트워크 구축 및 운영 제도화
⑤ 지역주민의 참여역량 강화를 위한 상시학습체제 운영
⑦ 자원봉사 활동센터의 제도화 및 접근용이성 확보
⑧ 지역공동체의 자율적 기반 조성을 통한 주민의 자발적 참여 유도
⑨ 마을가꾸기와 마을기업 창설 사업을 통한 지역리더 육성의 제도화
⑩ 조례 등 법제화를 통한 지원체계 구축 필요
⑪ 주민참여형－관광형－주거가치형 농촌 어메니티의 자원화
⑫ 문화·교육 등 융·복합적 지역특화산업 집중 추진으로 사회적 자본 확대
⑬ 지역사회 협의체들의 참여를 유도할 수 있는 기반 운영
⑭ 새로운 소셜미디어 SNS의 적극적 활용을 제도화

둘째, 앞에서 살펴본 사회적 자본의 지나친 강조는 공동체 외부인의 참여와 정보접근의 배제를 가져올 수 있다고 설명하였다. 이를 극복하기 위해

서, 특히 저출산과 인구 감소로 인한 공동체의 형태 자체의 존립이 어려운 상황에서 외부인의 참여와 정보접근의 배제는 부정적인 요인으로 작용할 수밖에 없다. 교통·통신의 발전과 경제권 및 사회생활권의 경계가 사라진 오늘날은 '내가 지금 거주하고 있는 곳이 고향이다'라는 생각의 전환이 필요하고 외부인에 대한 적극적 포용 자세가 필요하다. 이를 위해서는 타지역과의 교류를 촉진하고 그 지역발전의 긍정적 요인과 가치를 학습하여 공동체에 활용할 수 있는 기회가 많아져야 할 것이다. 타인을 존중하고, 타인의 가치를 인정할 때 자신이 그들로부터 존중받고 가치를 인정받는다는 당연한 이치를 생각해야 한다. 타인에 대한 배척은 곧 그들로 하여금 자신을 배척하게 한다.

셋째, 공공성과 시민성, 그리고 책임성에 대한 교육이 이루어져야 한다. 사회적 자본은 무형적 자본이다. 공공성, 시민성, 책임성은 유형재도 사익도 아닌 보이지 않는 공공재를 풍부하게 만드는 것이다. 공공성, 시민성, 책임성 강화는 모범행동을 모방하고 학습하여 동일화 및 내재화할 때 가능하게 되며, 이에 대한 학습은 다양한 시민교육 프로그램을 통해서 이루어질 수 있다. 주민자치센터, 시민들의 모임, 대학, 평생교육기관 등 다양한 교육기관에서 공동체 지속가능성을 위해서뿐만 아니라, 그 공동체 안에서 살고 있는 자신의 풍요로운 삶을 영위하기 위해서도 필요성이 강조되어야 한다.

넷째, 신뢰의 규범을 회복해야 한다. 사회 구성원들이 서로 간 또는 정부에 대해 신뢰를 보내지 않은 이유는 사회제도와 시스템, 법규, 공정성의 문화, 규범 등 구조적인 차원의 요인들이 올바르게 구축되지 못하였거나 정상적으로 작동되지 않다고 인식하는 상황에서 '양보하고 배려하면 나만 손해를 본다'라는 인식의 문제가 복합적으로 작용하기 때문이다. 대인관계에 있어서 양보와 배려는 상대방의 감동과 존중을 가져오게 되고 이를 기반으로 신뢰가 구축되는 것이다. 하지만 경쟁의 시대에서 양보와 배려는 자신의 손해만을 가져온다는 그릇된 생각이 뿌리내리고 확산되어 당연하게 받아들인다면 우리사회의 신뢰는 회복되기 힘들다. 양보하고 배려하는 행동학습이 필요하다.

이상과 같이 공동체에서 사회적 자본의 형성 및 축적에 있어서 보편적으로 고려해야 할 가치와 내용을 살펴보았다. 다음은 사회적 자본의 개념적 인과관계를 통해 사회적 자본이 어떻게 발전될 수 있는지를 시사점으로 삼을 수 있을 것이다.

먼저, 사회적 자본의 인과관계에 대한 전방경로모델이다. 이 모형은 기본적 모형으로 지역공동체 참여를 촉진시키기 위해서는 사회적 상황주도와 신뢰와 안전감의 요인이 설명요인으로서 작용해야 하고, 이들 관계에서 매개요인으로서 이웃 간 연결, 삶의 가치, 다양성의 수용이 촉진되어야 한다는 모형이다. 특히, 이웃 간 연결과 가족 및 친구와의 연결 관계는 지역공동체 참여를 긍정적으로 영향을 미친다는 가설이다.

그림 7-11 사회적 자본의 개념적 인과관계 모형(전방경로모형)

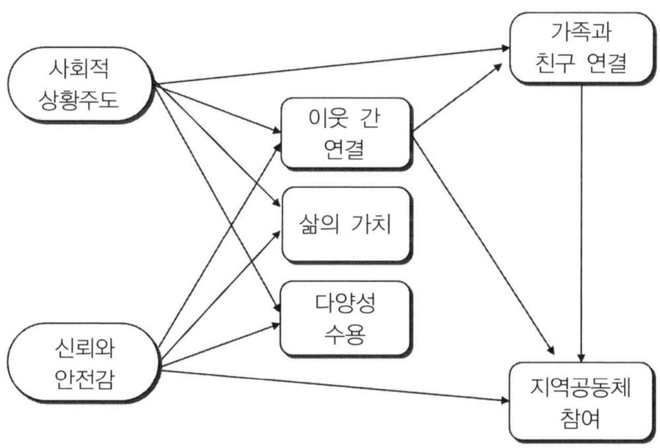

자료: Bullen(2007)

두 번째는 후방경로모형은 전방경로모형의 역모형으로서 목표상태인 지역공동체 참여수준을 높이는 경우 전방경로모형에서 설정된 설명요인 및 매개요인이 역으로 피설명요인 및 피매개요인으로 작용된다는 가설이다. 이

모형에 의하면 지역공동체 참여 수준의 제고는 구성원들이 신뢰감과 안전감을 가지게 되고 이웃, 가족, 친구 간의 연결성이 높아져서 사회적 상황에 긍정적인 영향을 미친다는 것이다. 또한 이웃간 연결, 삶의 가치, 다양성의 수용 등의 요인도 사회적 상황과 신뢰와 안전감 증대에 긍정적인 영향을 미친다는 가설이다.

그림 7-12 사회적 자본의 개념적 인과관계 후방경로모형(역경로모형)

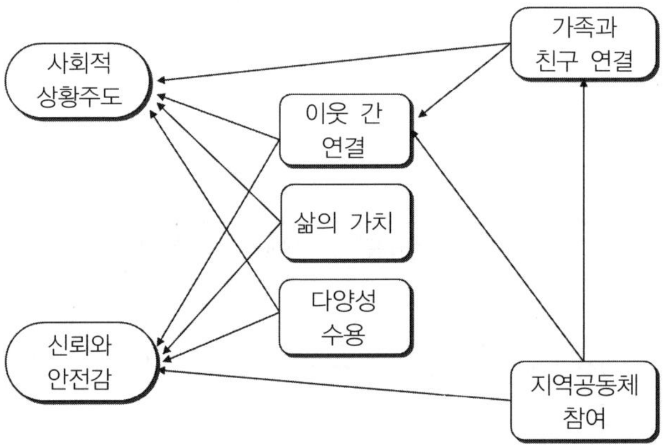

자료: Bullen(2007)

세 번째는 전방경로모형을 수정한 가설적 관계이다. 앞에서 제시된 전방경로모형에 신뢰와 안전감이 사회적 상황주도에, 사회적 상황주도가 가족 및 친구 연결, 지역공동체 참여 등에 영향을 미치는 경로가 추가되었으며, 또한 가족 및 친구의 연결이 이웃 간의 연결에 영향을 미친다는 경로가 추가된 것이다. 그리고 매개요인 간의 관계에서도 이웃 간의 연결은 삶의 가치를 가져오고 이로 인해 다양성 수용에도 긍정적 영향관계를 가진다는 가설이 추가된 것이다.

그림 7-13 사회적 자본의 인과관계 모형(전방경로모형 수정)

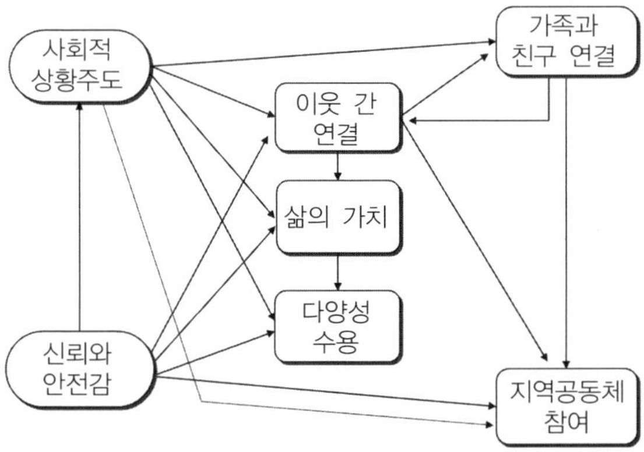

자료: Bullen(2007)

네 번째는 후방경로모형에 대한 역경로관계를 수정한 모형으로서 지역공동체 참여와 신뢰와 안전감 제고는 사회적 상황주도에 영향을 미치고 이웃 간의 연결도 가족과 친구 간 연결에 영향을 미친다는 가설이다. 또한 개방성과 다양성 수용은 삶의 가치를 높이고 이로 인해 이웃 간 연결에 영향을

그림 7-14 사회적 자본의 인과관계 모형(후방역경로모형 수정)

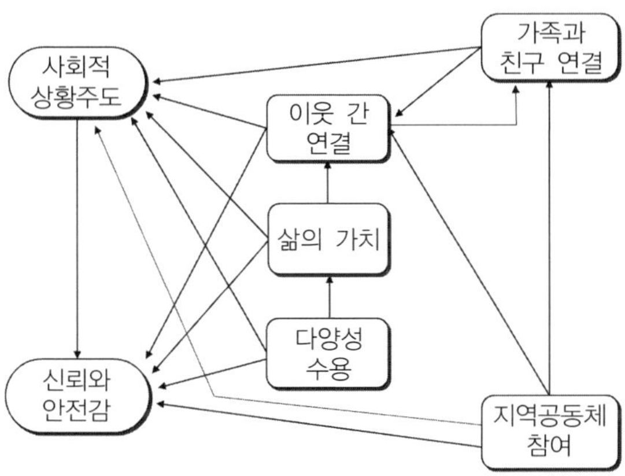

자료: Bullen(2007)

미침으로써 가족과 친구 간의 연결도 촉진시킨다는 설정이다.

이상과 같이 사회적 자본을 발전시킬 수 있는 구성요인들 간의 개념적 관계를 4가지 유형의 가설적 모형으로 제시하였다. 이들 모형은 전방향모형은 개인수준에서 집단 및 지역공동체 수준에 영향을 미친 반면, 역방향모형은 집단 및 지역공동체 수준에서 개인수준에 영향을 미친다는 가설적 경로관계이다. 이들 모형은 지역공동체 수준에서 사회적 자본을 확충하고 축적하기 위한 전략적 관점에서 어떻게 활용하느냐에 따라 그 성과가 달라질 수 있다. 지역공동체 발전방안의 틀을 전방향모형에 기초할 경우 설명요인 및 매개요인으로 설정된 상황과 수준이 파악되어야 할 것이며, 후방향모형에 기초할 경우에는 지역공동체 참여의 촉진이 설명요인 및 매개요인에 영향을 미쳐 개인의 행복수준을 향상시킬 수 있다는 설명과 이해가 필요하다.

참고문헌

고경훈 · 안영훈 · 김건위(2012). 『지방자치단체의 사회적 자본 측정 및 증진방안』. 한국지방행정연구원.

국회전자도서관. http://dl.nanet.go.kr. (검색일: 2016. 1. 2).

김 구(2012). 사회자본과 지식관리 활동 및 조직성과의 영향 관계에 관한 연구: 지방공무원의 인식수준을 중심으로. 『한국행정연구』, 21(1): 125-161.

——(2013). 공공조직 구성원의 신뢰기반에 따른 신뢰유형이 지식공유에 미치는 영향: 지방공무원의 인식수준을 중심으로. 『정보화정책』, 20(4): 23-50.

누리미디어. http://www.dbpia.co.kr. (검색일: 2016. 1. 2).

심원술 · 전옥규(2006). 보상의 공정 지각이 조직몰입에 미치는 영향에 관한 실증연구: 신뢰 유형의 매개 역할을 중심으로. 『인력개발연구』, 8(1): 69-98.

이병기(2009). 『사회적 자본의 축적과 경제성장을 위한 정책과제: 신뢰의 정책적 함의』. 한국경제연구원.

장시준(2006). 『사회자본 개념과 교육적 시사점(이슈리포트)』. 한국교육학정보원.

장용석 · 정장훈 · 조문석(2009). 한국의 사회적 자본과 갈등: 사회적 자본의 다면적 속성을 대한 재조명. 『조사연구』, 10(2): 45-69.

최항섭(2007). 정보사회의 신뢰와 사회적 자본. 『2007년 사회적 자본 특별 심포지움 발표자료』, 2007. 9. 5.

한 준(2007). 사회적 자본의 국제비교. 『직업과 인력개발』, 가을: 14-21.

현대경제연구원(2014). OECD 비교를 통해 본 한국 사회자본의 현황 및 시사점: 공적신뢰 회복을 위한 국가시스템 개조가 필요하다. 『경제주평』, 14-21: 1-17, 2014. 5. 23.

Adam, F. & Roncevic, B.(2003). Social Capital: Recent Debates and Research Trends. *Social Science Information*, 42: 155-183.

Adler, P. S. & Kwon, S. W.(2002). Social Capital: Prospects For a New Concept. *The Academy of Management Review*, 27(1): 17-40.

Bain, K. & Hicks, N.(1998). Building Social Capital and Reaching out to Excluded Groups: The Challenge of Partnerships. in *Paper Presented at CELAM Meeting on The Struggle Against Poverty Towards the Turn of the Millenium*. Washington

D.C.

Bankston, C. L. & Zhou, M.(2002). Social Capital as a Process: The Meanings and Problems of a Theoretical Metaphor. *Sociological Inquiry*, 72: 285－317.

Bourdieu, P.(1985). The Forms of Capital. in J. G. Richardson(ed.). *Handbook of Theory and Research for Sociology of Education*. New York: Greenwood.

Bullen, P.(2007). Social Capital Factors: Plausible Theory about Causal relationships. *Discussion Paper*. www.mapl.com.au

Bullen, P. & Onyx, J.(1998). Measuring Social Capital in Five Communities in NSW. *CACOM Working Paper Series*. Centre for Australian Community Organisa－tions and Management(CACOM), no 41.

Claridge, T.(2004a). Social Capital and Natural Resource Management. *Unpublished Thesis*, University of Queensland, Brisbane, Australia. http://www.socialcapitalresearch.com. (Retrieved on May 30, 2011).

——(2004b). Definitions of Social Capital. http://www.socialcapitalresearch.com. (Retrieved on January 2, 2016).

Coleman, J. S.(1988). Social Capital in the Creation of Human Capital. *American Journal of Sociology*, 94: 95－120.

——(1990). *Foundations of Social Theory*. Cambridge: Harvard University Press.

Evans, P.(1996). Government Action, Social Capital and Development: Reviewing the Evidence of Synergy. *World Development*, 24(6): 1119－1132.

Grootaert, C., Van Bastelaer, T.(2002). *Understanding and Measuring Social Capital: a Multidisciplinary Tool for Practitioners*. Washington, D.C.: World Bank.

Franke, S.(2005). *Measurement of Socail Capital Reference Document for Public Policy Research*, Development, *and Evaluation*. Policy Research Initiative. Canda, September.

Foxton, F. & Jones, R.(2011). Social Capital Indicators Review. *Office for National Statistics*, 19(September): 1－7.

Harper, R.(2001). *Social Capital A Review of the Literature: Social Analysis and Reporting Division Office for National Statistics*. October.

——(2002). *The measurement of Social Capital in the United Kingdom*. National Statistics, September.

Hean, S., Cowley S., & Forbes, A.(2003). 'The M－C－M' Cycle and Social Capital. *Social Science Medicine*, 56: 1061－1072.

Heffron, J. M.(2000). Beyond Community and Society: The Externalities of Social Capital Building. *Policy Sciences*, 33: 477－494.

Herreros, F.(2004). *The Problem of Forming Social Capital: Why Trust?*. New York, N.Y.: Palgrave Macmillan.

Hitt, M. A., Uklee, H., & Emreyucel(2002). The Importance of Social Capital to the Management of Multinational Enterprise: Relational Networks Among Asian and Western Firms. *Asia Pacific Journal of Management*, 19(2/3): 353－372.

Hughes, J. & Stone, W.(2002). Families, Social Capital & Citizenship Project. *Australian Institute of Family Studies: Fieldwork Report*, May.

Jochum, V., Patten, B., & Wilding, K.(2005). *Civil Renewal and Active Citizenship: A guide to the Debate*. London: National Council for Voluntary Organisations.

Khan, H. & Muir, R.(2006). Sticking Together: Social Capital and Local Government. *The Results and Implications of the Camden Social Capital Surveys 2002 and 2005*. London Borough of Camden.

Kilby, P.(2002). Social Capital and Civil Society. *Canberra: National Centre for Development Studies at ANU*. pp. 1－15.

Leana, C. R. & Van Buren Ⅲ., H. J.(1999). Organizational Social Capital and Employment Practics. *Academy of Management Review*, 24(3): 538－555.

Lewis, J. M.(2010). *Connecting and Cooperating: Socal Capital and Public Policy*. Sydney: A UNSW Press Book.

Nahapiet, J. & Ghoshal, S.(1998). Social Capital, Intellectual Capital, and the Organization Advantage. *Academy of Management Review*, 23(2): 242－266.

Narayan, D. & Cassidy, M. F.(2001). A Dimensional Approach to Measuring Social Capital: Development and Validation of a Social Capital Inventory. *Current Sociology*, 49: 59－102.

Portes, A.(1998). Social Capital: Its Origins and Applications in Modern Sociology. *Annual Review of Sociology*, 24: 1－25.

Potapchuck, W., Crocker, J., Schechter, W., & Boogaard, D.(1997). *Building Community: Exploring the Role of Social Capital and Local Government.*

Washington, D.C.: Program for Community Problem Solving.

Putnam, R. D.(1993). *Making Democracy Work. Civic Traditions in Modern Italy.* Princeton: Princeton University Press.

——(2000). *Bowling Alone. The Collapse and Revival of American Community.* New York: Simon and Schuster.

Sahin, I.(2010). Organizational Social Capital and Perceived Performance of Drug Law Enforcement Departments: A Case Study in Turkey. *Doctoral dissertation*, University of Central Florida.

Skocpol, T.(1996). Unravelling from above. *The American Prospect*, 25(March–April): 20–25.

Stone, W.(2001). Measuring Social Capital: Towards a Theoretically Informed Measurement Framework for Researching Social Capital in Family and Community Life. *Family Matters*, Autumn: 38.

Stone, W. & Hughes, J.(2002). Social Capital: Empirical Meaning and Measurement Validity. *Research Paper*, 27, Melbourne: Australian Institute of Family Studies.

Warner, M.(2001). Building Social Capital: The Role of Local Government. *Journal of Socio–Economics*, 30: 187–192.

Woolcock, M.(1998). Social Capital and Economic Development: Towards a Theoretical Synthesis and Policy Framework. *Theory and Society*, 27: 151–208.

Woolcock, M. & Narayan, D.(2000). Social Capital: Implications for Development Theory, Research, and Policy. *The World Bank Research Observer*, 15: 225–249.

http://web.worldbank.org/WBSITE/EXTERNAL/TOPICS/EXTSOCIALDEVELOPMENT/EXTTSOCIALCAPITAL/0,,contentMDK:20193059~menuPK:418220~pagePK:148956~piPK:216618~theSitePK:401015,00.html. (Retrieved on January 2, 2016).

http://www.worldwork.biz/legacy/www/docs2/team_trust.phtml.

제 8 장

사회적 통합과 배제

제 1 절 사회적 포용 및 통합

1 사회적 포용과 통합의 개념

가정, 직장, 집단, 취미동호회, 지역사회, 국가 등 어떤 수준의 공동체라고 하더라도 공동체가 형성되고 지속되기 위해서는 포용과 통합이 이루어져야 하고, 공동의 목표를 정해진 시간에 달성하기 위해서는 협력과 단결이 이루어져야 한다.

1) 사회적 포용

사회적 포용은 기존의 구성원들이 새로운 구성원들을 공동체의 구성원으로 인정하고 받아들이는 것이다. 공동체의 적정 규모가 유지되기 위해서 가장 중요한 자원이 사람이고, 일정 규모의 사람이 있어야 한다. 또한 공동체가 지속 가능하기 위해서는 공동체 구성원들의 연대감(connectedness)과 상호 의존성(interdependence)이 존재해야 한다. 공동체의 연대감은 사람들을 공동체에 가입하게 하고, 공동체 외부의 사람들을 끌어들임으로써 회복되는 것이다(Lloyd et al., 2006: 1－2). 연대감과 상호 의존성은 공동체 구성원들 사이에 가치, 신념, 비전을 공유함으로써 조성된다.

사회적 포용(social inclusion)은 친목관계나 공동체에 가입하여 활동하는데 있어서 가장 필수적 요소이다. 사회적 포용에 대한 사전적 의미는 "고용, 주택, 의료, 교육과 훈련 등과 같이 사회에서 모든 개인이나 집단들에게 특정 권리가 제공되는 것"[1]으로 기술되어 있는데, 이 의미는 사회의 모든 구성

1) http://www.collinsdictionary.com/dictionary/english/social－inclusion. (Retrieved on January 9, 2016).

원들이 자신에게 주어진 권리를 누릴 수 있는 제도, 환경, 규범 등이 마련되어 있고, 실제에 있어서도 구성원들에게 정보와 기회의 접근이 공정하게 주어지는 체계와 과정을 총칭하는 개념이다. 포용적인 공동체가 되기 위해서는 사회의 다른 사람들과 정해진 권한과 자원을 공유하기 위하여 동등한 기회가 제공되어야 하고(Lloyd et al., 2006: 1-2), 그런 실천행동을 위한 규범의 정립과 제도 등이 마련되어야 한다.

2) 사회적 통합

모든 사회 현상을 다루는 개념이 포괄적이고 다양하게 제시되고 있듯이 사회적 통합의 개념 역시 다양하게 설명될 수 있다. 사회적 통합(social integration)의 개념은 공동체의 대상, 규모, 구성원들의 특성, 사회적 배경과 문화, 추구하는 가치와 목표 등에 따라 다양하게 설명될 수 있다. 인터넷 '위키피디아'에서는 "모든 구성원들이 성취하고 평화로운 사회관계를 유지하기 위해 대화에 참여하는 동태적 · 구조적 과정"으로 제시하고 있다.

사회적 통합은 '협의의 사회통합'과 '광의의 사회통합'의 이중적 의미를 내포하고 있다. 협의의 사회통합이 "한 사회가 유지되고 재생산되기 위해 요구되는 사회의 조직 원리에 대한 구성원들의 규범적인 동의"를 말한다면, 광의의 사회통합은 이러한 "협의의 사회통합과 체계통합이 결합된 것"을 지칭한다. 여기서 체계통합(system integration)이란 한 사회가 유지되고 재생산되기 위해 요구되는 하위부분들의 기능적인 결합을 의미한다(조석주 외, 2012: 20-21에서 재인용). 이와 같은 정의는 사회적 통합은 공동체 구성원들의 규범적 동의와 사회체계를 이루는 기능들의 결합으로 정리할 수 있다.

2 사회적 포용과 통합의 필요성

우리나라에서 "사회적 통합"에 대한 학문적 관심사를 전문학술지 제공서비스 기관인 '누리미디어'에 등록된 건수를 보면 우회적으로 알 수 있다.[2] 근래에 들어 사회적 통합에 관한 다양한 학술지가 발표되고 있다는 것은 우리 사회가 사회적 통합을 필요로 하고 있다는 방증으로 볼 수 있다.

사회적 통합은 사회적 분열, 사회적 배제, 대립과 양극화 등의 상태를 개선함으로써 안전하고 안정적인 공정사회로의 이동에 초점을 맞추고 있다. 사회적 통합은 사회갈등을 제어하고 사회적 합의를 창출하는 동시에 구성원들에게 사회적 가치를 개인적 삶의 의미로 내면화하게 하여 사회의 내적 결속을 높이는 기능을 담당한다. 하지만 사회 양극화와 사회갈등이 증가하고 사회적 합의 창출이 어려워지면, 자기 사회에 대한 구성원들의 소속감과 연대감이 약화되는 사회적 통합의 위기가 가시화될 가능성이 높다. 사회 양극화나 사회갈등의 수준이 높은 경우 사회적 통합의 정도는 낮아질 수밖에 없으며, 따라서 양극화와 갈등 해소를 어떻게 할 것인가는 사회적 통합의 제고가 중요한 과제라고 할 수 있다(조석주 외, 2012: 21).

사회적 통합에 대한 지역공동체의 역할의 중요성도 강조되고 있다. 채종헌(2014)은 공동체 활동은 사회참여를 증대시킨다는 관점에서 사회통합을 증진하지만, 공동체 중심의 활동은 공동체 구성원 이외의 사람들을 배척하고 공동체의 이기주의적 결과를 유발할 가능성이 있다고 주장하면서, 사회

2) 사회적 통합의 키워드에 대한 누리미디어(www.dbpia.co.kr)에 등록된 학술지 등록 건수는 다음과 같다. 2015년(185), 2014년(206), 2013년(212), 2012년(242), 2011년(230), 2010년(215), 2009년(175), 2008년(164), 2007년(129), 2006년(102), 2005년(73), 2004년(66), 2003년(48), 2002년(92), 2001년(34), 2000년(29), 1999년(12), 1998년(17), 1997년(14), 1996년(13), 1995년(12), 1994년(9), 1993년(9), 1992년(4), 1991년(10), 1990년(2), 1989년(1), 1988년(1), 1987년(1), 1985년(2), 1984년(2), 1978년(1), 1977년(1), 1975년(1), 1970년(1), 1969년(2).

적 통합은 관용의 정신을 기반으로 하는 적극적인 상호 교류가 전제되어야 하며 차이와 자유를 존중하고 일치성보다는 연결성의 상호성을 강조하는 활동이 중요하다고 강조하였다.

사회적 통합은 다문화사회 이주민의 정착을 위해서도 중요하다. 하지만 이주민들의 사회적 통합을 지나치게 강조할 경우 동질적 사회를 위한 사회적 통합의 시도 자체가 이주자 개인이나 집단의 정체성과 문화를 위협하는 것으로 인식될 수도 있다(이소영, 2013). 정체성은 이주민의 문제가 아니라 이들을 포용하는 공동체 주민들의 의식과 태도와도 관련된 문제이기 때문에 이주민들의 문화적 정체성을 인정하면서 동시에 이들이 지역공동체에 잘 정착할 수 있도록 일상생활 공간상에서 야기될 수 있는 사회·문화적 갈등요소들을 줄여나가는 노력들이 필요하다(이소영, 2013).

사회적 포용과 통합은 사회적 분열, 사회적 배제, 사회적 대립과 갈등, 사회적 양극화 등의 상태를 개선하여 안정된 사회를 만들기 위한 목적가치이자 해소해야 할 과제이다.

3 공동체 단결

공동체 단결은 공동체 지역 안에 다른 사람, 다른 가치와 특성들을 가진 사람들을 전제로 한다. 공동의 목표와 활동을 수행하기 위해서는 다른 가치와 특성을 가진 사람들의 단결이 필요하다. 공동체 단결은 다른 가치와 특성을 가진 사람들에 대한 사회적 포용(social inclusion)이 있어야 하고, 그들에게 정보와 활동에 대한 접근기회와 대우의 공평성이 유지되어야 한다. 공동체 단결은 구성원들이 가진 다양한 잠재력을 생성시키고 키울 수 있을 때 강력하게 발휘된다. 다르다고 해서 차별하는 것이 아니라 다름 속에서 가치와 잠재력을 찾고 그것들을 융합하여 공동체 발전을 위한 기회와 자원으로 삼아야 한다(The Knowsley Partnership, 2009).

공동체 단결을 방해하는 장애요인은 무형적일 수도 있지만 유형적인 요인도 있다. 장애요인들의 특성은 많은 돈을 소유하는 일, 건강, 사회적 활동에 참여하겠다는 확신 등과 관련될 수 있고, 때로는 차별과 같은 명백한 장애요인들이 있지만 차별적 요소가 분명하게 드러나지 않을 수도 있다.

공동체 전체 수준에서 공동체 단결을 위한 기여요인은 다음과 같다(The Knowsley Partnership, 2009).

① 이민족에 대한 공평성과 사회적 포용
② 커뮤니케이션 및 기술(technology)에 대한 명확하고 공개적인 접근
③ 지역의 건강증진프로그램
④ 깨끗한 환경 개선
⑤ 범죄공포 및 반사회적 행동에 대한 방어
⑥ 일관적 공평성, 다양성과 문화의 존중
⑦ 분명하고 강한 지속 가능한 공동체 전략 연계
⑧ 가족/젊은층/세대 등 모두가 참여할 수 있는 활동(일)
⑨ 경제적 발전과 재생
⑩ 스포츠, 문화이벤트 등 다양한 활동
⑪ 공동체 약속
⑫ 공동체 임파워먼트
⑬ 주거목적의 저렴한 주택

공동체의 단결은 공동체 전체 수준에서 시스템, 기능, 문화, 규범 등이 갖추어져야 하지만 개인수준에서 달결할 수 있는 요인들을 마련하는 것도 중요하다. [그림 8-1]은 개인수준에서 공동체 단결을 위한 구조를 나타낸 것이다.

그림 8-1 개인수준에서 공동체 단결의 구조

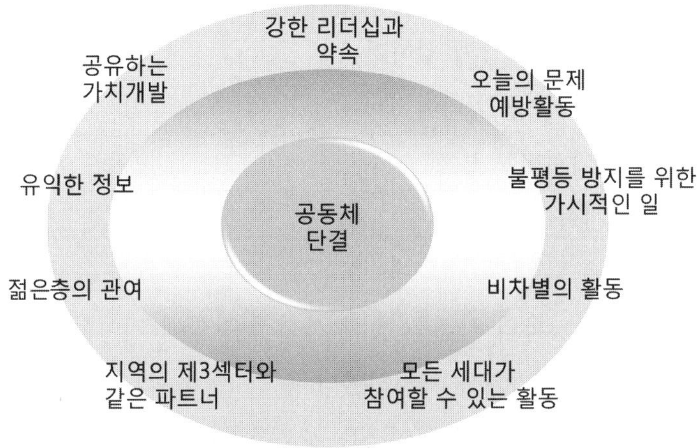

자료: The Knowsley Partnership(2009)

4 포용과 통합의 방안

공동체 구성원들의 포용은 어떻게 해야 하는가. Chapman et al.(2001)은 공동체 구성원들의 포용을 위한 주요 원칙을 다음과 같이 제시하였다.

① 신뢰

② 평등

③ 분명한 역할과 책임

④ 진정한 경청

⑤ 권한의 공유

⑥ 의사결정의 접근성과 투명한 의사결정구조

⑦ 임파워먼트

⑧ 모든 파트너들을 위한 훈련, 스킬 개발, 교육

그리고 Nash(2002)는 사회적 포용을 촉진하기 위한 4가지 기본 활동도 다음과 같이 제시하였다(Lloyd et al., 2006: 2).

① 서비스 제공자와 함께 일하기

② 결연 형성과 공공 미디어 교육

③ 공동체 이니셔티브 발전

④ 법적 틀 개혁

DCLG(2012)는 영국의 사례를 통해 사회적 통합에 기여할 수 있는 핵심 요인을 다음과 같이 5가지를 제시하였다.3)

① 공동의 관심분야: 다른 차이점을 강조하기보다는 공통으로 가지고 공유하는 열망, 가치 등을 찾는다.

② 책임성: 개인적 책임은 물론 사회적 책임성을 제고할 수 있도록 상호간 이행해야 할 의무를 분명히 하고 강화시킨다.

③ 사회적 이동성: 생활에서 자신의 잠재력을 실현할 수 있는 기회와 자원을 제공한다.

④ 참여와 임파워먼트: 모든 사람들이 지역이나 국가에서 의사결정의 기회를 가지며, 그들의 의견을 들을 수 있어야 한다.

⑤ 편견과 극단주의 방어: 분열과 조장하고 긴장을 증가시키는 차별, 극단주의, 무질서 등의 위협에 대한 강력한 대응

---

3) Department for Communities and Local Government.

그림 8-2 통합의 기여요인

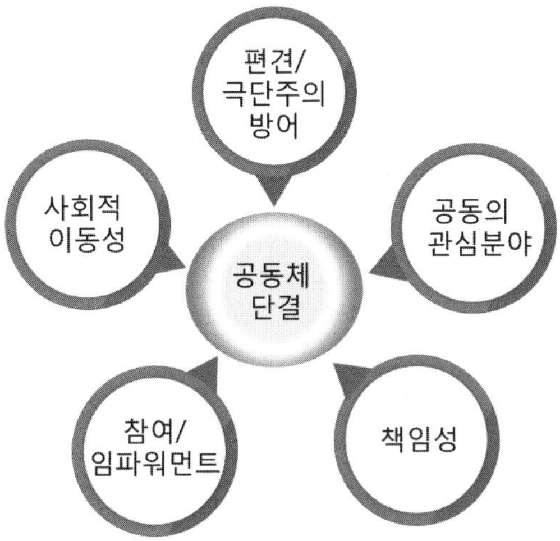

5 사회적 포용과 통합의 측정

사회적 포용과 통합 방안을 논의하기는 정말 어려운 일이다. 어디에서부터 출발해야 하고, 무엇을 위해, 어떻게 할 것인가를 논의하는 것은 쉬운 일이 아니다. 또한 포용 및 통합의 대상을 규정하는 것도 쉬운 일이 아니다. 누가 누구를 포용할 것인가, 이주민을 포용 및 통합의 대상으로만 봐야 할 것인가? 아니면 이주민들의 문화와 규범, 그리고 그들의 정체성을 인정하고 존중하는 범위와 수준은 어디까지인가? 등 여타 사회현상에 관한 문제와 같이 사회적 포용과 통합의 문제를 논의하는 것은 대상, 범위, 제도와 정책, 사람, 관습과 문화, 사회적 배경, 언어 등 많은 요인들이 영향을 미친다. 그러나 한 가지 분명한 것은 이주민의 국가와 인종, 또는 특성이 어떠하더라도 '인간존중'이나 '휴머니즘'에 대한 사고와 접근은 어느 시대나 공동체에서 보편적으로 적용될 수 있는 토양이자 출발이라고 볼 수 있다. <표 8-1>은 EU가 제

표 8-1 EU의 사회적 포용의 지표 차원

차 원	내 용
빈곤예방 (Poverty Prevention)	빈곤상황에서 사회적 참여와 생활의 자기결정은 쉽지 않다. 특히, 젊은층에 있어서 사회적·경제적 배제는 빈곤에 영향을 미치는 가장 큰 결정요인이다.
공평교육 (Equitable Education)	좋은 품질의 교육에 대한 공평한 접근은 공평한 역량의 제공과 발달의 기회(수직적 이동, 사회의 성공)를 가질 수 있는데 필수적인 요인이다. 공평한 교육은 세습적인 사회적 배제의 고리를 끊을 수 있고, 사회적 통합을 지지하는 데 중요하다. 평생학습도 공평한 교육을 실현하는 접근방법 중의 하나이다.
노동시장에의 접근 (Labor-market access)	고용은 소득을 제공하고 사회적 참여를 촉진시킨다. 직업에 대한 참여는 개인의 지위를 결정하는 중요한 요인이다. 노동시장에서 지속적인 배제는 개인의 자아실현의 기회, 빈곤위험의 증가 등에 영향을 미치며, 심각한 스트레스와 건강에도 좋지 않은 영향을 미친다.
건 강 (Health)	사람의 생사의 조건은 정치적·사회적·경제적 힘에 의해 이루어진다. 사회적·경제적 정책은 어린이와 청소년의 성장과 발달을 도와 잠재력을 키우고 건강한 생활을 할 수 있도록 영향을 미친다. 청소년들의 건강관리에 대한 접근을 강조하는 것은 이들이 사회에서 적극적이고 왕성한 활동을 할 수 있기 때문이다.
사회적 단결과 비차별 (Social cohesion and non-discrimination)	사회적 단결과 비차별은 사회적 참여 및 배제와 대칭적인 국면이다. 공동체를 발전시키기 위해서는 공유하는 가치·목표는 물론 동등한 기회 등이 주어져야 한다.
세대 간 공정성 (Intergenerational justice)	젊은층과 노령층 사이의 사회적 부담에 대한 공유는 미래세대에게 열망을 갖도록 하는 준비이다.

자료: http://www.social-inclusion-monitor.eu. (Retrieved on January 7, 2016)

시한 사회적 포용의 지표로서 인간의 기본적 니즈에 충족시키기 위해서 고려해야 될 차원과 내용이다.

제 2 절 사회적 배제

1 사회적 배제의 대두와 개념

사회적 배제(social exclusion)의 용어는 사회보장제도의 토대가 되는 고용으로부터 배제된 다양한 사람들을 분류(지적장애와 지체장애, 고령층, 학대피해아동, 한부모, 소외계층, 반사회적인 사람, 부적응자 등)하면서 학술적으로 수용되기 시작하였으며, 1980년에는 경제위기와 복지국가의 위기(실업, 가족을 포함한 사회적 유대의 불안정성, 노동조합, 이주민의 통합의 부족 등)에서 야기된 사회적 문제와 관련된 다양한 사회적 불이익(social disadvantage)을 설명하면서 그 사용이 확산되었다(김 구, 2014: 63).

사회적 배제의 개념 역시 다양하다. 먼저, 『옥스퍼드사전』에 의하면 사회적 배제(social exclusion)란 "전형적으로 빈곤의 결과로 나타난 상태, 또는 소수집단에 소속되어 일반적인 사회시스템과 그 보편적인 권리와 특권에서 제외되는 것"으로 정의하고 있으며, 인터넷 '위키피디아'에 의하면 "개인이나 공동체가 다양한 권리, 기회, 자원 등(예 주택, 고용, 건강, 시민관여, 민주적 참여, 적법절차 등)에서 체계적으로 봉쇄된 과정"으로 제시하고 있다.

또한 학자들의 정의를 보면, 먼저 de Haan & Maxwell(1998: 12-13)은 사회적 배제의 개념적 속성으로서 통합된 존재(being integrated)를 반영하는 사회적 통합(social integration)에 반대되는 개념으로 정의하면서 "경제적, 사회적, 정치적 영역에서의 배제 혹은 박탈(deprivation)"로 규정하였으며, Gore & Figueiredo(1997: 8)은 "개인이나 집단이 시민권(citizenship)과 관련된 재화, 서비스, 활동, 자원 등에 접근하는 것이 제한되는 사회적 관계(social relationships)의 반복적 패턴"으로, European Foundation(1995: 4)은 "개인이나 집단이 현재 살고 있는 사회에서 완전한 참여에 전체적으로나 부분적으로 배제되어 있는 과정"으로 정의하였다(Pradhan, 2006). 또한 Truner(1986)는 "사회 내 특정 집단이나 개인이 사회, 경제, 정치활동 및 그 참여과정에서 사회의 희소자원에 접근할 수 없거나 그 분배가 공정하게 이루어지지 않는 경우"로 제시하였다(김 구, 2014: 63-64에서 재인용). 이렇게 사회적 배제 개념을 다양한 내용으로 정리하면, 개인들이 규범적으로나 실제적으로 수용할 만한 수준에서 경제적, 사회적, 정치적, 문화적 활동을 할 수 없는 상태이거나 그들이 필요로 하는 활동을 위해 필요로 하는 영역에 참여할 수 없거나 그런 기회에 접근할 수 없고 차단, 또는 제한받고 있는 상태로 정리할 수 있다.

앞에서 살펴본 사회적 포용(social inclusion)은 사회적 배제(social exclusion)와 반대적 개념으로 사용되기도 한다. 보통 사회적 포용은 사회의 모든 구성원들이 공정한 기회를 가지고 활동하며 공동체에 모두가 참여하는 현상을 의미하는 데 반해, 사회적 배제는 공정한 기회를 가지지 못하거나 접근에 제한되는 상태를 의미한다(The Charity Commission, 2001). 이와 같은 사회적 배제의 상태가 심화되면 갈등과 분열을 야기하며 결국은 경제적 격차로 이어지게 된다.

우리나라에서 "사회적 배제"에 대한 학문적 관심사를 전문학술지 제공서비스 기관인 '누리미디어'에 등록된 건수를 보면 우회적으로 알 수 있다.[4] 사회적 배제에 관한 학술적 관심사는 2000년부터 다양한 학술지가 증가 발표되고 있다는 것을 보여주고 있으며, 이는 우리사회에서 사회적 배제에 관한 관심이 점차 높아지고 있다는 방증으로 볼 수 있다.

---

4) 사회적 배제의 키워드에 대한 누리미디어(www.dbpia.co.kr)에 등록된 학술지 등록 건수는 다음과 같다. 2015년(65), 2014년(97), 2013년(68), 2012년(104), 2011년(97), 2010년(81), 2009년(77), 2008년(67), 2007년(55), 2006년(30), 2005년(43), 2004년(33), 2003년(19), 2002년(61), 2001년(11), 2000년(9), 1998년(4), 1997년(5), 1996년(2), 1995년(3), 1994년(4), 1993년(3), 1992년(2), 1991년(1), 1985년(1).

2 사회적 배제의 차원과 측정지표

사회적 배제 개념이 다양한 정의로 제시되었듯이 사회적 배제 현상을 측정하는 것 역시 어떤 차원과 어떤 영역에서 접근하느냐에 따라 다양한 지표들이 제시될 수 있다. 이와 관련하여 Morgan et al.(2007)은 사회적 배제에 대한 통일된 정의를 찾기 어려우나 사회적 활동에 대한 참여가 결핍되는 현상을 설명하는 개념으로서 사회적 배제 상태를 측정할 수 있다고 하였다. 사회적 배제의 원인은 다양하나 보통 사람, 또는 공동체의 사회적 · 경제적 요인들과 연결되어 나타나며, 사회에서 정보에 대한 접근 기회가 주어지지 않거나 공동체에 참여할 수 없는 현상을 의미한다(The Charity Commission, 2001).

The Charity Commission(2001)은 사회에서 배제된 상태에 영향을 미치는 요인들을 다음과 같이 10가지로 제시하였다.

① 실업
② 경제적 어려움
③ 청소년, 노령층
④ 나쁜 건강상태(육체적, 정신적)
⑤ 알코올과 약물을 포함한 지속적 남용과 의존성
⑥ 성, 종교, 인종, 신념, 섹슈얼리티(sexuality)
⑦ 낮은 교육수준과 기능의 미숙
⑧ 관계 와해 및 가족의 해체
⑨ 불편한 주거(기본적 표준주거수준에 미치지 못함)
⑩ 범죄로부터 불안과 공포

또한 The Charity Commission(2001)은 개인, 또는 공동체로 인해 유발되는 사회적 배제의 요인도 다음과 같이 제시하였다.

① 사회적 배경

② 차량을 운전할 수 없음

③ 특별한 집단이나 단체에 가입조건 미달

④ 지역성, 적절한 시설과 편의시설에 접근할 수 없는 제약

⑤ 사회적 관여나 진로를 위한 기회의 축소나 제한

다음은 사회적 배제 상태를 측정하는 차원과 지표를 살펴본다. 먼저, 유럽 집행위원회(European Commission)는 2001년 2월 유럽 사회적 보호위원회(Social Protection Committee)의 주관 하에 사회적 지표 개발을 추진하게 되었고, 그 결과 각 회원국에 공통적으로 적용되는 빈곤 및 사회적 배제의 지표 18개를 구성하였다(문진영, 2004: 268).

표 8-2 유럽연합의 사회적 배제 지표

구 분	영 역	지 표
1차적 지표	소 득	- 빈곤율 - 소득분포 - 빈곤지속성 - 상대적 빈곤격차
	지역적 결속	- 고용률
	실 직	- 장기실직 - 무직가구원 수
	교 육	- 조기교육기회 상실
	수 명	- 평균 기대수명
	건 강	- 소득수준별 자각 건강상태
2차적 지표	빈 곤	- 빈곤분포 - 빈곤율 변화 - 소득이전빈곤율 - 지속빈곤율
	소득분배	- 지니계수
	실 직	- 장기 실직자 비율 - 초장기 실직자 비율
	교 육	- 저학력 비율

자료: 문진영(2004)

이 밖에 Levitas et al.(2007)는 영국의 사회적 배제를 측정하는 지표로서 자원(물질적/경제적 자원, 공공 및 민간 서비스의 접근, 사회적 자원), 참여(경제적/사회적 참여, 문화, 교육, 스킬, 정치적 참여 및 시민참여), 삶의 질(건강과 웰빙, 생활환경, 범죄, 상해) 등을 제시하였다(Labonté et al., 2011: 29). Scutella et al.(2009)은 호주의 빈곤과 사회적 배제의 측정 지표로서 물질적 자원(가구소득, 가구의 순가치, 가구의 소비지출, 무주택, 재정적 곤경), 고용(고용, 자영업자, 실업자, 미취업자, 능력 이하의 일, 무급근로), 교육과 스킬(기본적 스킬/리터러시와 계산력, 교육적 달성, 평생학습), 건강과 장애(육체적 건강, 정신적 건강, 장애와 장기적 건강 상태), 사회적 관계(가족으로부터 격리/시설보호, 사회적 지원, 일반적인 사회적 활동에 대한 참여, 인터넷 접근), 공동체(대중교통의 접근, 시설, 재정적 서비스의 접근, 이웃의 질, 유권자 등록, 시민참여와 자선활동/멤버십), 개인적 안전(범죄피해, 주관적 안전, 차별로 인한 피해) 등을 제시하였다(Labonté et al., 2011: 29; 김 구, 2014: 68에서 재인용).

한국의 사회적 배제 지표 개발은 김안나(2007)와 강신욱 외(2005)의 연구 결과물에서 찾을 수 있다. 이들이 개발한 사회적 배제의 지표의 영역은 경제(빈곤, 실업, 근로), 교육, 건강, 주거, 사회적 참여 등으로 구분하였다.

한편, Russel(1996)은 주관적 · 심리적 상태에서 사회적 소외감을 측정하는 지표(4점 척도)를 개발하였으나 대부분 고독감을 측정하는 지표로 사용되고 있기도 하다.

① 주변사람들과 얼마나 사이좋게 지내는가?

② 주변사람들과 교제하는 것이 부족하다고 느끼는가?

③ 관계를 맺고 있다고 느끼는 정도

④ 고독하다고 느끼는 정도

⑤ 친구집단의 한 부분이라고 느끼는 정도

⑥ 주변사람들과 공통점이 있다고 느끼는 정도

⑦ 어느 누구와도 더 이상 가까이 할 수 없다고 느끼는 정도
⑧ 당신의 관심사항과 생각이 주변사람들과 공유될 수 없다고 느끼는 정도
⑨ 당신이 사교적이고 친절하게 느끼는 정도
⑩ 사람들과 가깝다고 느끼는 정도
⑪ 무시당하고 있다고 느끼는 정도
⑫ 다른 사람들과의 관계가 무의미하다고 느끼는 정도
⑬ 당신을 잘 아는 사람이 아무도 없다고 느끼는 정도
⑭ 다른 사람으로부터 소외당했다고 느끼는 정도
⑮ 원한다면 다른 사람과 교제가 가능하다고 느끼는 정도
⑯ 당신을 진정으로 이해하는 사람이 있다고 느끼는 정도
⑰ 수줍어하는 정도
⑱ 주변사람들은 있지만 당신과 함께하는 사람이 없다고 느끼는 정도
⑲ 주변사람들과 대화할 수 있다고 느끼는 정도
⑳ 사람들과 관계를 맺고 있다고 느끼는 정도

우리나라 차별금지의 토대: 「국가인권위원회법」(제2조)

"평등권 침해의 차별행위"란 합리적인 이유 없이 성별, 종교, 장애, 나이, 사회적 신분, 출신 지역(출생지, 등록기준지, 성년이 되기 전의 주된 거주지 등을 말한다). 출신 국가, 출신 민족, 용모 등 신체 조건, 기혼・미혼・별거・이혼・사별・재혼・사실혼 등 혼인 여부, 임신 또는 출산, 가족 형태 또는 가족 상황, 인종, 피부색, 사상 또는 정치적 의견, 형의 효력이 실효된 전과(前科), 성적(性的) 지향, 학력, 병력(病歷) 등을 이유로 한 다음 각 목의 어느 하나에 해당하는 행위를 말한다.

가. 고용(모집, 채용, 교육, 배치, 승진, 임금 및 임금 외의 금품 지급, 자금의 융자, 정년, 퇴직, 해고 등을 포함한다)과 관련하여 특정한 사람을 우대・배제・구별하거나 불리하게 대우하는 행위
나. 재화・용역・교통수단・상업시설・토지・주거시설의 공급이나 이용과 관련하여 특정한 사람을 우대・배제・구별하거나 불리하게 대우하는 행위
다. 교육시설이나 직업훈련기관에서의 교육・훈련이나 그 이용과 관련하여 특정한 사람을 우대・배제・구별하거나 불리하게 대우하는 행위

제 3 절 사회적 배제와 정보격차

1 정보격차의 의의

사회적 배제에 관한 여러 개념이 제시되고 있으나 이들 정의에서 중요한 속성은 공동체 구성원들이 정보에의 접근기회가 박탈되고 제한되어 정상적인 사회활동에 참여할 수 없는 상태로 이어진다는 것이다. 따라서 사회적 배제의 문제는 공동체 구성원들이 필요로 하는 정보에의 접근에서 출발해야 한다. 정보접근과 활용에 관한 문제를 정보격차라고 한다.

정보격차(digital divide)에 관한 문제가 본격화되는 것은 정보에 접근할 수 있는 중요한 도구 및 채널로서 인터넷을 포함한 정보통신기술(ICT)의 발전에서 비롯되고 있다. 따라서 정보접근은 'IT의 소유자와 비소유자 간 차이'를 비롯하여 'IT의 접근 가능성 여부', 또는 '정보를 가진 자와 가지지 않은 자', 그리고 '정보를 어떤 용도로 어떻게 활용하는지의 정도'의 차이를 의미한다(김 구 외, 2014). 「국가정보화기본법」에 의하면 정보격차란 "사회적, 경제적, 지역적, 또는 신체적 여건으로 인하여 정보통신 서비스에 접근하거나 정보통신 서비스를 이용할 수 있는 기회에 차이가 생기는 것을 말한다"라고 규정되어 있다.

정보격차는 인터넷으로 대표되는 디지털 경제의 발달로 생겨난 사회적 문제로서 계층 간, 집단 간 정보의 접근성 및 활용성의 불균형을 의미한다. 정보격차의 해소 및 완화를 필요로 하는 것은 사회에서 필요로 하는 정보와 지식을 갖추지 못할 경우 사회적·경제적으로 불평등한 지위가 형성될 수 있으며, 정보를 가진 자(information haves)와 가지지 못한 자(information have-not) 사이에 괴리가 발생하고, 결과적으로 민주주의 제반원리와 건전한 경제활동에서 배제되기 때문이다(김 구 외, 2014). 정보격차는 단순히 ICT

및 정보자원에 대한 접근과 활용이라는 단일차원적 문제로 접근하기보다는 정치적 · 경제적 · 사회적 형평성을 도모하는 국면에서 접근되어야 할 것이다. 정보기기의 접근가능성과 정보의 이용수준에 따라 정치적 참여와 경제활동과 사회활동에 불균형이 야기되고 더 나아가 차별과 배제로 이어질 가능성이 높다(김 구, 2014). 따라서 정보격차를 해소하는 것은 사회적 배제의 문제를 치유하는 것이기 때문에 국가와 지역사회에서 정보격차 해소를 위한 실효적인 정책방안이 강구되어야 한다.

그림 8-3 정보격차와 사회적 배제의 경로관계

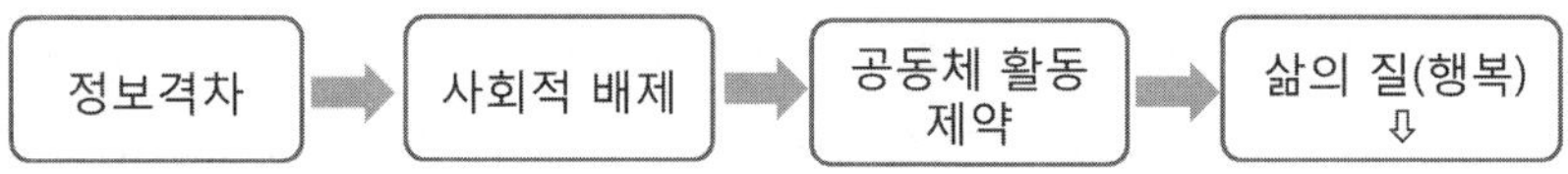

2 스마트 정보격차

정보격차의 본질은 PC의 보유와 사용, 그리고 PC를 통한 인터넷의 활용 수준의 차이를 설명하기 위한 정책적 개념이다. 기존의 정보화의 활용 패턴은 PC나 유선인터넷을 가정이나 사무실 등에서 활용하는 장소 중심이었다면, 스마트폰과 모바일기기의 보급 증가로 인해 언제, 어디에서나 인터넷을 활용할 수 있는 스마트정보화 시대에서는 기존의 정보격차보다 스마트 정보격차가 새로운 쟁점으로 부상되고 있다.

스마트 정보격차는 스마트폰이나 테블릿PC와 같은 모바일 인터넷기기 이용 상황에서 발생하는 정보격차를 의미한다(정준화, 2015: 2). 정보에 접근하고 활용하는 패턴이 고정식의 PC에서 무선과 모바일로 변화됨으로써 스마트기기의 이용 수준을 파악하고자 하는 정책적 개념이다.

미래창조과학부와 한국정보화진흥원에서 조사한 '2014년도 정보격차 실태조사' 결과를 보면, PC기반 기존의 정보화 수준과 스마트 정보화 수준은 각 영역에서 차이를 보이고 있는 것으로 나타났다. 특히, 2014년 소외계층 스마트 정보화 수준은 전체 국민의 57.4%인 것으로 나타났다([그림 8-4]). 소외계층은 낮은 스마트 보유율, 낮은 기기 이용 능력 등으로 유·무선 인터넷을 일상생활에서 다양하게 이용하지 못하고 있어, PC기반에 비해 스마트 정보격차 수준이 상대적으로 더 취약한 것으로 나타났다(미래창조과학부, 2015).

그림 8-4 소외계층 스마트 정보격차 실태[5)]

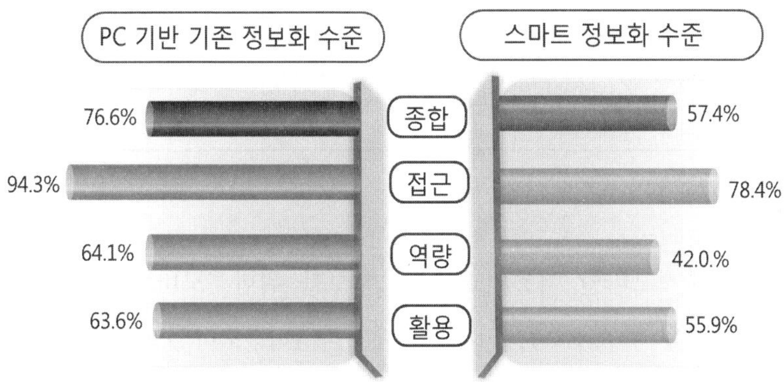

자료: 미래창조과학부(2015)

정부는 국민의 정보격차 해소를 국가의 정책적 차원에서 대응하기 위하여 「국가정보화기본법」에서 정보격차 해소에 관한 내용을 '국가정보화기본계획'에 포함하도록 하고 있다. 미래창조과학부의 정보격차 해소를 위한 정

5) 전체 국민의 정보화 수준을 100으로 가정했을 때 전체 국민대비 소외계층의 정보화 수준을 의미한다.

책 내용을 보면 정보화교육, 정보기기 개발 및 보급, 접근성 제고, 실태조사 등으로 구성되어 있다.

표 8-3 미래창조과학부의 주요 정보격차 해소 정책

구 분		주요 내용
정보화교육	소외계층 정보화교육	장애인, 고령층, 신소외계층(결혼이민자, 탈북자) 등에 대한 정보화교육
	온라인 정보화교육	'배움나라' 사이트(www.estudy.or.kr)를 통해 무상으로 정보화교육 과정 제공
	정보화교육 강사지원단	정보화 강사가 부족한 지역아동센터, 복지관 등에 정보화 전문 강사 파견
정보화기기 개발 · 보급	ICT 보조기기 개발 · 보급	보조기기 개발 지원, 구입 · 보급, 임대 지원 등
	사랑의 그린PC 보급	소득 · 장애 등의 제약으로 ICT 기기 구매가 어려운 국내외 소외계층에게 '사랑의 그린PC' 보급
접근성 제고	웹 접근성 제고	정보접근성 실태조사, 접근성 연구 등
실태조사	정보격차 실태조사	정보취약계층의 정보화 수준에 대한 지속적인 실태조사 추진

자료: 정준화(2015: 10)

또한 정부는 모바일 이용의 접근성 확보를 위한 "모바일 애플리케이션 접근성 지침"[6]을 <표 8-4>와 같이 제시하였다. 모바일 애플리케이션 접근 지침" 내용에서는 준수사항과 권고사항으로 구분하고 있다. 준수사항으로는 대체 텍스트, 초점, 운영체제의 접근성 기능 지원, 누르기 동작 지원, 색에 무관한 인식 등의 내용으로 구성되어 있다.

6) 「국가정보화기본법」 제32조 제5항의 규정에 의하여 '모바일 애플리케이션 접근성 지침' (미래창조과학부고시 제2013-107호).

표 8-4 모바일 애플리케이션 접근성 지침 내용

구 분		내 용
준수 사항	대체 텍스트	텍스트 아닌 콘텐츠는 대체 가능한 텍스트(그림 및 이미지, 동영상으로 작성된 멀티미디어 형식의 콘텐츠 내용을 텍스트로 그 의미나 기능을 인식할 수 있도록 제공하는 것)와 함께 제공되어야 한다.
	초 점	모든 객체에는 초점(focus)이 적용되고, 초점은 순차적으로 이동되어야 한다.
	운영체제 접근성 기능 지원	운영체제가 제공하는 접근성 기능 및 속성이 사용되어야 한다. 운영체제에서 제공하고 있는 접근성 기능 지원이 활용되어야 하며, 다음과 같은 사항을 고려할 수 있다. – 키보드 등 외부 디바이스와의 호환성 제공을 위한 API – 정보 제공 방법의 다중성(redundancy) – 음성명령 기능의 포함, 고대비, 폰트 등
	누르기 동작 지원	터치(touch) 기반 모바일 기기의 모든 컨트롤은 누르기 동작으로 제어할 수 있어야 한다.
	색에 무관한 인식	화면에 표시되는 모든 정보는 색에 관계없이 인식할 수 있어야 한다.
	명도 대비	화면에 표시되는 모든 정보는 전경색과 배경색이 구분될 수 있도록 최소 대비 이상으로 제공되어야 한다.
	자막, 수화 등의 제공	멀티미디어 콘텐츠에는 동등한 내용의 자막, 원고 또는 수화가 제공되어야 한다.
권고 사항	기본 사용자 인터페이스 컴포넌트	운영체제에서 제공하는 기본 사용자 인터페이스 컴포넌트(Native UI Component)를 최대한 이용하는 것이 바람직하다.
	컨트롤 간 충분한 간격	컨트롤은 충분한 간격으로 배치하는 것이 바람직하다.
	알림 기능	사용자에게 알림을 제공할 때에는 진동, 시각, 소리 등 최대한 다양한 방법으로 사용자가 선택할 수 있도록 제공하는 것이 바람직하다.
	범용 폰트 이용	폰트의 크기 조절, 확대 기능을 제공하거나 운영체제에서 제공하는 관련 기능을 활용할 수 있는 방법을 제공하는 것이 바람직하다.
	사용자 인터페이스 일관성	사용자 인터페이스 요소들의 배치를 일관성 있게 제공하는 것이 바람직하다.
	깜빡거림의 사용 제한	광과민성 발작을 일으킬 수 있는 콘텐츠를 제공하지 않는 것이 바람직하다.
	배경음 사용금지	자동으로 재생되는 배경음을 사용하지 않는 것이 바람직하다.
	장애인 사용자 평가	애플리케이션 개발 시 다양한 모바일 기기에서의 이용 가능 여부를 점검해야 하며, 장애인 사용자 평가를 수행하는 것이 바람직하다.

제 4 절 다문화사회와 다문화주의

1 다문화사회의 개념

우리나라의 사회현상의 한 축을 이루는 것이 다문화사회(multicultural society)이다. 다문화사회에서 논의되는 또다른 개념은 '다문화주의'(multiculturalism)이다. 다문화주의는 사회현상을 접근하는 틀의 기본이 되는 이념에서 논의되는 개념이라면 다문화사회 개념은 이념을 바탕으로 사회의 실제적 현상을 지칭하는 개념이다. 또한 다문화주의 및 다문화사회에서 논의 및 연구되는 대상은 자국민 아닌 외국에서 온 사람, 즉 외국인, 이민자, 이주민, 이주자 등의 다양한 용어들이 혼용 사용되고 있으나, 국가의 정책적 접근에서는 '이민자'로 사용되고 있음을 알 수 있다. 이 책에서 설명하는 내용에 따라 그에 적합한 용어를 사용한다.

우리사회에서 다문화사회 및 다문화주의라는 개념이 자주 언급된다는 것은 하나의 사회현상을 바라보는 공통적인 시각이 많다는 것이기도 하지만 사회에서 그만큼 관심이 높다는 것을 함의하기도 한다. 우리사회에서 다문화주의와 다문화사회에 대한 학문적 성과를 통해 우리사회의 관심 정도를 우회적으로 살펴보기 위해 전문학술지 제공서비스 기관인 '누리미디어'에 등록된 건수를 파악하였다.[7] 우리나라의 다문화주의와 다문화사회에 대한 학술적 관심은 둘 다 2007년부터 증가폭이 두드러진 것으로 파악되었다.

---

7) 다문화주의 키워드에 대한 누리미디어(www.dbpia.co.kr)에 등록된 학술지 등록 건수는 다음과 같다. 2015년(47), 2014년(59), 2013년(66), 2012년(73), 2011년(80), 2010년(85), 2009년(88), 2008년(51), 2007년(59), 2006년(15), 2005년(14), 2004년(7), 2003년(7), 2002년(6), 2001년(4), 2000년(1), 1999년(3), 1998년(1), 1997년(1), 1996년(1), 1995년(1), 1992년(1). 또한 다문화사회 키워드에 대한 학술지 등록 건수는 다음과 같다. 2015년(77), 2014년(82), 2013년(97), 2012년(127), 2011년(109), 2010년(104), 2009년(76), 2008년(69), 2007년(21), 2006년(11), 2005년(2), 2004년(2), 2003년(3), 2002년(1), 1996년(1), 발행연도 미상(1).

1) 다문화주의

다문화주의 개념은 1970년대 호주와 캐나다에서 다민족의 사회통합을 위해 다문화주의 정책이 채택되면서부터 널리 확산되었다. 이와 비슷한 시기에 미국을 중심으로 인권운동이 활발해지면서, 다문화주의는 종교, 성별, 장애, 사회·경제적 지위 등으로 인해 주변화되었던 사회적 소수집단들을 포용하는 개념으로도 사용되었다(고상두 외, 2011: 220). 문화주의 개념에 대해 『옥스퍼드사전』에서는 "한 사회에서 몇 개로 구분된 별개 문화, 또는 민족그룹들이 존재하는 것"으로 정의되어 있다. Troper(1999)의 정의에 따르면 다문화주의는 ① 인종, 민족, 문화적으로 다원화된 인구학적 현상이자, ② 사회·문화적 다양성을 긍정적으로 인식하고 가치 있게 여기고 존중하려는 사회적 이념으로 제시하였다(이소영, 2013).

다문화주의 개념을 정책적 차원에서 보면, 국가마다 다양하게 접근하고 있고 문화에 대한 이해 및 범주 설정에 따라 그 의미는 다양하게 설정될 수 있다. 캐나다에서는 '편견이나 차별의 두려움 없이 이민자들이 자신의 인종 문화적 정체성을 표현할 수 있는 권리'로 지칭되고 있으며, 유럽에서는 '민족적 정체성을 표현할 수 있는 권리'를, 미국에서는 '소외된 사회집단의 요구를 수용해주는 규범적인 것'으로 이해되고 있다. 이러한 다양한 접근에도 불구하고 보편적 개념으로는 '인간사회의 다양성, 인구학적이고 문화적인 다양화'라는 사회적 사실에 대한 규범적 접근방식을 일컫는 용어로 이해되고 있다(박종대 외, 2014: 36). 다문화주의란 폭넓고 다양한 가치들을 반영하는 이념이기 때문에 한마디로 정의하기 어렵지만, 대체로 한 사회 내 다양한 인종이나 민족집단들의 문화를 단일한 문화로 동화시키지 않고 서로 인정하고 존중하면서 공존하게끔 하는 데 목적이 있는 이념체계와 그것을 실현하고자 하는 정부정책과 프로그램을 포괄하는 개념으로 접근하기도 한다(이소영, 2013). 이와 같은 정의는 정부가 다문화정책을 어떤 이념에 토대를 두고 수립하고 실현하는지를 살펴볼 수 있는 축이라고도 볼 수 있다.

2) 다문화사회

다문화사회 개념을 언어구조적 측면에서 '많은 문화가 공존하는 사회'로 정의할 수 있다. 많은 문화는 다양성을 내포하기 있기 때문에 다문화사회는 한 사회에서 다양한 문화가 공존하고 있는 사회현상을 나타내는 개념이다. 국립국어원의 『표준국어대사전』에서 문화(文化)는 "자연 상태에서 벗어나 일정한 목적, 또는 생활 이상을 실현하고자 사회 구성원에 의하여 습득, 공유, 전달되는 행동양식이나 생활양식의 과정 및 그 과정에서 이룩하여 낸 물질적·정신적 소득을 통틀어 이르는 말로 의식주를 비롯하여 언어, 풍습, 종교, 학문, 예술, 제도 따위를 모두 포함한다"라고 정의하고 있다. 즉, 문화는 사회 구성원의 행동 및 생활양식을 포괄하는 개념이다. 문화의 이러한 정의를 다문화사회로 연결하면, '다양한 사회 구성원들에 의한 행동 및 생활양식의 총체'로 정의할 수 있다.

다문화사회의 개념 이해에 대해 이용재(2012)는 다문화사회를 다수의 문화가 존재하기 때문에 '다수'의 의미를 수적 의미에서 대립적으로 이해할 것이 아니라 인식가능성의 가부로 이해되어야 한다고 하면서, 다문화사회와 대조적인 단문화사회와의 구별은 문화의 수(數)가 아니라 문화의 공존형식을 중심으로 이해되어야 한다고 주장하였다(이용재, 2012: 39). 이와 같이 다문화사회는 그 현상을 어떻게 이해하느냐에 따라 그로 인해 유발되는 여러 가지 문제에 대응하는 정책이나 방안이 달라질 수 있다.

2 다문화주의와 다문화사회의 유형

다문화주의의 유형은 시대, 장소, 이념, 정책 등의 다양한 요인들에 따라 다양한 유형이 제시될 수 있다. 여기에서는 정부가 수용자의 입장에서 이주자를 어떻게 바라보고 있는지를 중심으로 정부입장, 정부의 개입 정도, 이주자의 포용방식 등을 기준으로 살펴본다.8)

첫째, 정부의 입장에서 공식적 다문화주의와 비공식적 및 실질적 다문화주의로 구분한다. 공식적 다문화주의는 국가가 다문화주의를 국가통치이념으로 공식선언하고, 국가 내 소수집단의 문화적 권리 인정을 위해 적극적으로 개입하는 경우이다. 비공식적 다문화주의는 정부가 다문화주의를 지향한다고 공식적으로 선언하지는 않았으며, 실질적으로 다문화주의정책을 시행한다고 하더라도 매우 소극적인 태도를 취하는 경우가 해당된다.

둘째, 정부의 개입 정도에 따라 약한수준, 중간수준, 강한수준의 다문화주의로 구분한다. 정부가 개입 정도가 강한 경우에는 교과과정에서 다문화주의를 적극 채택하고, 대중매체에서 이주자의 문제를 거리낌 없이 다룰 수 있으며, 이중 언어 교육이나 모국어 교육을 위한 재정적 지원이 있고, 특히 소외된 이주자 집단을 위한 적극적인 보호조치가 따르는 경우 등 해당된다.

셋째, 이주자의 포용방식 및 통합방식에 따라 차별적 배제 모델, 동화주의 모델, 다문화주의 모델로 구분한다. 차별적 배제 모델은 국가가 특정 이주자 집단과 그 외 다른 집단에 대하여 자국민에 부여된 권리와 대우를 다르게 인정하는 경우이다. 예를 들어, A국가 이주자들에게는 자국민과 똑같은 권리와 혜택을 부여하지만, B국가 이주자들에게는 자국민과 똑같은 권리를 인정하지 않거나 부분적으로 제한하는 경우를 들 수 있다. 동화주의 모델에서는 개방적인 입장에서 국가가 이민을 비교적 쉽게 수용하고 각종 권리를

8) 고상두 외(2011: 221－223)의 내용을 정리하였다.

부여하지만, 수용국가 주류사회의 언어와 문화를 사용할 것을 요구한다. 동화주의 모델을 채택하는 국가에서는 대부분 귀화절차도 간단한 편이며, 이주자를 가능한 빠른 시일 내에 국민공동체 안에 동화시키려는 의도를 가지고 있다. 문화주의 모델에서는 다른 언어, 문화, 집단의 정체성을 인정하고 장려하는 경우이다.

표 8-5 다문화주의의 유형

분류기준	유 형
정부의 공식입장	공식적 다문화주의/비공식적(실질적) 다문화주의
정부의 개입 정도	약한 다문화주의/중간수준의 다문화주의/강한 다문화주의
이주자 포용방식	차별적 배제모델/동화주의 모델/다문화주의 모델

자료: 고상두 외(2011: 223)

한편, 우리나라 다문화사회의 형성과 배경은 사회 내부의 문제보다는 외부 요인에 의해 타인종·타민족·타문화가 유입되는 형태를 보인다. 세계화·정보화가 급속도로 진전되면서 자본과 노동시장이 보다 빠르게 확대·이동하고, 국가 간의 물적 교류는 물론 인적 교류가 활발해지면서 단기·장기적으로 외국에 거주함으로써 자연스럽게 다른 문화와의 접촉이 활발해지고, 다른 인종과 문화의 인정과 공존을 바탕으로 한 다문화사회를 이루는 형태이다. 우리나라의 경우는 여기에 속한다고 할 수 있다(조석주 외, 2012: 9). 그리고 호주, 캐나다, 그리고 미국의 경우는 처음부터 다양한 인종과 문화를 가진 사람들로 구성된 사회로서, 이들 나라에서는 처음부터 사회통합정책을 마련하고 새로운 국가의 정체성을 구축해 나감으로써 다문화사회의 형태를 띠고 있다(김남국, 2005: 98; 조석주 외, 2012: 9에서 재인용).

3 다문화 실태[9]

우리나라의 다문화 인구실태를 보면, 2014년 말을 기준으로 다문화 혼인, 이혼, 출생 모두 감소하는 추이를 보이는 것으로 나타났다.

첫째, 다문화 혼인은 24,387건으로 전년보다 9.5% 감소하였고, 이 건수는 우리나라 전체 혼인에서 8.0%로 차지하고 있으며, 2008년 이후 지속적인 감소 추세를 보이고 있다. 혼인의 내용을 보면, '한국 남자+외국 여자'가 전체 다문화 혼인의 63.6%를 차지하였고, '외국 남자+한국 여자'가 24.1%를 차지하였다.

둘째, 다문화 이혼은 12,902건으로 전년보다 4.3% 감소하였고, 이 건수는 우리나라 전체 이혼에서 11.2%를 차지하고 있으며, 전년대비 0.5%p 감소하였다. 이혼의 내용을 보면, 결혼생활 기간 5년 미만의 이혼이 45.2%로 점차 감소 추세를 보이고 있는 것으로 나타났다.

표 8-6 다문화 인구동태 추이(2008~2014년) (단위: 명, 건, %)

구 분	2008	2009	2010	2011	2012	2013	2014	증감률
혼 인	36,629 (11.2)	33,862 (10.9)	35,098 (10.8)	30,695 (9.3)	29,224 (8.9)	26,948 (8.3)	24,387 (8.0)	-9.5
이 혼	12,430 (10.7)	13,653 (11.0)	14,319 (12.3)	14,450 (12.6)	13,701 (12.0)	13,482 (11.7)	12,902 (11.2)	-4.3
출 생	13,443 (2.9)	19,024 (4.3)	20,312 (4.3)	22,014 (4.7)	22,908 (4.7)	21,290 (4.9)	21,174 (4.9)	-0.5
사 망	1,043 (0.4)	1,338 (0.5)	1,506 (0.6)	1,557 (0.6)	1,605 (0.6)	1,558 (0.6)	1,598 (0.6)	2.6

자료: 통계청, 『보도자료』(2015. 11. 19)
주: 괄호( )는 전체 인구에서 다문화 건수가 차지하는 비중

9) 통계청, 『보도자료』(2015. 11. 19)를 정리하였다.

그림 8-5 다문화 인구동태 추이

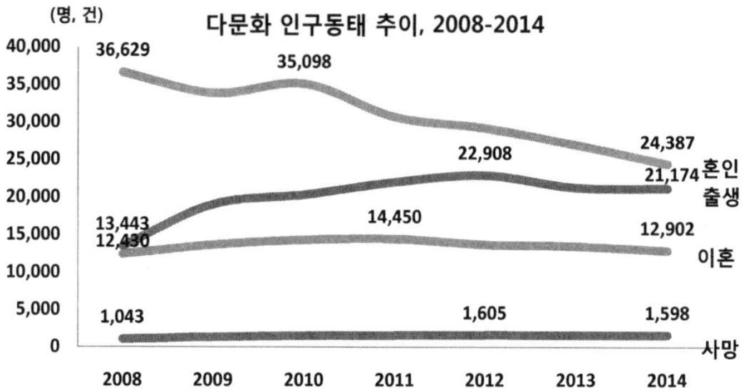

자료: 통계청, 『보도자료』(2015. 11. 19)

셋째, 다문화 출생은 21,174명으로 전년보다 0.5% 감소하였고, 이는 우리나라 전체 출생에서 4.9%를 차지하고 있으며, 전년도와 유사한 추이를 보이고 있다.

그림 8-6 지역별 다문화 혼인과 이혼 비중(2014년) (단위: %)

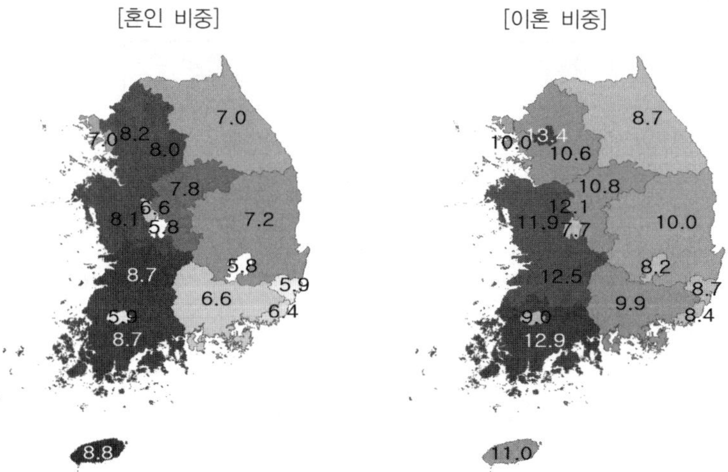

자료: 통계청, 『보도자료』(2015. 11. 19)

각 지역별로 다문화 혼인이 차지하는 비중은 제주(8.8%), 전남(8.7%), 전북(8.7%) 순으로 높고, 대구와 대전이 각각 5.8%로 가장 낮게 나타났다. 또한 대전을 제외한 모든 지역에서 다문화 혼인 비중이 전년보다 감소되고 있는 추이를 보이는 것으로 나타났다.

4 다문화지원정책

우리나라에서는 「재한외국인처우기본법」, 「다문화가족지원법」, 「외국인근로자의 고용 등에 관한 법률」 등을 제정하여 이주민 지원을 위한 정책적 토대를 마련하여 지원하고 있으며, 지방자치단체는 「외국인주민 및 다문화가족지원조례」 등을 제정하여 지역에서 이들을 지원할 수 있는 법적 근거를 마련하고 있다.

1) 다문화가족지원법

「다문화가족지원법」은 다문화가족 구성원이 안정적인 가족생활을 영위하고 사회 구성원으로서의 역할과 책임을 다할 수 있도록 함으로써 이들의 삶의 질 향상과 사회통합에 이바지함을 목적으로 제정되었다. 여기에서 "다문화가족"은 결혼이민자와 대한민국 국적을 취득한 자로 이루어진 가족, 또는 대한민국 국적을 취득한 자들로 이루어진 가족이 해당된다.

2) 재한외국인 처우 기본법(외국인처우법)

「외국인처우법」은 재한외국인에 대한 처우 등에 관한 기본적인 사항을 정함으로써 재한외국인이 대한민국 사회에 적응하여 개인의 능력을 충분히 발휘할 수 있도록 하고, 대한민국 국민과 재한외국인이 서로를 이해하고 존중하는 사회환경을 만들어 대한민국의 발전과 사회통합에 이바지함을 목적으로 제정되었다. 이 법에서 “재한외국인”은 대한민국의 국적을 가지지 아니한 자로서 대한민국에 거주할 목적을 가지고 합법적으로 체류하고 있는 자를 말한다.

3) 외국인근로자의 고용 등에 관한 법률

「외국인근로자의 고용 등에 관한 법률」은 외국인근로자를 체계적으로 도입·관리함으로써 원활한 인력수급 및 국민경제의 균형 있는 발전을 도모함을 목적으로 한다.

4) 서울특별시 외국인주민 및 다문화가족 지원 조례

서울특별시 지원 조례는 서울특별시에 거주하는 외국인주민 및 다문화가족의 안정적인 가정생활 영위 및 자립생활에 필요한 행정적 지원방안을 마련함으로써 이들이 지역사회의 일원으로 정착할 수 있도록 하는 것을 목적으로 한다. 이 조례에는 서울시장은 5년마다 외국인주민 및 다문화가족 정책에 관한 기본계획을 수립하여야 하며, 기본계획에 포함되어야 하는 사항은 다음과 같다(제5조).

① 외국인주민 및 다문화가족 정책의 기본목표와 추진방향
② 외국인주민 및 다문화가족 정책의 추진과제 및 추진방법, 추진시기
③ 재원의 조달 및 운용에 관한 사항
④ 그 밖에 효율적인 외국인주민 및 다문화가족 정책 추진을 위하여 필요하다고 인정되는 사항

또한 매년 ‘외국인주민 및 다문화가족 시행계획’을 수행하고 시행하며 평

가하여야 하며, 시행계획에 포함되어야 하는 사항은 다음과 같다(제6조).

① 외국인주민 및 다문화가족 지원의 목표와 비전에 관한 사항

② 외국인주민 및 다문화가족 지원시책에 관한 사항

③ 외국인주민 및 다문화가족 지원사업을 위한 재원확보 방안에 관한 사항

④ 건전한 국제결혼풍토 조성 및 다문화에 대한 이해를 높이기 위한 교육·홍보에 관한 사항

⑤ 외국인주민 및 다문화가족 지원사업의 효율적 추진을 위한 기관 간 서비스 연계 및 협력체계 구축에 관한 사항

⑥ 민간단체와의 협조체제 구축에 관한 사항

⑦ 그 밖에 외국인주민 및 다문화가족 지원을 위하여 필요하다고 인정되는 사항

그리고 서울시 지원 조례의 지원범위는 외국인주민과 다문화가족으로 구분되어 있다. 여기에서 "외국인주민"이란 서울특별시 관내에 90일을 초과하여 거주하고 있는 외국인 및 한국 국적을 취득한 자와 그 자녀를 말하고, "다문화가족"이란 서울특별시 관내에 거주하며 결혼이민자와 대한민국 국적을 취득한 자로 이루어진 가족, 또는 대한민국 국적을 취득한 자들로 이루어진 가족 중 하나에 해당된다.

표 8-7 지원의 범위(제7조)

대 상	지원범위
외국인주민	① 외국인주민에 대한 불합리한 차별 방지 및 인권옹호를 위한 교육 · 홍보 등 ② 외국인주민이 생활하는 데 필요한 기본적 소양과 지식에 관한 교육 · 정보제공 및 상담 등 ③ 전문외국인력의 법적 지위 및 처우의 개선에 필요한 제도와 시책 등 ④ 각종 문화 · 체육행사의 개최 ⑤ 외국인 · 외국투자기업의 사업상 필요한 행정 서비스 ⑥ 외국인주민 자녀 보육 · 교육사업 ⑦ 생활편의 제공 및 응급 구호 ⑧ 외국인 근로자 권익 및 인권 보호 ⑨ 그 밖에 시장이 필요하다고 인정하는 사항
다문화가족	① 다문화가족에 대한 이해를 높이기 위한 교육 및 홍보 ② 결혼이민자 등이 생활하는 데 필요한 기본적 정보의 제공 및 적응교육 ③ 결혼이민자 등에 대한 한국어교육의 실시, 직업교육 · 훈련 및 일자리 연계 ④ 다문화가족의 가족상담, 부부교육, 부모교육, 가족생활교육 등 평등한 가족관계 유지를 위한 사업 ⑤ 다문화가족 내 가정폭력의 예방 및 가정폭력으로 피해를 입은 결혼이민자 등의 보호 · 지원 ⑥ 결혼이민자 등이 건강하게 생활할 수 있도록 영양 · 건강에 대한 교육, 산전 · 산후 도우미 파견, 건강검진 등의 의료 서비스 지원 ⑦ 결혼이민자 등에 대한 외국어 통역 · 번역 서비스의 제공 ⑧ 다문화가족 구성원인 아동의 보육 · 교육 지원 및 한국어교육 등 언어 능력 향상에 필요한 지원 ⑨ 그 밖에 시장이 필요하다고 인정하는 사항

5) 제2차 외국인정책기본계획(2013~2017년)

한편 우리나라 정부는 이민자에 대한 정책을 총괄하는 외국인정책기본계획을 수립하여 실행하고 있다. 「재한외국인 처우 기본법」에 의해 수립되는 제2차 외국인정책기본계획(2013~2017년)은 외국인정책위원회의 심의를 거쳐 확정되는 데 각 부처별 관장 내용과 주요 내용은 다음과 같다.[10)]

10) 법무부, 『보도자료』(2012. 11. 28)를 정리하였다.

그림 8-7 외국정책정책기본계획 수립의 참여기관

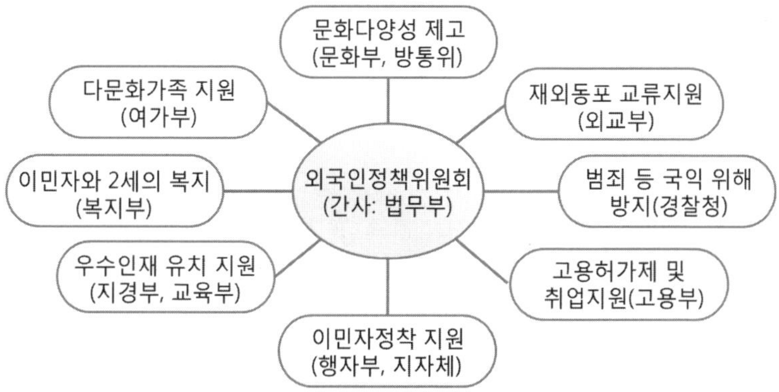

제2차 외국인정책기본계획(2013~2017년)이 담고 있는 비전은 "세계인과 더불어 성장하는 활기찬 대한민국"으로 체류외국인의 증가가 사회갈등 요인이 아닌 우리나라 발전의 원동력이 되도록 하고, 국민과 이민자가 함께 성장하면서 미래의 경쟁력 있는 대한민국을 만들기 위해 노력하려는 것을 표방하였다. 이와 같은 비전을 달성하기 위하여 개방, 통합, 인권, 안전, 협력 등의 정책목표 및 중점과제를 추진하도록 설계되었다.

표 8-8 '제2차 외국인정책기본계획' 비전 및 정책목표

<table>
<tr><td colspan="2">비 전</td><td>세계인과 더불어 성장하는 활기찬 대한민국</td></tr>
<tr><td rowspan="2">정책목표 및 중점과제</td><td>개 방</td><td>1. 내수 활성화 기여 외래관광객 유치
2. 국가와 기업이 필요한 해외 인적자원 확보
3. 미래 성장동력 확충을 위한 유학생 유치
4. 지역균형발전을 촉진하는 외국인 투자 유치</td></tr>
<tr><td>통 합</td><td>1. 자립과 통합을 고려한 국적 및 영주제도 개선
2. 체계적인 이민자 사회통합
3. 국제결혼 피해방지 및 결혼이민자 정착 지원
4. 이민배경자녀의 건강한 성장환경 조성
5. 이민자 사회통합을 위한 인프라 구축</td></tr>
</table>

	인 권	1. 이민자 인권존중 및 차별방지 제도화 2. 다양한 문화에 대한 사회적 관용성 확대 3. 국민과 이민자가 소통하는 글로벌 환경조성
	안 전	1. 안전하고 신뢰받는 국경관리 2. 질서위반 외국인에 대한 실효적 체류관리 3. 불법체류 단속의 패러다임 다변화 4. 외국인에 대한 종합적인 정보관리 역량 제고
	협 력	1. 이민자 출입국, 국제기구 등과의 국제협력 강화 2. 국가 위상에 부합하는 난민정책 추진 3. 동포사회와의 교류, 협력 확산

자료: 법무부(2012)

5 지역공동체에서 이주민들의 통합

지역공동체에서 이주민들을 통합하는 문제는 쉬운 일이 아니다. 다양한 국가와 지역에서 온 이주민들은 개인적 특성은 물론 그들의 인종, 언어, 습관, 문화, 인식 등의 많은 특성이 다르다. 이런 특성은 단기적으로 습성화 및 내재화된 것이 아니라 그들 국가와 지역에서 오랜 세월 동안 모방되고 학습된 결과이기 때문에 우리나라에서 단기에 이주민 특성의 변화를 기대한다는 것은 매우 어려운 일이다.

지역공동체에 이주민의 등장은 지역공동체의 자원과 역량이 증대된다는 시작에서 접근해야 한다. 그들이 가진 역량이 지역공동체 발전에 원천이 될 수 있도록 상호 존중과 협력이 필요하다. 즉, 이주민들의 문화를 존중하는 것에서부터 이주민을 이해하는 출발선이다. 또한 이주민 역시 우리나라의 지역문화와 특성을 이해하고 존중하는 자세와 태도도 필요하다.

이주민들을 받아들이는 지역공동체는 기존의 문화와 다르다는 이유로 포용과 배제의 일방적인 접근보다는 상호 조화를 모색하고 협력적인 일을 찾아야 한다. 공동으로 일을 하는 것은 서로를 필요로 하고 상호 이해하는 인식의 전환이 시작되는 것이다. 서로 이해를 하고, 존중할 때 태도와 행동의 변화가 이루어진다. 지역공동체에서 이주민의 통합은 계획적이고 의도적이 아니라 상호 학습을 통해 모방하면서 조화와 변화를 이루어 나가야 할 것이다.

참고문헌

강신욱·김안나·박능후·김은희·유진영(2005). 『사회적 배제의 지표개발 및 적용방안 연구』. 한국보건사회연구원.

고상두·하명신(2011). 다문화주의와 역동성: 연구동향과 쟁점. 『정치정보연구』, 14(1): 217-240.

김 구(2014). 한국에서 정보격차와 사회적 배제의 관계에 관한 탐색적 비교 분석. 『한국지역정보화학회지』, 17(2): 61-88.

김 구·권용민(2014). 정보격차 진단을 위한 평가모형 및 지표 개발에 관한 연구. 『정책분석평가학회보』, 24(1): 79-114.

김안나(2007). 한국의 사회적 배제 실태에 관한 실증적 연구. 『사회이론』, 32권: 227-330.

누리미디어, http://www.dbpia.co.kr

문진영(2004). 사회적 배제의 국가간 비교연구: 프랑스, 영국, 스웨덴을 중심으로. 『한국사회복지학』, 56(3): 253-277.

미래창조과학부(2015). 『보도자료』, 2015. 2. 13.

박종대·박지해(2014). 한국 다문화정책의 분석과 발전 방안 연구. 『다문화정책논총』, 28(1): 35-63.

법무부(2012), 『보도자료』, 2012. 11. 28.

『옥스퍼드사전』, http://www.oxforddictionaries.com. (Retrieved on January 6, 2016).

이소영(2013). 『외국인 밀집지역의 지역 공동체 활성화 방안』. 한국지방행정연구원.

이용재(2012). 다문화사회 개념에 대한 고찰: 갈등의 양상과 해소를 중심으로. 『다문화와 인간』, 1(1): 35-61.

정준화(2015). 스마트 정보격차의 현황과 과제. 『2015년 지역정보화 동향분석』, 제8호, pp. 1-18, 한국지역정보개발원, 2015. 8.

조석주·박지영(2012). 『문화사회 정착을 위한 지방자치단체의 이주민정책 개선방안』. 한국지방행정연구원.

채종헌(2014). 지역공동체 활성화를 위한 사회통합 증진방안에 관한 연구. 한국행정연구원.

통계청(2015). 2014년 다문화 인구동태 통계. 『보도자료』, 2015. 11. 19.

Chapman, M., Kirk, K., Carley, M., & Brown, A.(2001). Community Participation in Social Inclusion Partnerships. *Development Department Research Programme Research Findings*, No.117. SCOTTISH EXECUTIVE CENTRAL RESEARCH UNIT.
http://www.gov.scot/Resource/Doc/157965/0042702.pdf. (Retrieved on January 7, 2016).

de Haan, A. & Maxwell. S(eds.).(1998). Poverty and Social Exclusion in North and South. *IDS Bulletin*, 29(1).

Department for Communities and Local Government(2012). Creating the conditions for integration.
https://www.gov.uk/government/uploads/system/uploads/attachment_data/file/7504/2092103.pdf. (Retrieved on January 7, 2016).

European Foundation for the Improvement of Living and Working Conditions.(1995). *Public Welfare Services and Social Exclusion: The Development of Consumer Oriented Initiatives in the European Union*. Dublin: The Foundation.

Gore, C. & Figueiredo, . B.(1997). *Social Exclusion and Anti-Poverty Policy: A Debate*. Geneva: International Institute of Labour Studies, ILO.

Lloyd, C., Tse, S., & Deane, F. P.(2006). Community Participation and Social Inclusion: How Practitioners Can Make a Difference. *Australian e-Journal for the Advancement of Mental Health(AeJAMH)*, 5(3): 1-10.

Morgan, C., Burns, T., Fitzpatrick, R., & Pindold, V.(2007). Social Exclusion and Mental Health: Conceptual and Methodological Review. *British Journal of Psychiatry*, 191: 477-483.

Pradhan, R.(2006). *Understanding Social Exclusion and Social Inclusion in the Nepalese Context: Some Preliminary Remarks*.
http://spatialfix.files.wordpress.com/2010/08/pradhanunderstandngsocial-inclusion-andexclusion.pdf. (Retrieved on March 14, 2014).

Russell, D. W.(1996). CLA Loneliness Scale(Version 3): Reliability, Validity, and Factor Structure. *Journal of Personality Assessment*, 66(1): 20-40.

The Charity Commission(2001). *The Promotion of Social Inclusion*.
https://www.gov.uk/government/uploads/system/uploads/attachment_data/file/359358/socinc.pdf. (Retrieved on January 8, 2016).

The Knowsley Partnership(2009). *Community Cohesion Strategy* 2009-2013. http://www.knowsley.gov.uk/pdf/community-cohesion-strategy-nov-09.pdf. (Retrieved on January 7, 2016).

http://www.collinsdictionary.com/dictionary/english/social-inclusion

https://en.wikipedia.org/wiki.

http://www.social-inclusion-monitor.eu/social-justice-index. (Retrieved on January 7, 2016).

http://stdweb2.korean.go.kr/search/List_dic.jsp.

찾아보기

김 구

〈학력 및 주요 경력〉

- 조선대학교 행정학 박사, 학술연구교수(한국연구재단 선정)
- 현 국립 강릉원주대학교 자치행정학과 교수
- 현 행정자치부 정부3.0 전문강사 활동
- 현 강원도 정부3.0 자문위원
- 행정자치부 살기좋은 지역만들기 중앙컨설팅위원 역임
- 지식관리(지식행정), 정보화(전자정부), 지역공동체 등에 관한 다수의 논문 발표

〈저 서〉

- 『사회과학 연구조사방법론의 이해』(2011)
- 『사회과학 계량분석의 이해와 활용』(2010)
- 『조직혁신의 이해』(2011)
- 『한국사회와 공동체』(2008, 공저)

스마트사회와 공동체

펴낸날 제1판 제1쇄 2016년 2월 25일
제1판 제2쇄 2016년 7월 25일

지은이 김 구
펴낸이 임춘환
펴낸곳 도서출판 대영문화사
주소 서울특별시 용산구 청파로 61길 5(청파동 1가) 제일빌딩 2층
등록 1975년 12월 26일 제3-16호
전화 (02)716-3883, (02)714-3062
팩스 (02)703-3839
홈페이지 http://www.dymbook.co.kr

ISBN 978-89-7644-549-0
값 13,000원